ESTUDIOS CIENTÍFICOS DEL
FRAUDE ELECTORAL
DEL 2012

Editores
JORGE ALBERTO LÓPEZ GALLARDO
HAHNEMANN ORTIZ

DEDICATORIA

Este trabajo es dedicado al gran número de colaboradores científicos que de manera voluntaria se toman el tiempo para investigar las anomalías de los datos electorales; todos ellos pioneros de una rama académica naciente.

Jorge A. López
El Paso, Texas
30 de Agosto de 2014

Le dedico este trabajo a mi padre, Ernesto Ortiz, promotor de Colloqui e incansable diseminador de análisis político e histórico.

Hahnemann Ortiz
Minneapolis, Minnesota
30 de Agosto de 2014

CONTENIDO

Después de la elección   **105**

Conclusiones   **205**

PROLOGO

Tal vez fue un golpe de suerte o de curiosidad que un físico se encontrara con una anomalía en el sistema de conteo de votos mexicano, lo que disparó un interés en las elecciones, por parte de expertos cuyos intereses políticos no los habían acercado a una cuestión tan técnica.

Hay matemáticos que ayudaron a tratar de probar que el PREP (Programa de Resultados Electorales Preliminar) del hoy difunto Instituto Federal Electoral era inviolable, pero los físicos mostraron que esto no era así, que se podían elaborar algoritmos que alteraran la elección. Este es un tema mayor dentro de una democracia. Por un lado demuestra que también la ciencia se puede prestar para satisfacer los intereses de ciertos grupos políticos, que la ciencia no es infalible, que siempre hay alguien que este dispuesto a encontrar los vericuetos de los avances tecnológicos, ya sea para superarlos o para distorsionar el uso para el que fueron concebidos, y que se puede pisotear la voluntad popular con la manipulación apropiada.

La fortaleza de un sistema electoral y por extensión de sus resultados, consiste en contar con mecanismos de construcción de consenso que se manejen con honestidad, a partir de éstos también, aunque no exclusivamente, se construye la legitimidad. Por lo tanto, la existencia de fraude, echa por tierra el soporte legitimador que puede tener un sistema. Esto no quiere decir que no pueda recurrir a otros elementos para legitimarse, pero entonces contará con un déficit difícil de subsanar que puede dar lugar a distintas formas de resistencia que introducen inestabilidad y turbulencia. Sobra decir que una de las funciones del gobierno es garantizar la armonía en las relaciones sociales, lo que es difícil con déficit de legitimidad.

Las múltiples experiencias de fraude electoral que ha vivido México, siendo una de las más escandalosas la de 1988, cuándo la manipulación de los votos derrotó a una opción de oposición que finalmente había adquirido validez generando suficientes votos como para vencer a la maquinaria priista que había tomado como rehén a la sociedad; la sociedad había madurado y tomado la determinación de castigar a un gobierno ineficaz y autoritario dándole oportunidad a otra opción, la que por cierto no era muy lejana al gobierno, era una suerte de disidencia que aglutinó fuerzas anteriormente proscritas con voces disidentes del interior del aparato de gobierno.

Para recuperar en algo la conducción relativamente legítima del gobierno, el PRI se vio forzado a tomar decisiones, que parecían audaces, que ayudarían a darle una imagen distinta a los políticos y las instituciones políticas. Esto tampoco era nuevo, en momentos de dificultad el PRI había propiciado diversas decisiones: otorgarle el voto a la mujer, reducir la edad para votar a los 18 años y conducir grandes represiones contra la disidencia que desbordaba al régimen (la muy extensa lista incluye, maestros, médicos, campesinos, estudiantes -1966, 1968, 1971). La inteligencia política priista los llevó a saber como funcionalizar para el so del sistema lo que la sociedad obligaba a modificar.

Frente al gran fraude de 1988 la decisión más relevante fue la creación del Instituto Federal Electoral (IFE), que en papel debía ser un órgano ciudadano, porque supuestamente los ciudadanos ya tenían la madurez para vigilar las elecciones, o sea, limitar el poder de los políticos. Pero siguiendo el estilo nacional de pervertir todas las iniciativas, la selección de los consejeros se hizo con todos los ingredientes políticos necesarios, para que el Instituto no echara por la borda un arreglo institucional de larga vida, que aunque daba estabilidad política, también consolidaba a un régimen autoritario, que se sostenía bajo los ejes de la corrupción, el clientelismo, el asistencialismo, el corporativismo. El primer presidente del Instituto además de ser pariente de un funcionario importante con fuertes ligas con el gobierno, era por si mismo miembro de un grupo académico –a ellos les gusta llamarse intelectuales- que tenía ligas muy fuertes con el gobierno, especialmente con el presidente, configurando lo que se denomina como intelectual orgánico, o sea el que trabaja muy cerca del poder y pone sus capacidades al servicio del mismo. Posiblemente en ellos pensaba Jorge López cuándo elaboró la frase: Pobres de los doctores en Ciencia Política, tan cerca de la política y tan lejos de la ciencia.

De esta forma el IFE de Salinas se formó basado en los intelectuales orgánicos del régimen, lo que no ha cambiado mucho, el reemplazo inexplicable del instituto que gestó el Instituto Nacional Electoral (INE) de Peña Nieto sigue siendo igual, aunque no haya una liga tan estrecha como la que tenía el grupo que servía y le servía a Salinas; ahora las columnas de chisme político denunciaron que el nuevo presidente fue a Los Pinos a pedir apoyo y la venia, no solo para su reelección, sino tal vez para jurar amor eterno al autoritarismo.

El IFE se prestó a grandes infamias, avaló fraudes electorales, facilitó quema de evidencias de fraudes, y peor que nada, gracias a emolumentos impropios de un país con 60% de pobres, se prestaron para crear la farsa de que la sociedad controlaba las elecciones, mientras que los consejeros se elegían como un acomodo de cuotas entre partidos, por eso los resultados, aunque fraudulentos, se podían negociar entre partidos, nada más lejano de la noción de democracia. La institución mostró una vez más la fortaleza del gatopardismo mexicano, y en efecto, un IFE pseudo-ciudadanizado, permitió que se manipulara el padrón, el PREP y hasta se han resistido a que se investigue a profundidad la acusación de compra de votos.

Le robaron la elección al peje

Es tan potente el discurso gubernamental y de los políticos, que uno escucha entre la sociedad el argumento de que le robaron la elección a Andrés Manuel López Obrador. Si tal hurto existió, y los anomaleros dan muchas señales de que si existió, quien fue burlada fue la sociedad, a ella le robaron la elección y la posibilidad de determinar su futuro; fue a la sociedad en su conjunto, a ella y solamente a ella le hurtaron la posibilidad de crear consenso y construir legitimidad. El agravante es que el IFE se prestó para que el hurto se consumara, la sociedad fue burlada por partida doble o múltiple: Le prometieron que crearían una institución para cuidar los resultados electorales, y para eso se gastan una fortuna, porque no es barato construir un gigante burocrático con funcionarios que ganan salarios más elevados de los que se pagan en países del primer mundo, para que generen resultados que representan retrocesos políticos porque son incapaces de sanear un sistema que los ha contaminado a ellos, a los partidos políticos y a las instancias de representación. Los escándalos de falta de control presupuestal sobre los fondos que reciben los partidos políticos, ya han pasado a engrosar las leyendas de la política mexicana. Nadie respondió cuándo se preguntó qué había sucedido con los bienes de un partido que desapareció por falta de votos, en principio esos bienes son de la nación porque se compraron con fondos públicos, pero México es el paraíso para convertir lo público en privado, para que se lo apropien unas cuantas manos.

"La democracia es cara", este es el pretexto utilizado para justificar tamaño dispendio, aunque la realidad es que, lo caro es el autoritarismo y la mentalidad fraudulenta de una capa política corrupta, que se vuelve cómplice para gozar de las mieles de un poder que conquista fraudulentamente. Todos los partidos denuncian a los mapaches del otro, pero nunca los atrapan, así convierten en tema judicial las elecciones que no pudieron ganar con la acción de sus instrumentos del fraude, lo que incluye la compra del voto y las elecciones de estado.

La sociedad por su parte acepta, porque ha internalizado las enseñanzas de la corrupción: no me den, pónganme donde hay, repiten como mantra los ciudadanos que esperan que el régimen les haga justicia, permitiéndoles corromperse, lo que sucederá cuándo llegue al poder aquel que tuvo la oportunidad de manipular el sistema electoral a su favor. Con una cultura política corrupta, lo más pertinente es preservarla para que le de la misma oportunidad a todos cuándo llegue el momento, los cínicos dirán que la corrupción y el fraude se democratizaron, lo que ya representa un gran avance, porque si todos lo aceptan, quién será el valiente que lo denuncie.

Los anomaleros llegaron ya

Cuándo Luis Mochan encontró una anomalía en los resultados del PREP y socializó su descubrimiento, poco se imaginó que estaba abriendo una nueva línea de indagación sobre la política mexicana, aunque los politólogos tardarán en prestarle atención, en parte porque en la tradición de la Ciencia Política las matemáticas no tienen mucha relevancia, y en parte porque la máxima de Jorge López lo muestra con nitidez, los politólogos muchas veces están comprometidos con el poder y asumen su defensa acríticamente; pero hay una tercera consideración: si todos los partidos, de una u otra manera acuden al fraude, a nadie le interesa desarrollar un nuevo acercamiento académico que de luz sobre el mismo. Los anomaleros han empezado a desarrollar un área de análisis político que arroja mucha luz, una luz por cierto, que desea ser ignorada por los políticos y aquellos que dicen estudiarlos.

En el discurso científico cuando se detecta algo que sale de la norma se considera como una anomalía, tomando en cuenta que el sistema electoral mexicano ha sufrido múltiples fraudes electorales, éstos podrían considerarse la norma; pero suponiendo que en principio las elecciones deben ser un proceso limpio y honesto, descubrir las manipulaciones es en efecto una anomalía democrática. Haber encontrado alteraciones algorítmicas, indica que el fraude se ha adaptado a las nuevas tecnologías, aunque sigue siendo el mismo manejo tramposo de los resultados electorales, y el pisoteo de la voluntad societaria. La anomalía encontrada tiene que ver con alteraciones de reglas estadísticas lo que se demuestra con la aplicación de diversos modelos.

El discurso científico ha abierto la puerta a preguntas que se responden con modelos de las ciencias duras, ya sea la coincidencia entre el manejo de la pobreza con la apertura de urnas, o que sea justamente en áreas pobres donde se localice un voto mayoritario para el PRI y la posibilidad de alterar los resultados electorales. Así, al parecer el uso de nuevas tecnologías, es lo que hace la diferencia entre los viejos y los nuevos fraudes.

El discurso politológico se moderniza con lentitud, hace algunas décadas se introdujeron los análisis estadísticos, que se utilizaron solamente después de que ciertas corrientes lograron ponerse de moda, sin lograr generalizarse; todavía existe una fuerte resistencia a aceptar los estudios matemáticos, acusando a los que lo hacen de positivistas, como si ese fuera un pecado mortal. En México domina el criterio especulativo, la intención de manejar análisis abstractos cómo si fueran verdades universales, y los proponentes de éstos enfoques brincan cuando se les indica que no cuentan con ninguna evidencia para sostener sus conclusiones, ellos son la hipótesis, sus opiniones son la evidencia y sus conclusiones se convierten en teoría.

Los anomaleros causan escozor entre este tipo de politólogo, ponen en tela de juicio las conclusiones apresuradas, pero más escozor causan entre los políticos porque hay evidencia dura del manejo y manipulación de resultados electorales.

Se apareció Colloqui

Uno de los problemas para los anomaleros es la falta de espacio para publicar sus descubrimientos. Por un lado las revistas científicas no dan mucho espacio a este tipo de estudio, y en ciertas instituciones se ve con sospecha que un físico estudie cuestiones electorales; será el rechazo a que se "politice" una disciplina que tiene que ser "objetiva", o será que falta flexibilidad para facilitar el diálogo transdisciplinario.

Pero el internet ha ayudado a dar grandes pasos, y como muchas de las iniciativas en este terreno, hace falta una persona que de el paso.

La asociación afortunada de Jorge López y de HahnemaNn Ortiz abrió un espacio donde los anomaleros podían mostrar los resultados de sus estudios (http://www.colloqui.org), con la ventaja de no tener que recurrir a los enfadosos formatos académicos, lo que acerca la lectura a un público amplio.

En este volumen se presenta una recopilación de ensayos sobre las anomalías y las prácticas de fraude electoral que se presentan con frecuencia en el país, y aunque no lo parezca, junto con el desarrollo de los anomaleros, es una contribución mayor para el avance de la democracia. Aunque parezca cliché, la lectura de este material es obligada para aquellos que se quieren enterar de las viejas y nuevas mañas que los políticos se resisten a enterrar.

Samuel Schmidt

ANTES DE LA ELECCIÓN

En un ambiente reminiscente al del fraude del 2006, los meses anteriores a la elección del 2012 estuvieron llenos de estudios, predicciones, manipulación en la redistribución de casillas electorales del Instituto Federal Electoral (IFE), de las encuestas de casas encuestadoras, de la propaganda mediática, etc. Fue en este contexto que Colloqui inició actividades con el propósito de proveer un espacio para aquellas voces de expertos estudiosos de elecciones pasadas, presentes y futuras.

En uno de los primeros artículos de Colloqui, 2012 ¿FRAUDE ELECTORAL?, el Doctor en Ciencias Políticas Ernesto Ortíz transcribe una entrevista del 17 de marzo del 2012 del programa Volumen Extremo de Dallas, Texas en la que se relata en forma detallada el fraude del 2006 y lo que se puede esperar en el 2012.

El primer análisis cuantitativo —es decir basado en números oficiales, no en opiniones como las publicadas por los medios comerciales— fue hecho el 9 de junio del 2012 por el Doctor en Física Víctor M. Romero en su COMPARACIÓN DEL PADRÓN DEL IFE DE 2006 CON 2012, que demostró que la re-distribución de casillas rurales y urbanas no correspondía a los cambios poblacionales.

Asimismo, el escrito EL VOTO RURAL Y LA PREPARACIÓN DEL FRAUDE del 8 de junio, ponía en claro que esos cambios servían a los intereses del Partido Revolucionario Institucional (PRI), e iban contra los del Partido Acción Nacional (PAN) y del Partido de la Revolución Democrática (PRD), e indicaba claramente por dónde vendría el fraude en la elección que se avecinaba.

El hecho que las encuestas no eran más que creaciones literarias hechas a la medida de quién las compraba, fue primero anunciado por el Doctor en Ciencias Políticas Samuel Schmidt en sus escritos ¿QUIÉN MIENTE? y ¿CON CUÁNTOS PUNTOS? del 8 y 18 de junio del 2012, respectivamente, y después demostrado por el Doctor en Física Jaime Ruiz en su apabullante estudio LA ENCUESTA DEL DIARIO REFORMA DEL MES DE JUNIO ESTÁ EQUIVOCADA del 26 de junio del 2012. Por su parte el Doctor en Química Luis G. Cota en su estudio LAS RESPETABLES ENCUESTAS del 28 de junio, usaba datos de GEA-ISA, Mitofsky, Ipsos-Bimsa, y Parametría, entre otros, para probar la afirmación del Primer Ministro de Inglaterra Benjamín Disraeli, quien decía que existían tres maneras de mentir: con mentiras, mentiritas y estadística.

Fue el 29 de junio del 2012 que Colloqui tuvo el honor de ser el medio escogido para la distribución del primer y único estudio cuantitativo que se había hecho sobre la actuación de las casas encuestadoras: LA ELECCIÓN DEL 2006 EN MÉXICO, LOS ENCUESTADORES Y OTROS ORÁCULOS del Lic. en Matemáticas y M. en C. en Sistemas Computacionales, Macario Hernández; estudio que sería extendido después de la elección a los datos del 2012.

Junto con los estudios, el ambiente político de la época se reflejaba en los artículos que Colloqui publicó en el mes de junio del 2012 del Doctor en Sociología Samuel F. Velarde (LA ACTITUD CONTESTATARIA DE LOS ESTUDIANTES MEXICANOS, ¿Y DESPUÉS DE LAS ELECCIONES?), del Doctor en Física Karo Michaelean (LOS VIENTOS DE CAMBIO VERDADERO SOPLAN FUERTE) y del Dr. Ernesto Ortíz (CALDERÓN ANTE EL UNO DE JULIO). Mucho de aquello fue resumido numéricamente en el artículo PREDICCIONES del 28 de junio, que cierra esta sección.

2012 ¿FRAUDE ELECTORAL?
Ernesto Ortiz

Desde la estación de radio Volumen Extremo de Dallas, Texas, Estados Unidos, en el Programa Visión Morena, en una entrevista reciente, el doctor Jorge Alberto López Gallardo, profesor de la University of Texas at El Paso (UTEP), habla de lo que viene, en la elección presidencial de 2012.

Visión Morena: Doctor López, en su primer libro *"2006 ¿Fraude electoral?"*, nos dio datos muy relevantes sobre lo que pasó aquella noche del 2 de julio de 2006. Una noche trágica, porque así fue, un parte aguas en la historia de México, cuando la presidencia de la república fue robada. Es una realidad que ya todos han aceptado, inclusive los propios involucrados como Vicente Fox y Luis Carlos Ugalde, este último era presidente del IFE. ¿Qué pasó aquella noche? A la luz de la investigación que realizó López Gallardo junto con varios investigadores científicos han salido datos muy relevantes.

Jorge López Gallardo: En realidad el esfuerzo fue un tanto apolítico. Lo que sucedió es que por primera vez estuvieron disponibles los datos de la elección en tiempo real por Internet. Para los científicos y matemáticos metidos en investigación esto constituye una serie de tiempo, una sequencia. Por ejemplo, si estuviéramos midiendo la temperatura, se podría decir que en la mañana baja y al medio día sube la temperatura, con eso se pueden detectar irregularidades y tendencias. Ese tipo de datos fue lo que permitió que mucha gente empezara a estudiarlos. Hubo gente de todos lados, realmente fue una avalancha de investigaciones que se vino encima. Hubo gente en el Distrito Federal, en San Luis Potosí, en Chihuahua, en Guanajuato, en Estados Unidos, en Cornell, en Europa, Suiza, entre otros países. Todos aplicaron diferentes metodologías, y todos coincidían que en los resultados que había algo que no cuadraba. Hubo algunos resultados muy interesantes, por ejemplo, por medio de lo que se llama interpolación se podía detectar que se había usado un método para la asignación de votos. Es decir, los números que aparecían en el Programa de Resultados Preliminares (PREP) eran números artificiales, y además parecían haberse iniciado con una cantidad negativa de votos.

Era como si Andrés Manuel López Obrador hubiera iniciado la elección no de cero, sino con 120 mil votos negativos. Por ejemplo, por otro lado, los datos estaban ordenados, la cantidad de votos que recibía el PAN iba de mayor a menor, y los del PRI de menor a mayor; esto lo descubrió Víctor Manuel Romero Rochín, investigador del Instituto de Física de la UNAM. Así mismo hubo muchísimos estudios donde todos llegaron a la conclusión de que había habido manipulación de datos. Eso me motivó para escribir el libro *2006 ¿Fraude electoral?* que afortunadamente se publicó en el 2009. Es algo que de no haber sido publicado, hubiera sido olvidado por la historia oficial. Hubo algunos problemas de apoyo, es fácil entender que es un libro que no es fácil de publicar porque va contra el sistema dominante.

En realidad fueron muchos los estudios que hubo, así que me tendría que tomar mucho tiempo en explicar todos ellos. Uno en particular, el de Luis Mochán, de Cuernavaca, estudió la tendencia de acumulación de los votos que recibía cada candidato, y se dio cuenta que los votos que estaban siendo reportados a favor de Andrés Manuel López Obrador parecían no haberse iniciado de cero sino de menos 120 mil votos. Asimismo los del PRI parecían haberse iniciado en menos 50 mil votos. Estudios posteriores indicaron que esa cantidad de votos negativos fueron sustraídos y agregados al candidato del PAN, Felipe Calderón del PAN.

A mis amigos les pregunto ¿por qué odias a Andrés Manuel? Porque acá en el norte hay mucha gente que realmente tiene ese sentimiento, un odio "jarocho" como dicen, la verdad es que no tienen ninguna razón y no tienen respuesta porque no existe un motivo ... es una respuesta visceral, anímica, creada por los mismos medios.

Respecto a la cuestión del ordenamiento, cuando llegaban votos de todo el país eran recibidos por el IFE quien los presentaba en el PREP. Estos datos deberían de haber llegado de manera aleatoria, unos datos a favor de un partido y otros datos a favor de otro partido, pero al hacer su análisis Víctor Manuel Romero Rochín, se dio cuenta que en porcentaje la mayoría venía a favor del PAN, y que ese porcentaje estaba disminuyendo en tiempo. Cada vez los paquetes contenían pocos menos votos a favor del PAN y, por otro lado, sucedía lo mismo con Roberto Madrazo, del PRI pero al revés.

Es raro que suceda esto en una elección que va a ser prácticamente un empate, como ellos querían hacernos creer. Si fuera a ser un empate PAN-PRD, en promedio la misma cantidad de votos deberían de haber sido a favor de un candidato que del otro. Pero esto no sucedía, de manera sistemática siempre llegaban más votos a favor del PAN aunque iban disminuyendo. Esto viola ciertas leyes de la estadística, es difícil explicar en unos pocos minutos todo el contenido de este estudio, pero esto también se observó no tan solo en el PREP sino con los datos del conteo distrital.

Asimismo, la misma compañía que contrató el IFE para que validara la elección, una compañía norteamericana AC Nielsen, encontró errores en el 49.5 % de las casillas que examinó; ellos mismos aceptaron que hubo irregularidades. Llama la atención que aún para estas fechas haya gente que todavía no cree que haya habido fraude electoral.

Visión Morena: Doctor, muy interesante. ¿Qué podemos esperar para las elecciones de 2012? Porque en el Movimiento de Regeneración Nacional

(MORENA) pensamos que realmente el fraude del 2012 ya está en proceso. Lo vemos en las encuestas amañadas que nos presentan cada semana los encuestadores principales como Roy Campos de la Mitofsky. ¿Hasta qué punto son reales las encuestas? ¿Son manipulables? Nos podría hablar sobre las encuestas?

Jorge López Gallardo: Sí, con gusto, pero antes de eso, permítame explicar algo que es muy importante. Hace 6 años, en el 2006, hubo una gran cantidad de actas que no fueron incluidas en el análisis inicial del PREP. Actas que eran *"inconsistentes"* en el sentido de que les faltaba algún dato, algún cero, en lugar de ponerle un cero le habían puesto un guión, etc. pero el resto de los datos eran válidos. Aquí lo interesante es que esos datos no fueron incluidos en el PREP, por lo que, cuándo se encontraron pudieron ser analizados en forma independiente de lo que presentaba el PREP. La sorpresa fue que mientras el PREP presentaba un resultado, estos datos daban otro resultado muy distinto. Estos votos eran más de 2 millones y representaban el equivalente a una encuesta gigantesca en la que se cubría prácticamente todo el país, y daba otro resultado muy distinto de lo que la oficialidad estaba presentando. Con esos resultados se pudo concluir que la elección en realidad la ganó Andrés Manuel López Obrador por más de un millón y medio de votos.

Aun con todo eso, a pesar de todos los resultados que salían de las actas inconsistentes, a pesar de que la misma compañía que había contratado el IFE, AC Nielsen, decía que sí había habido errores del orden del 50%, a pesar de todo eso, no se pudo vencer al IFE. Cuando se fueron a la oficialidad, al Tribunal Electoral Poder Judicial de la Federación (TEPJF), este dictaminó que así era, y así se quedaba; ahí fue donde se hizo el robo. Por eso, si nos ponemos razonar, no veo cual vaya a ser la diferencia entre el 2006 y 2012. Suponiendo que Andrés Manuel tuviera la mayoría de los votos, no sé qué es lo que impediría que el IFE hiciera lo mismo y volviera a robarse la elección de la misma manera amañada. Si no hemos cambiado nada, yo no veo cómo la misma situación nos vaya a dar resultados distintos. Si ya les funcionó en el 2006 es obvio que lo van a intentar en el 2012, no veo cual sea la diferencia.

Una vez aclarado esto, permíteme hablar ahora sobre las encuestas. En estadísticas hay una ley que nos dice que para determinar el valor de algo, no es necesario hacer un número infinito de mediciones. Por ejemplo, vamos a suponer que se quiere saber cuál es la temperatura ambiente, entonces sales y te paras en el patio de tu casa, y mides con un termómetro y te da una temperatura de –digamos– 26.1 °C. Luego te mueves a otra parte del patio, te esperas unos minutos, y haces otra medición y te da digamos 26.3 °C, y así sucesivamente. Entonces vas a tener varios valores, y la pregunta es ¿cuál es el valor real? Lo que tienes que hacer es obtener un promedio.

La práctica indica que una vez que tienes un cierto número de mediciones el promedio que obtienes va a ser muy estable aunque las mediciones estén variando por décimas o centésimas de grados. Es decir, el promedio obtenido con 100 mediciones será muy parecido a uno obtenido con 200 mediciones. ¿Qué tan estable será ese promedio? depende de que tantas mediciones hagas. Matemáticamente, la variación porcentual del promedio depende del inverso de la raíz cuadrada del número de medidas. Por ejemplo, si haces 100 medidas, la raíz cuadrada de 100 es 10, y el inverso es de 0.1 y si a eso lo multiplicas por 100 te va a dar el 10 % de posible fluctuación, es decir los promedios hechos con 10 mediciones tendrán variaciones de hasta 10 %. Esta variación es algo que siempre se incluye en los resultados de las encuestas como el error estadístico.

Muy bien, entonces ¿qué es lo que se hace en una encuesta? Va uno y le pregunta a la gente por quién va a votar, y en base a esos resultados se determina el promedio, digamos 37 % va por tal candidato, etcétera. Y es ahí es donde hay que tomar en cuenta el error. ¿Cuánta fluctuación puede tener ese 37 %? Por supuesto que la fluctuación depende en el número de personas que hayas encuestado. Por lo general las encuestas se hacen con 2000 personas, si las 2000 personas contestaron y los resultados son válidos, entonces, tendrías un 2.2% de error, entonces si un candidato anda digamos en 37% y el otro en 38%, con ese error del 2.2 % se diría que esos dos candidatos están en "*empate técnico*", o sea no se puede saber quién va a ganar.

El que las fluctuaciones de los promedios disminuyan con el número de mediciones se conoce en estadística como la ley de números grandes, que se sabe que funciona muy bien. Nunca se han encontrado discrepancias aunque no se sabe exactamente por qué funciona. Bueno no se han encontrado violaciones, excepto -por supuesto- en la elección del 2006.

Ahora imagínate que quisieras hacer trampas en una encuesta amañada, ¿cuáles variables puedes manipular? Por ejemplo, si haces una entrevista por teléfono, tu puedes escoger los teléfonos de cierta zona de la ciudad donde haya más simpatizantes de un partido que de otro, y ya de entrada estas excluyendo a todos aquellos que no tienen teléfono en su casa.

Por otro lado, si haces una encuesta por teléfono celular, estás perdiendo información geográfica, la cual es muy importante porque quieres encuestar a gente de niveles socioeconómicos diferentes. La idea de una encuesta es entrevistar a todos aquellos que van a votar, tanto a los que son pobres, como los que son ricos, etcétera. Vamos a suponer que los que van a votar son 40% abajo del nivel de pobreza, 40% de clase media, y 20% de clase rica, tu encuesta deberá incluir gente de esos niveles socioeconómicos en esos porcentajes. Asimismo, también deberá incluir gente de todos los estados y darles más peso estadístico de acuerdo a la población en esos estados. De igual manera deberá tener representación racial, de género, etc.; en sí deberá ser un muestreo completo de la población mexicana. Si te falta alguno de esos grupos introduces un error y tu fluctuación esperada, o sea, ese 1 sobre la raíz de N no reflejaría el error real porque no estás tomando a la población completa. Por ejemplo, si encuestas a 2000 personas de la colonia Polanco de la ciudad de México, a pesar de que tengas un error relativamente pequeño en la estadística, la encuesta no es válida más que para Polanco; necesitas tomar en cuenta todos los otros factores que ya se mencionaron.

¿Qué es lo que hacen los encuestadores? Manipulan las variables, hacen la encuesta por ejemplo a la hora en que saben que no van a estar las personas en sus casas. Dicen que va haber distribución geográfica en todas las entidades, en todas las ciudades, pero cuando hacen la encuesta van a la hora en que la gente tiene que trabajar, obviamente en un barrio pobre todo mundo trabaja y no están en sus casas, mientras en un barrio rico es posible que la esposa no trabaje, la encuentran y toman su opinión, en otras palabras hay muchas maneras de escoger a quien te va a contestar.

Luego hay unos trucos que usan, pero nunca explican. Todo esto que te estoy contando lo ponen con letra chiquita, debajo de los resultados de la encuesta. Por ejemplo, dicen que fueron a todos los barrios, y a la hora que ve uno la distribución de barrios donde se hizo la encuesta, se ve que se cubrió todo, entonces dice uno ¡ah! sí está bien, se cubrieron todas las áreas de ricos y pobres. Pero luego te dicen que el porcentaje de respuestas fue del 57%, entonces de los 2000 ya tienes casi la mitad no contestó, pero nunca dicen de dónde son los que no contestaron. De nuevo, si vas a una casa ¿cuál es la probabilidad en una casa pobre haya gente durante el día? En comparación con una casa rica, ¿cuál es la probabilidad de que haya gente durante el día? En la casa rica obviamente la señora va a estar en su casa, porque no trabaja, pero si son pobres ambos trabajan y no van a estar allí. Entonces cuándo utilizan este 57% están seleccionando de antemano a la gente que tiene más capacidad de ingresos. Esta una de las muchas maniobra que usan las casas encuestadoras para sesgar sus resultados.

Usando las mismas palabras de Roy Campos, en el 2000 hubo una mesa de discusión acerca de las encuestas, y el mismo Roy Campos explicó -y está en algunos documentos en Internet— que es posible usar los elementos metodológicos para ocultar los resultados en dirección de un candidato. En aquel entonces eso era una queja, él se estaba quejando porqué en el 2000 de 38 encuestan habían existido 14 que él decía que eran reales y las 24 restantes eran pura propaganda. Pero hay información más importante sobre otras elecciones, por ejemplo en 1988 el mismo Carlos Salinas de Gortari arregló dos encuestas que lo favorecieran. Él se las inventó, él mismo las publicó, y luego dijo: ésta es de El Universal, esta otra es de Novedades, y esta otra es de no sé que otro periódico. Afortunadamente los periódicos reaccionaron (en aquel entonces todavía no estaban cooptados por el gobierno federal), y dijeron ¡epa!, esas encuestas no son de nosotros. ¡Eran encuestas que el mismo Salinas había inventado!

Ahora, Investigaciones Sociales Aplicadas (GEA-ISA), encuestadora a la que se refería Patricia Barba al principio de tu programa, tiene como coordinador a Ricardo de la Peña que había sido director del Centro de Investigación y Seguridad Nacional (CISEN); con eso queda claro que GEA-ISA es panista, esto siempre se ha sabido y la gente trabaja con ellos está ayudándoles. La revista Proceso en aquella época hizo público el plan de acción entre Calderón y GEA-ISA, lo publicó el 2 de abril de 2006. Sin embargo, esas cosas son de las que se pierden, la revista Proceso es muy leída, pero aún así la gente común y corriente no pone atención a esos detalles. El documento de Calderón y GEA-ISA fue lo que ellos llamaron "Planeación Política", y decía "vámonos con dos encuestas en las cuales subamos a Calderón hasta a una distancia cercana a Andrés Manuel López Obrador, y luego nos vamos con otra encuesta hasta subir a Calderón". Todo esto se conoce de antemano, y todavía la gente sigue poniendo atención a GEA-ISA. ¿Qué es lo que va a pasar ahora? Seguirá lo mismo.

El estudio de Macario Hernández Garza, que se enfoca en 5 casas de las encuestadoras más importantes, encontró que prácticamente todas tienen desviaciones a favor de tal o cual candidato. Yo por ese lado, no confío en ninguna de esas casas encuestadoras, y esa sería la recomendación: no poner atención a esas casas encuestadoras.

Visión Morena: Muy bien doctor López Gallardo, muy interesante esta plática que tenemos con usted, realmente nos ha dado mucha luz de lo que podemos esperar. Nosotros sostenemos aquí en el Movimiento de Regeneración Nacional de Dallas, Texas, que el proceso de fraude para el 2012 ya está allí, por medio de las encuestas, por medio de la intromisión de Felipe Calderón en las elecciones, de alguna u otra manera entra para favorecer a Josefina. Recordemos aquella encuesta amañada, la última que utilizó Calderón con algunos empresarios, donde ya prácticamente Josefina Vázquez Mota alcanzaba a Enrique Peña Nieto, del PRI, y todo para causar un impacto mediático que es el punto principal que vemos aquí. Si se influencia a la gente para causar desánimo al pensar que ya estás 20 puntos arriba del que iba adelante, eso desanima al voto. Es una manera realmente fraudulenta de introducir a la gente la idea de que ya no se puede hacer nada. Es una de las tácticas que el PAN usa para polarizar a la gente y para inhibir el voto, para que ya no nos preocupemos si ya todo está decidido.

Jorge López Gallardo: Ignacio ¿entonces por qué todavía seguimos viendo a Televisa y TV Azteca, no sería hora ya de apagar eso?

Visión Morena: VM. Estamos en un programa en vivo. Realmente estamos muy contentos de poder aclarar un poco más sobre las encuestas para que los oyentes tengan una idea más clara de lo que realmente son y cómo son manipulables. Nosotros con estos datos que nos ha dado el doctor López Gallardo estamos más conscientes de que realmente el fraude electoral de 2012 ya está en camino, ya se está haciendo realmente a partir de estas encuestas. Nos quedamos con una pregunta: ¿por qué el mexicano común no tiene una reacción más fuerte ante esta oligarquía que tiene secuestradas a todas las instituciones del país? Fuera del aire comentábamos sobre la fuerza que tienen las televisoras, los medios de comunicación masivos en México, que manejan a la gente de alguna manera. Hay un miedo en la gente para poder transformar, al contrario, pareciera que quisieran regresar al mismo sistema anterior del PRI, que era brutalmente represivo. ¿Qué nos puede comentar sobre esto doctor López Gallardo?

Jorge López Gallardo: Te decía durante el corte que no soy político, así es que aquí me alejo de mi área, como sabes, soy profesor universitario en ciencias, y casi siempre mis opiniones están limitadas a esto. Pero a mí me llama la atención que mis amigos, y estoy hablando de gente que ha ido a la Universidad, aún tengan dudas acerca del fraude de 2006. Algunos de ellos han leído mi libro *"2006 ¿fraude electoral?"*, y todavía con eso se atreven a pensar que el fraude no existió. Entonces, me pongo a pensar sobre qué es lo que motiva a la gente para poder creer tal o cual cosa. Para esto hay que estudiar un poco cómo se da la publicidad y ese tipo de cosas.

El señor Mitofsky que vivió y murió en EEUU creó esa compañía que ahora tiene sucursales en varios países. Fue uno de los pioneros en el mundo que trató de unificar el pensamiento de las masas por medio de la publicidad. El primero fue Edward Bernays, por supuesto, quien creó un montón de cosas, entre otras, la propaganda, los desplegados de prensa, etc. En los 1950s hizo una campaña mediática para que el público aprobara la intervención de Estados Unidos en Guatemala, más antes había hecho una campaña para convencer a las mujeres para que fumaran. Estamos hablando de 1920, 1930, 1940, 1950; en sí la publicidad tiende a crear patrones de pensamientos que son pasados de generación en generación.

A mis amigos les pregunto ¿por qué odias a Andrés Manuel? porque acá en el norte hay mucha gente que realmente tiene ese sentimiento, un odio "jarocho" como dicen. La verdad es que no tienen ninguna razón y la otra verdad es que no tienen respuesta. Y no tienen respuesta porque en realidad no existe un motivo. En realidad es una respuesta visceral, una respuesta anímica, que fue creada por los mismos medios. Entonces, si pudiéramos educar a todo el pueblo para que se alejara un poco de la televisión, eso ayudaría mucho. Pero dado a que no se puede hacer eso, yo creo que la respuesta a ¿qué hacer? sería competir en el mismo medio, por ejemplo, lo que tú estás haciendo en "Volumen Extremo" desde Dallas, Texas en los Estados Unidos. O por ejemplo, lo que estaban tratando de hacer Andrés Manuel y Alejandro Encinas, de crear una televisión en el Distrito Federal, no supe si al final si lo lograron o no.

Entonces, habría que crear un medio de comunicación alternativo, como "Tribuna Libre" en Radio UAG, para que la gente se dé cuenta de cómo están sucediendo las cosas. Por ejemplo, si vas a poner un millón de carteles de publicidad, para que la gente vote por Andrés Manuel, pues dedícale un cuarto de millón a unas encuestas verdaderas, a hacer publicidad acerca de otros resultados. Por ejemplo, ahí está la primera encuesta nacional independiente, la encuesta ciudadana; entre ésta y otras, habían varias que ponían a Andrés Manuel arriba de Peña Nieto, entre 7% y 13%, y no conozco los datos, así que no puedo decir que sean mejor que las de Mitofsky, más sin embargo, esa información se tiene que distribuir para que la gente no pierda la fe. ¿Por qué no imprimir los carteles y colocarlos en las cantinas, los restaurantes, las paredes, en el periférico, para que la gente se dé cuenta que existe otra opinión y no nada más sea la de televisa? Obviamente televisa va a defender a su candidato.

Visión Morena: Muy interesante las propuestas que haces doctor López Gallardo, nosotros también lo hemos analizado así y por eso nos atrevimos abrir estos espacios, con mucho esfuerzo realmente porque somos gente que no sabemos de comunicación, pero si sabemos el problema tan grande que existe en México sobre la comunicación que la tienen secuestrada.

Doctor López Gallardo, fue un placer realmente estar platicando con usted, a mí realmente me gustó mucho esta entrevista, me alimenté de su conocimiento, tengo más claras las ideas de lo que sucede en México. Vamos a tener otra oportunidad de una nueva entrevista, más allá del 30 de marzo del 2012 que es cuándo comienza esta guerra, porque realmente es una guerra entre dos posiciones claras, la posición de la ultraderecha y del neoliberalismo, y la posición de Andrés Manuel.

COMPARACIÓN DEL PADRÓN DEL 2006 Y 2012
Víctor Romero

Las cifras que se presentan han sido tomadas de datos públicos del IFE y del INEGI. Las cantidades se dan redondeadas para facilitar su lectura.

Número de casillas. El IFE clasifica a las casillas como URBANAS y NO URBANAS.

- En 2006 el número total de casillas era 131,000. De estas, el 70% eran casillas urbanas, el 30% eran casillas no urbanas.

- En 2012 hay 143,000 casillas; 64% urbanas y 36% no urbanas.

Comentario: Se tuvo un incremento de 12,000 casillas de 2006 a 2012. De estas 1,500 son urbanas y 10,500 son no urbanas.

Lista Nominal. Este es el número de votantes con credencial del IFE que pueden participar en la elección. Es lo que se llama el padrón.

- En 2006 el padrón era de 71 millones de votantes. De estos, 52 millones eran urbanos, 19 millones no urbanos.

- En 2012 el padrón es de 79 millones de votantes. De estos, 53 millones son urbanos, 26 millones son no urbanos

Comentario: Se tuvo un incremento de 8 millones de votantes de 2006 a 2012. De estos 1 millón son urbanos, 7 millones son no urbanos.

Censos del INEGI.

- En 2000 la población del país era de 97 millones de personas y se clasificó a la población en un 75% como urbana y en 25% como rural.

- En 2010 la población del país era de 112 millones de habitantes, de los cuales 78% es urbana y 22% es rural.

La población urbana se incrementa respecto a la rural. En 2010 había 87 millones de personas urbanas, y 25 millones rurales.

Comentarios Finales

1. El IFE muestra que los votantes urbanos han disminuido de 2006 a 2012, mientras que los no urbanos se han incrementado.

2. El INEGI: Población urbana se incrementa con los años mientras que la población rural disminuye. El INEGI muestra tendencias opuestas al IFE.

3. La población rural total del INEGI (25 millones) es comparable al número de votantes no urbanos del IFE (26 millones) votantes. De estos, 53 millones son urbanos, 26 millones son no urbanos.

EL VOTO RURAL Y LA PREPARACIÓN DEL FRAUDE
Jorge López

El análisis de la elección ha iniciado y ahora ya se tiene una mejor idea de por donde vendrá el fraude.

En resumen, el IFE ha incrementado el número de casillas electorales en áreas rurales con la esperanza de cosechar más votos para el PRI así como para tener espacio donde meter votos cibernéticos a favor del PRI.

Aquí está la evidencia:

En el 2012 habrá 143,190 casillas electorales de las cuales 64% serán urbanas y 36% rurales.

Esto está totalmente en desacuerdo con el censo del 2010 que mostró que la población es 78% urbana y tan sólo 22% rural. Tampoco está de acuerdo con la distribución de votantes que de acuerdo al padrón electoral son 67% urbano y 33% rural.

En números de casillas, la cantidad de casillas urbanas ¡disminuyó! de 98,905 en 2006 a 91,644 en 2012, mientras que las rurales se incrementaron de 32,095 en 2006 a un increíble 51,546 en 2012, en oposición exacta a los números del INEGI que muestran que la población urbana creció en 2.5% mientras que la rural se redujo por el mismo porcentaje.

¿Por qué el IFE cambiaría la cantidad y distribución de casillas? En comparación, en el censo del 2000 la población urbana/rural era de 75%/25% y en 2006 las casillas urbana/rural tenían casi exactamente la misma proporción: 75.5%/24.5%, como era de esperarse.

Hay dos razones:

1. En el 2006 el PRI tuvo mucho más apoyo en las áreas rurales, es claro que si se instalan más casillas en esas áreas será más fácil que la gente vote, se reducirá el abstencionismo, y habrá más votos para el PRI. Por el contrario, disminuyendo el número de casillas urbanas al tiempo que aumenta la población en ciudades, resultará en mayor número de votantes por casilla, incrementando las líneas y el tiempo de espera para votar, promoviendo así el abstencionismo, factores todos que afectan más al PRD y PAN que al PRI.

2. A pesar de todo, esta injusticia es legal, sin embargo, también prepara el terreno para el ataque ilegal. En el 2006, del orden de 20,000 casillas fueron manipuladas cibernéticamente aumentando el voto del PAN. En este 2012, el aumento de casillas rurales le dará al IFE 19,451 casillas extras en las que un aumento de, digamos, 10% de votos para el PRI no saltará a la vista.

Como sucedió en el 2006, ese 10% extra de votos en esas 19,451 casillas rurales le agregará al PRI alrededor de 1,500,000 votos suficientes para remontar una diferencia de aproximadamente 4%.

Estoy seguro que el estudio forénsico *postmorten* después de la elección nos dará la razón, al igual que nos la dio en el 2006.

Finalmente, los interesados pueden leer la comparación del padrón del IFE del 2006 y del 2012 hecha por el Dr. Romero, y les recomiendo leer el libro 2012 ¿Fraude Electoral? recién publicado por la Universidad de Guadalajara.

¿QUIÉN MIENTE?
Samuel Schmidt

Es muy sospechoso, por decir lo mínimo, que frente al embate del gobierno y la sociedad civil los datos en la mayoría de las encuestas se muevan de una manera muy peculiar. A Peña no lo despeinan los escándalos y según voces que no son muy neutrales, nos tratan de hacer creer que esta es una lucha por el segundo lugar, mientras que el cuarto lugar gana poquito y es insustancial. Tratan de construir la imagen del triunfo inevitable del PRI y la indefinición del segundo lugar que por la lejanía del puntero es irrelevante, porque su argumento es que mas allá de las campañas, este arroz ya se coció.

El gobierno ha trabajado la idea de que el PRI es corrupto (el comal le dijo a la olla), que Peña no solamente no representa nueva sangre, sino que es cómplice de la restauración de las viejas prácticas. Los escándalos que se han destapado fueron cobijados por el viejo PRI, es el enriquecimiento de líderes sindicales como Romero Deschamps a quien Peña no censuró y sugirió que era querido por sus agremiados, o los gobernadores acusados de lavado de dinero como Yarrington, los defraudadores como Moreira a quién Peña puso como presidente del PRI, o la mala administración que provoca gigantescas deudas públicas, el último caso que acuso el PAN es Chihuahua. Y repiten hasta la saciedad que ya pactó con Elba Esther Gordillo, mientras alimentan el odio contra ella como si fuera culpable de todos los males del país, aunque deberán explicar su alianza con ella de más de una década.

La sociedad civil cuya voz más fuerte son los estudiantes se declara contra el neoliberalismo y anuncian por medio de marchas y asambleas que trabajaran activamente contra Peña, pero ni siquiera esto mueve la intención del voto a favor de Peña en las encuestas, aunque reconocen una caída en el transcurso de la campaña. Los encuestadores dicen que el peso de la protesta no llega al grueso de la población porque no tiene internet, cuando el grueso de la población se enteró de la misma por la televisión. Es tan endeble este cuadro explicativo que *Anonymous* tiró la pagina de Mitofsky declarando que agredieron a los mitos, que en este sentido adquiere el significado de mentiras.

Los jóvenes se pronuncian contra El PRIAN porque ha sido el verdadero aliado neoliberal que ha impuesto políticas que arruinaron el futuro del país y las sus posibilidades personales. México reclama un nuevo modelo económico y Peña y Josefina representan continuidad. ¿Son tan pocos esos estudiantes que su voz no se cuela a las encuestas?, ¿están tan solos en su percepción y enojo? Los padres que les han comunicado toda su vida sobre la condición ruinosa del país ¿van a votar por Peña?

Pero al igual que los estudiantes han sido una carta nueva, de repente surge una encuesta en un periódico conservador que desmiente los datos, muestra la fuerte caída de Peña y la fuerte subida de AMLO y automáticamente se activa la guerra sucia, nos dicen los expertos (no identificados) que los mercados reaccionaron ante el temor que llegue AMLO, no parece importar que el peso venía cayéndose varias semanas, y que el gobierno decía que la crisis española afectaría al peso, tuvieron la oportunidad en la mano para golpear. Revivieron la patraña del peligro para México, ¡hágame usted el favor! Este es el tipo de manejo informativo repudiado por los estudiantes.

Le han dedicado mucho tiempo, dinero y esfuerzo a crear la noción de invencibilidad de Peña. Pero las mismas condiciones que dicen tiene el priista en el 2012 tenían en el 2000 y 2006, contaban con un gran aparato, dinero, gobernadores y sin embargo perdieron, aunque para el 2006 le hayan echado la culpa a Elba Esther Gordillo. Los encuestadores y sus intérpretes nos dicen que el PRI cuenta con millones de votos del corporativismo sindical, pero los sindicatos hace tiempo dejaron de ser una masa de acarreados, y hay líderes sindicales que pierden sus elecciones. Se supone que Peña tiene posibilidad de comprar votos, y esa ya es otra historia.

¿Será cierto como nos dicen que a Calderón le duele más restaurar al PRI que ungir a López Obrador con la banda presidencial? Ya que Calderón está interviniendo descaradamente en la campaña, que nos diga para saber a quién le creemos.

Juegan con la idea de que el PAN es bisagra y que la elección está en manos de Josefina. ¿Declinará o tratará de construir una fracción parlamentaria fundamental para gobernar? Puede tratar de contender en el 2018 como ya se está haciendo costumbre.

La especulación de medios de comunicación con una larga historia de responderle a quien les paga, mete mucha confusión, aunque al final tendrán que lidiar con su pérdida de credibilidad y con ellos las encuestadoras.

¿CON CUÁNTOS PUNTOS?
Samuel Schmidt

Se hizo muy sospechoso que algunos medios de comunicación quisieran crear la imagen desde hace dos años que Enrique Peña sería el presidente de México y que esto se reflejara en las encuestas. Más sospechoso era que no obstante haber un clima contrario al PRI y a su candidato, las encuestas no se modificaran sustancialmente. Este manipuleo propició protestas airadas en contra de Televisa que al parecer se benefició con grandes contratos para impulsar la imagen del entonces gobernador del Estado de México.

Yo hice una predicción temprana sugiriendo que las preferencias por el PRI se caerían mientras que subirían las del PAN y PRD, llegando a la elección casi a tercios. En efecto los números del PRI se cayeron para luego, sospechosamente, estabilizarse alrededor de 45%, los datos del PAN subieron fuerte para luego empezar a bajar sin freno, mientras que los datos del PRD estaban estables. Me decía un experto que los encuestadores estaban empujando a López Obrador al tercer lugar para desactivar el llamado al voto útil. La gente no votará PAN por el desastre al que han sumido al país en doce años, Josefina más allá de sus fallas, errores y desatinos carga tras de sí 60,000 muertos, una corrupción abrumadora y la ruina económica del país, solamente consideremos que bajo el PAN el país cayó del lugar 9 al 14 de la economía mundial.

Para las encuestadoras la campaña era una batalla por el segundo lugar porque el primero no bajaría para nada y entonces tenían que convencer a los indecisos. Desactivar el voto útil le sirve al PRI. Desafortunadamente para este la gente no olvida 70 años de autoritarismo y mucho menos las historias de colusión con intereses oscuros, en ese sentido la estrategia de Calderón funcionó: asoció a Peña con los peores intereses que hay en el país, solamente que se dieron cuenta que eso beneficiaba a López Obrador y al parecer les duele más entregarle el poder a la izquierda que a su némesis, el PRI.

En el campo perredista hay grupos intransigentes que no están dispuestos a tolerar una derrota más, lo que los lleva a la idea de que habrá fraude, luego entonces tomarán medidas activas y tal vez indeseadas si tal cosa sucede. López Obrador explicó que esas fuerzas fueron desactivadas en el 2006 con el plantón de Reforma, la pregunta entonces consiste en saber si acaso esos grupos se desbordan, quién será capaz de frenarlos y que estrategia se tendrá que aplicar para desactivarlos.

En el supuesto que el PRI gane la elección, una explicación para evitar el conflicto postelectoral puede ser el margen de victoria. Si el margen es muy elevado como esperan algunos priistas, esto es una diferencia de dos dígitos, será muy sospechosa y podrá disparar las protestas, una diferencia menor como con la que supuestamente ganó Calderón reforzara la suspicacia y también podrá disparar el conflicto. El problema, que no es menor, consiste en saber cuál es el margen aceptable y creíble.

La salida es relativamente sencilla. El IFE debe llamar a los físicos que detectaron las anomalías en el 2006 (Mochan y Romero especialmente) y permitirles analizar el PREP en base a los modelos matemáticos que utilizaron (resumen de los mismos en el libro de Jorge López Fraude 2006). En el momento que haya dudas razonables sobre los resultados apresurar el conteo de casilla por casilla y voto por voto, una dilación en el resultado final bien vale la tranquilidad del país. El IFE debe dejar de lado el protagonismo de su consejero presidente y su urgencia de que haya resultados a las cuantas horas del cierre de casillas. No pasa nada si se declara que ante dudas serias se aplaza el resultado definitivo y el reconteo se hace con transparencia, convendría invitar observadores de la ONU pare el mismo.

El IFE ha mostrado su incompetencia y carece de credibilidad y un manejo adecuado le servirá para recuperar puntos y fortalecerá la credibilidad y legitimidad del próximo presidente y con esto a la democracia.

Si hay conflicto electoral, nos acercaremos a un escenario catastrófico indeseado. Dada la ineficacia de Calderón para lograr consensos y para pacificar a las partes, es posible que el conflicto se salga de los cauces razonables de la protesta y que las peores fuerzas se motiven para actuar, aquí podrán confluir la guerrilla y el crimen organizado, que podrán ver terreno fértil para avanzar en el país y entonces, una turbulencia mayor puede activar a lo más recalcitrante de las fuerzas armadas, que reivindicarían el daño que les produjo la guerra de Calderón y el pésimo manejo que han tenido para los abusos de los derechos humanos.

Estamos en un laberinto cuya salida es muy complicada y en una de esas, la salida está tapiada.

LA ENCUESTA DEL DIARIO REFORMA DE JUNIO ESTÁ EQUIVOCADA

Jaime Ruiz

La encuesta del Diario Reforma está equivocada, ya que en realidad tiene a AMLO a 4.7% de Peña Nieto y no a 12% como lo indica su encuesta de Junio. Esto se puede ver del análisis de los Derivados de la misma encuesta.

El grupo reforma presenta el análisis Cierra izquierda filas por AMLO publicado por Grupo Reforma el 21 de Junio, 2012:

"...El apoyo a López Obrador entre los electores de izquierda creció a lo largo de las campañas, de 44 por ciento en marzo a 70 por ciento en junio, según las encuestas nacionales de Grupo Reforma. El perredista lidera también las preferencias de los electores del centro del espectro ideológico, con 37 por ciento. Por su parte, el priista Enrique Peña lleva la delantera entre el electorado de derecha, en el cual tiene 50 por ciento de la intención de voto. Según la encuesta de REFORMA realizada este mes de junio, los electores de derecha representan el 46 por ciento del electorado nacional, los de centro el 22 por ciento y los de izquierda el 14 por ciento."

El Grupo reforma ya realizó la estadística de su encuesta del Mes de Junio. Sin embargo, el comportamiento o tendencia de su encuesta del mes de Junio, difiere mucho con la tendencia que se podría pronosticar de su encuesta realizada el mes de Mayo. Esto llama mucho la atención, pues no es creíble que Peña Nieto subiera y AMLO bajara, después del segundo debate, ya que la mayoría de los análisis indica que AMLO ganó dicho debate.

	ELECTORES			INTENCIÓN DE VOTO*
	IZQUIERDA	**CENTRO**	**DERECHA**	
AMLO	14Xx0.7=9.8	22x0.37=8.14	46x0.19=8.74	26.68
EPN	14x0.16=2.24	22x0.28=6.16	46x0.5=23	31.4
JVM	14x0.9=1.26	22x0.26=5.72	46x0.28=12.88	19.86
GQ	14x0.05=0.7	22x0.09=1.98	46x0.03=1.38	4.06
*INTENCIÓN DE VOTO TOTAL DE ELECTORES QUE CONTESTARON LA ENCUESTA (82%)				

Tabla1. Estadística ponderada de la intención de voto por ideología de los electores que aparece en la Figura.

De tal manera que la encuesta directa el Grupo Reforma, se ha mencionado que está en error. Afortunadamente, nos da más información con los "derivados" de su encuesta y nos permite ver que cometieron un error y que efectivamente AMLO se encuentra a 4.7 PUNTOS de Peña Nieto, y no a 12 puntos. Analicemos los datos que nos presenta el Grupo Reforma y vamos a realizar una estadística ponderada de estos datos.

Los encuestados el Grupo Reforma los divide en porcentaje de electores que se consideran de Izquierda (14%), electores de Centro (22%) y de Derecha (46%). Esto nos da un total de 82%, lo cual asumo que 18% de los electores no contestaron la encuesta, y más o menos coincide con la tasa de rechazo del 19%, que presenta el grupo reforma en la parte baja de su página donde aparece su encuesta de Junio.

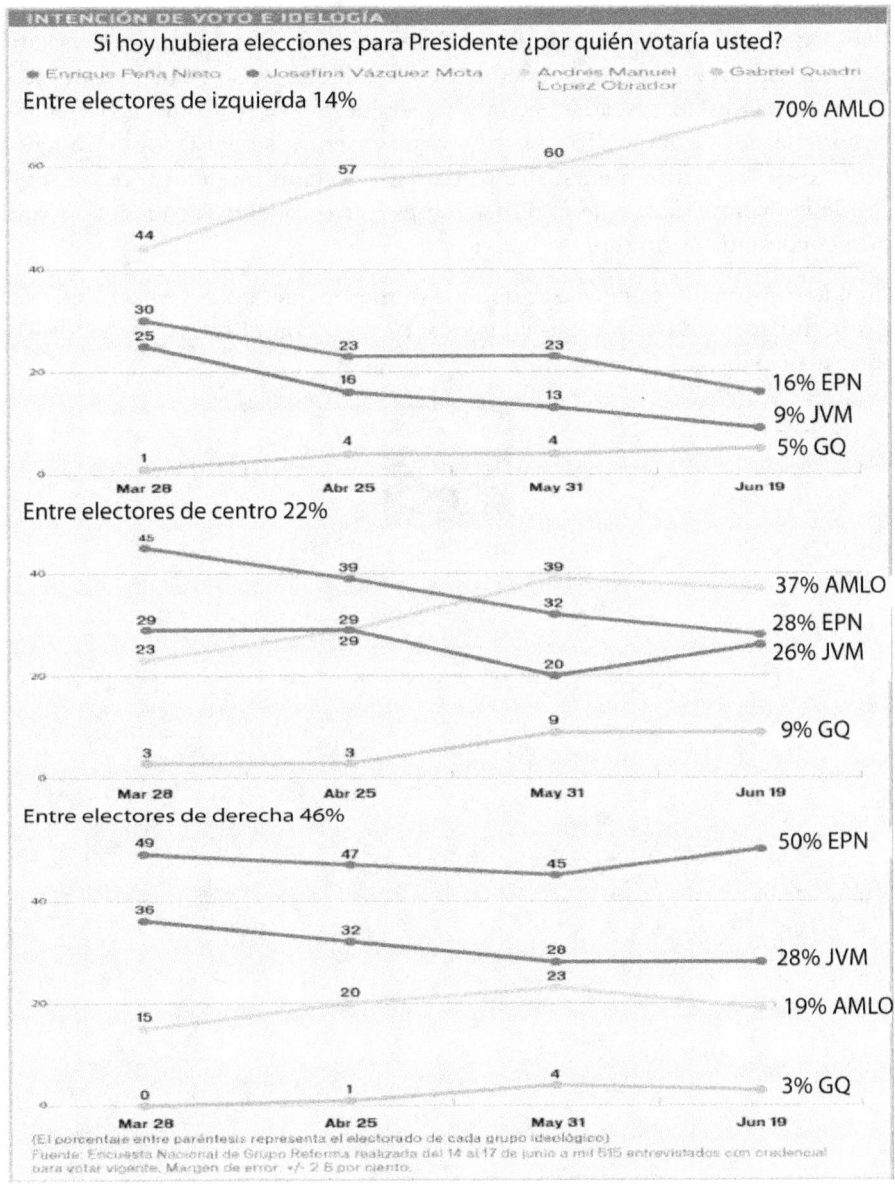

Así la ventaja que tiene EPN sobre AMLO en la encuesta de Junio no es de 12%, si no solamente de 4.72%, muy similar, dentro del error de la medición, a su encuesta de Mayo del Grupo Reforma.

El error estadístico que manifiesta tener la encuesta de Junio del Grupo Reforma es de ± 2.8. El mejor resultado de AMLO y el peor de EPN le da una ligera ventaja a AMLO cercana al 1%. Considerando que hay un 18% de electores que no contestó la encuesta, la elección todavía está lejos de estar decidida. Además, hay que precisar que una muestra de alrededor de 1,500 entrevistados, en un país como México, muy difícilmente va a ser una muestra representativa de alrededor de 80 Millones de votantes. También, las encuestas están sesgadas, ya que las encuestas se realizan en domicilio, incluida la del Grupo Reforma, y se realizan entre semana donde muchos electores se encuentran en sus trabajos, y la elección será en fin de semana, donde la disponibilidad de la población es mayor, y entre semana la población encuestada es no representativa.

Aquí lo importante es enfatizar que los números que dio el Grupo Reforma de su encuesta de Junio están equivocados, aun con el sesgo por realizarse entre semana.

LAS RESPETABLES ENCUESTAS
Luis G. Cota

En esta campaña electoral han abundado las encuestas como nunca antes y la mayoría de ellas apunta al inexorable triunfo a Enrique Peña Nieto (EPN). Estaremos de acuerdo en que por lo general otorgamos a priori a las encuestas un gran ascendiente por ser un instrumento con bases científicas, y por lo tanto resulta difícil no creerles. Para quien no es simpatizante de EPN es aún más difícil mantener el aplomo viendo los números que éstas consistentemente han reportado. Para quienes lo apoyan, éstas son la antesala del esperado clímax.

Consideremos un caso paradigmático, de entre las encuestas que, según se colige de las palabras de María Marván, no habría que desconfiar: el de las encuestas de GEA-ISA-Milenio. Este triunvirato ha publicado hasta la fecha 95 encuestas, a razón de una diaria. Ahora bien, para levantar una encuesta válida es preciso tomar una muestra al azar del padrón electoral y entrevistar a los seleccionados por esta muestra. Esto quiere decir que en la selección de las personas a entrevistar puede figurar una persona de la Sierra de los Cucapah, dos de Creel, uno de Zacapu, uno en Río Frío, uno en Cozumel, tres de Guadalajara, etcétera. La teoría nos dice que si la muestra es aleatoria y de tamaño suficiente, ésta será un buen representante del universo de electores. Sin embargo, al intentar entrevistar a los seleccionados es probable que algunas de estas personas sean en ese momento inalcanzables (por situaciones adversas a los encuestadores, por ejemplo, por la lluvia o por perros callejeros), no estén en su domicilio o no quieran contestar. Es imposible a priori saberlo. Entonces, puede ser que de 1500 personas seleccionadas originalmente del padrón electoral, quizá contestaron 1355, o 1147.

Es pertinente insistir en el hecho de que Milenio-GEA-ISA publica una encuesta diaria. Es decir, que estas casas encuestadoras tienen que seleccionar diariamente del padrón electoral, al azar, una cierta cantidad de personas diferentes y realizar el mismo procedimiento. Pero como se supone que son personas diferentes, en localidades sin correlación con las del día anterior, etcétera, la respuesta varía. Es decir, que un día habrán obtenido 1152, el otro 1311, 1098, 1021, etcétera. Es fácil estar de acuerdo en que es imposible que el número de entrevistados no varíe de un día a otro, pero para quien argumente que el muestreo se puede detener exactamente en 1200 personas, por ejemplo, tómese en cuenta que existen para una encuesta de este tamaño entre 50 y 100 entrevistadores en distintos lugares, completamente ignorantes de los resultados de sus compañeros y, por lo tanto, entrevistarán al máximo posible de seleccionados que tengan asignados, pues de eso dependerá probablemente la cuantía de su paga. (Es preciso mencionar aquí, de paso, que las encuestas deben ser realizadas en domicilios para ser consideradas válidas por el IFE. No pueden ser telefónicas ni realizarse con personas entrevistadas en la vía pública).

La numeralia

Ahora echemos un vistazo a la Encuesta de las Encuestas y observemos lo que reporta GEA-ISA-Milenio. Lo primero que salta a la vista, es, desde luego, los resultado mismos de sus encuestas diarias, pues son las que consistentemente reportan la preferencia más alta a favor de EPN (la última otorga una ventaja de 18.1% a EPN sobre AMLO). Sin embargo, existe algo más: su muestra es predominantemente de 1152 personas: de las 95 encuestas publicadas por GEA-ISA-Milenio hasta el 20 de junio, sólo 24 reportan un número diferente (los números varían entre 1119 y 1152). (Dicho sea de paso, con ese tamaño de muestra, como se dice en el argot estadístico, el margen de error es de alrededor del 2.9% --éste se obtiene simplemente al dividir uno por la raíz cuadrada de 1152 y multiplicar el resultado por 100--).

El asunto de la persistencia de ese número se puede reformular plausiblemente en términos de la distribución binomial de probabilidad: ¿Cuál es la probabilidad de que en 95 tiros (el número de encuestas hecha por Milenio-GEA-ISA) de un (hipotético) dado de 34 lados ($1152 - 1119 + 1 = 34$) se obtenga 71 veces el mismo número (1152)? He aquí la respuesta:

0.00000000000000000000000000000000000000000000000000000000000000 00000000000000000000000085735.

(Son 84 ceros). Si nuestra estimación estuviera errada, podemos tomarnos la libertad de corregirla a voluntad, haciendo la probabilidad 10, 100, un millón, o, si queremos, cien mil millones de veces mayor. El resultado sigue siendo tan pequeño que incluso los científicos atomísticos no se sentirían a gusto manejando esta cantidad. Para nuestros fines, la probabilidad es cero: tal conjunto de sucesos es imposible (por el contrario, la probabilidad total de que algo ocurra es 1).

Otras consideraciones

Por otro lado, puesto que las dificultades técnicas son enormes, cada encuesta es un trabajo de varios días de levantamiento en campo y quizá de un par de días más de procesamiento de los datos. Pero Milenio-GEA-ISA logra la proeza de realizar una diaria, lo que implica una logística muy complicada pues es necesario tener permanentemente desplegados varios equipos de encuestadores, es decir, de algunos centenares de encuestadores coordinados desde bases operativas repartidas por todo el país.

No menos importante resulta el factor costo: Es sabido que los encuestadores cobran a sus clientes alrededor de 250 pesos por cada cuestionario lleno y válido. Es decir que, como mínimo, Milenio está pagando diariamente más de 250 mil pesos a GEA-ISA por realizar su encuesta. Probablemente el dinero no sea una objeción para Milenio, pero más no es necesariamente mejor, y si la encuesta está bien hecha, las pequeñas variaciones obtenidas de un día a otro son mucho menores que el margen de error.

Esto, por supuesto, lo sabe cualquier casa encuestadora, y lo deberían saber sus clientes. Entonces ¿en qué beneficia a Milenio publicar una encuesta diaria en vez de una semanal o quincenal?

Y si las encuestas se hacen siguiendo una metodología científica, cual debieran, siguiendo los lineamientos marcados por el IFE, ¿cómo es que difieren tanto los datos entre una y otra, si el error máximo debería andar alrededor del 3%? (En otras palabras, los resultados de todas las encuestas hechas con criterios científicos se deberían distribuir en

"Les diría a los ciudadanos que desconfíen de una encuesta que no presenta bases de datos, tasa de rechazo, tamaño de la muestra o el margen de error"

María Marván

una banda de 3 o 4%). En palabras de María Marván: "¿Cómo pueden encuestas que dicen ser nacionales traer 20 puntos de ventaja y otra de cuatro? No es creíble. Eso quiere decir, necesariamente, que una de las dos miente".

Por cierto, las encuestas de GEA-ISA (sin Milenio), Mitofsky, El Sol de México-Parametría, Ipsos-Bimsa, Parametría (sin El Sol de México), El Universal-Buendía y Laredo y SDP Noticias-Covarrubias publican encuestas con muestras de 1000 personas. Si bien los únicos que publican muestras diarias son GEA-ISA-Milenio, el razonamiento anterior también es aplicable a estas casas. Sin embargo existe una salvedad en aquel caso, y es que el número 1000 (casi tan bueno como el 1152 de marras en términos estadísticos, pero, al fin y al cabo, un número "cerrado") puede haber sido, no se especifica, el número de personas seleccionadas aleatoriamente, y no el número de personas entrevistadas. Sin embargo esto implica, en el mejor de los casos, una pequeña trampa, puesto que no se conoce en realidad el tamaño de la población muestreada.

¿Qué es lo que pasa entonces? Que las casas encuestadoras manipulan el diseño de su muestra, rompiendo su aleatoriedad por razones de índole práctica, económica, o con un fin aviesamente político. En el caso más venial éstas practican lo que llaman "sustitución", que consiste en cambiar a alguien seleccionado por alguien más accesible o a modo. La lógica es más o menos la siguiente: "¿Qué caso tiene viajar 6 horas en automóvil y luego dos horas a lomo de mula para entrevistar a Juan en su domicilio del otro lado de la sierra, si puedo entrevistar a Pedro que es mi empleado y está aquí, o, si acaso, salir a la banqueta y preguntarle al primero que pase?" O de plano, realizar un muestreo estratificado: irse a una colonia o a una ciudad favorable a tal o cual candidato, enfatizar los muestreos en determinada clase social, o en cierto intervalo de edades, etcétera. Entonces, aunque en realidad las casas encuestadoras realicen las encuestas que dicen que hicieron (descartando -quizá ingenuamente- la posibilidad de que simplemente se hayan inventado los números) el efecto neto es el de cargar los dados. En términos estadísticos una encuesta así, por supuesto, no sirve, pues no es un buen representante de la opinión del total de los votantes.

Los mismos consejeros del IFE han advertido sobre la recurrente falta de cumplimento de las normas por parte de los encuestadores, entre ellas, el de entregar a este organismo la información técnica de cada encuesta. Y como generalmente no está claro quién paga esas encuestas, recurriremos, para terminar, al latinajo: *cui bono*?

Bien dicen los que saben que hay mentiritas, mentirotas, y estadísticas.

El autor agradece los comentarios de los doctores Pilar Alonso, Jorge López, Macario Hernández y Luis B. Morales.

LA ELECCIÓN DEL 2006 EN MÉXICO, LOS ENCUESTADORES Y OTROS ORÁCULOS
Macario Hernández

Connotadas personalidades se han pronunciado por la legalidad de las elecciones presidenciales del 2006 en México y, por lo tanto, la ausencia de fraude. Entre ellas José Woldenberg, quien señala en su novela El Desencanto: "Con una consistencia digna de mejores causas, la Coalición que apoyó a López Obrador logró inocular entre franjas muy amplias de la población la idea, convertida en convicción, de que el día de la elección se había producido un fraude mayúsculo (...) la fe -es decir, la confianza ciega e incluso irracional en algo o alguien- sigue presidiendo la comprensión de las cosas que nos rodean" , cita que tomo de una reseña de Rafael Pérez Gay [1].

Según Woldenberg, quienes pensamos que hubo fraude -mayúsculo, minúsculo o mediano, eso que importa, simplemente creemos que hubo fraude-, lo hacemos por fe; es decir, ya estamos descalificados. Lo mismo se puede decir de quien piensa que no hubo fraude, lo hace por fe y por lo tanto de forma irracional. Tan simple como poner etiquetas. Pareciera decir Woldenberg: de este lado estamos los racionales, los pensantes; y del otro, los irracionales, aquellos a quien la coalición que apoyó a López Obrador les lavó el cerebro. Y con ello, la discusión se acabó.

Figura 1. Tasa de Homicidios 1979-2010 y 2011 [2]

La de Woldenberg es una situación maniquea. Parecida reacción tuvo Calderón cuando días después de la elección afirmó que por el habían votado los pacíficos; se entiende que los violentos, por los otros candidatos. A la luz del saldo de muertos dejado por la guerra al narco, la declaración anterior suena más bien a humor negro.

Las encuestas de la Presidencia de Vicente Fox

Según la revista emeequis [3] , Fox ordenó aplicar al menos 234 encuestas nacionales en los últimos 23 meses de su gobierno; y al menos el 55 por ciento del total, eran encuestas electorales con preguntas encaminadas a obtener información para aplicarse en la estrategia de la campaña electoral a la Presidencia de la República, en favor del candidato oficial Calderón. Según dicha revista, durante este periodo de 2005 y 2006, fueron encuestados 273 mil ciudadanos. Por estas encuestas dijeron pagar 75 millones de pesos y fueron entregadas a emeequis, como respuesta a una petición hecha con base en la Ley de Acceso a la Información Pública.

Algunas de las preguntas de las encuestas aplicadas por la Presidencia de la República fueron las siguientes.

En el caso del desafuero de López Obrador:

Si se comprobara que López Obrador violó la ley ¿estaría usted de acuerdo, ni en acuerdo ni en desacuerdo, o en desacuerdo en que se le quite el fuero?

"De las vacas sagradas se hacen las mejores hamburguesas"

Mark Twain

¿Usted considera que existe una maniobra del Gobierno Federal para afectar políticamente a López Obrador, o no existe?

Independientemente de lo anterior, en caso de que por este proceso de desafuero López Obrador no pudiera participar como candidato en las elecciones presidenciales de 2006, ¿qué tan legítimo cree usted que sería este proceso electoral: muy, algo, poco o nada legítimo?

Respecto a las campañas negras:

¿Para usted, el hecho de que López Obrador le haya dicho al presidente Fox "cállate chachalaca" hace que la imagen de López Obrador, empeore, se mantenga igual de buena o se mantenga igual de mala?

¿El hecho de que haya una campaña que muestra a López Obrador como un peligro para México hace que la opinión que tiene de él mejore, empeore, se mantenga igual de buena o se mantenga igual de mala?

En las siguientes preguntas Fox mide las posibles reacciones de los ciudadanos al fraude electoral:

Si el próximo 2 de Julio el IFE declarara que el candidato por el que usted votó NO es el ganador de la elección presidencial, ¿usted qué hará: aceptará este resultado, no lo aceptará o dependerá de sí su candidato lo acepta o no para usted decidir?

Si el IFE declarara un ganador, y el candidato por el que usted votó se negara a aceptar su derrota y convocara a realizar marchas y manifestaciones, ¿qué tan dispuesto estaría usted a apoyar a su candidato con estas acciones, estaría muy dispuesto, algo, poco o nada dispuesto?

Y a participar en bloqueos de carretera, a tomar oficinas de gobierno ¿qué tan dispuesto estaría usted a apoyar a su candidato con estas acciones?

Algunas preguntas después de la elección de 2006, y antes de emitirse los resultados oficiales de la misma, nuevamente tratando de medir la reacción de los ciudadanos antes de dar el golpe decisivo.

"En México lo único serio es la Lucha Libre"

Carlos Monsiváis

Por lo que usted sabe o ha escuchado en general ¿Esta elección fue limpia o hubo fraude?

¿Y quién cometió el fraude?

Felipe Calderón y López Obrador han declarado que ellos ganaron la elección presidencial. Independientemente de por quién votó, ¿usted a quién de los dos le cree más?

López Obrador ha pedido que se abran todos los paquetes electorales y que se cuente voto por voto en todas las casillas para ver quién ganó, ¿está usted de acuerdo o en desacuerdo?

En agosto preguntaron a la población la posibilidad de encarcelar a Obrador.

En caso de que se demuestre que López Obrador está violando la ley con sus actos, ¿qué cree usted que debería hacer el presidente Fox: aplicar la ley y meter a la cárcel a López Obrador o permitir que siga su movimiento para evitar más enfrentamientos?

Con todo esto que está pasando, se dice que la población se ha dividido en dos grupos: los que apoyan a López Obrador y su movimiento y los que no lo apoyan, ¿usted de qué grupo se considera?

Como se puede ver, se usaron recursos públicos para apoyar en forma ilegal la campaña del candidato oficial panista Felipe Calderón. Y se tenía perfectamente medido el costo político de cada paso a dar, desde el desafuero de López Obrador a la realización del fraude, pasando por la posible medida de encarcelar a López Obrador por las acciones postelectorales de protesta al fraude electoral, y muy probablemente la decisión final sobre las elecciones del TEPJF.

El acuerdo PAN-TELEVISA

Álvaro Delgado, en su libro El Engaño Prédica y Práctica del PAN [4], narra el pacto entre Televisa y el PAN para que este partido apoyara la Ley Televisa a cambio de que Televisa, mediante estrategias, aumentara el puntaje de Calderón en las encuestas. Aquí las palabras de Delgado:

Con la intermediación de Eduardo Medina Mora, entonces secretario de

Seguridad Pública y actual procurador general de la república, Vázquez Mota pactó que Televisa apoyaría mediante estrategias a aumentar el puntaje del candidato del PAN en las encuestas, diferir los pagos de ese partido en spots y presionar al IFE para la celebración de dos debates.

Una semana después, el miércoles 29 de marzo, en vísperas de la sesión del Senado, Espino se reunió con Bernardo Gómez, en el domicilio de Medina Mora, para ratificar el pacto establecido con Vázquez Mota por instrucciones de Calderón, quien mantuvo la ambigüedad incluso después de haber sido promulgada la ley y estar en marcha la integración de la Comisión Federal de Telecomunicaciones (Cofetel).

> ¿Vivimos realmente en una sociedad de la información? No lo creo. La información es tan rara -y la desinformación, las mentiras y la dejadez general son más rampantes- que nunca antes.
>
> **Nicolás Bizzants**

Esta Ley fue el acuerdo entre el PAN y Televisa para aprobar la llamada "Ley Televisa", que fue el regalo de un bien público a las empresas Televisa y Tv Azteca, a cambio de algunos favores que beneficiaran la campaña electoral de Felipe Calderón, la cual para ese entonces no levantaba y había que elevarla así fuese artificialmente.

Con lo anterior se puede constatar cómo, mediante la manipulación de encuestas, Televisa hizo un negocio sumamente rentable. Y de cómo otros medios de comunicación y/o empresas encuestadoras pueden hacer negocios muy redituables mediante la manipulación de encuestas.

Los Consejeros Electorales Generales del IFE

La composición del Consejo General del IFE en 2003 fue conformada por el PAN y el PRI, fundamentalmente. Álvaro Delgado en su libro El engaño prédica y práctica del PAN, lo señala muy claramente en la página 249:

Germán Martínez Cázares, ex secretario de la Función Pública suele afirmar sin sonrojos: *"Yo puse a los consejeros electorales. Entre Roberto Campa y yo los amarramos"*. Y dice la verdad. Quien era el representante de Felipe Calderón en la Cámara de Diputados desde el inicio de la LVIII Legislatura -que comenzó en septiembre de 2003- trabajó conjuntamente con Campa, operador de Elba Esther Gordillo, cuyo poder en el PRI ejercía al lado de Roberto Madrazo.

El plan cobró forma: ante la conclusión del periodo del Consejo del IFE, en octubre de ese año -en cuyas elecciones federales intermedias el PAN padeció severo descalabro-, era preciso integrar el nuevo con personajes afines al grupo hegemónico que se atisbaba desde entonces. Secretaria general del PRI y diputada federal, Gordillo no ocultaba su convergencia con el gobierno panista -ostentosa su complicidad con Fox y Marta Sahagún, su mujer- y los planes conjuntos incluían un IFE a modo, para garantizar su poder transexenal.

Martínez colocó como consejeros a prominentes filopanistas: Arturo Sánchez Gutiérrez, compadre de Juan Molinar Horcasitas, diputado federal; Andrés Albo, compañero de correrías de Calderón desde antes de ser presidente nacional del PAN; María Teresa González Luna Corvera, nieta del fundador del PAN, y Rodrigo Morales Manzanares, amigo de Calderón.

La facción del PRI controlada por Gordillo impuso a Luis Carlos Ugalde Ramírez como presidente; Marco Antonio Gómez Alcántar, ex representante del PRI ante el IFE en 1994; Virgilio Andrade Martínez, posición del Partido Verde; María de Lourdes López, ex vocal ejecutiva del IFE en Coahuila y cercana al PRI, y Alejandra Latapí Rener, enlace del Consejo Coordinador Empresarial con la Cámara de Diputados.

Y muy atinadamente Delgado señala cómo los consejeros del PRI eran, en realidad, de Gordillo y que al irse del PRI se los llevó en su pacto con Calderón, quien a su vez tenía la otra parte de consejeros generales.

El IFE, Reyes Heroles y GEA-ISA

En su libro *Los cómplices del presidente* [5] Anabel Hernández narra la relación de algunos funcionarios del IFE con Jesús Reyes Heroles y la empresa GEA-ISA.

La boda de Luis Carlos Ugalde con Lía Limón tuvo lugar el 6 de diciembre de 2003. Entre los invitados estuvieron Margarita Zavala y Felipe Calderón, además de Jesús Reyes Heroles, entonces director general de Grupo de Economistas y Asociados (GEA). También asistió María del Carmen Alanís Fuentes. Lía, Margarita y María del Carmen eran amigas íntimas de mucho tiempo.

Según Anabel Hernández, Luis Carlos Ugalde trabajó con Jesús Reyes Heroles en la Secretaría de Energía (1996-1997) y en la embajada en Estados Unidos (19972001).

Guillermo Valdés Castellanos quien fue también director de GEA, trabajó en la Presidencia de la República con Carlos Salinas de Gortari, como director de estudios políticos y sociales. Y según su curriculum es Licenciado en Ciencias Sociales por el ITAM.

"Quiero ser presidente de mi partido, pero estoy muy chavo, y no me van a querer", se quejaba Felipe Calderón en una cantina del centro histórico en diciembre de 1995 [6]. "Estaban ahí, entre otros, Rodrigo Morales amigo íntimo de Calderón y hoy consejero del IFE; Guillermo Valdés Castellanos, ex analista de Grupo de Economistas Asociados, GEA, y hoy director del

Cisen, y Andrés Albo, hoy también consejero del IFE. "Casi lloraba...", recuerda Valdés en una entrevista más tarde. "Felipe si quieres, sí puedes", le animaban los ahí reunidos.

Manuel López Bernal -que había trabajado con Jesús Reyes Heroles- fue designado por Luis Carlos Ugalde Director Ejecutivo de Administración [7], luego fue nombrado como Secretario Ejecutivo del IFE, tras la renuncia de María del Carmen Alanís a esa secretaría.

Anabel Hernández relata en su libro Los cómplices del presidente, anteriormente citado, que el secretario particular de Ugalde, Alejandro Ríos Camarena Rodríguez, trabajó también con Jesús Reyes Heroles en Banobras y en la Secretaría de Energía.

Asimismo, el consejero Rodrigo Morales Manzanares [8] (amigo de Felipe Calderón) fue gerente de control presupuestal y pagos en Banobras en 1995, cuando Reyes Heroles era el director general de esa dependencia; y en su currículum afirma ser consultor externo de GEA, y además, fundador y subdirector de la Revista Mensual "Voz y Voto, Política y Elecciones".

Como se ve, había (y tal vez todavía hay) una red muy extensa de gente relacionada con GEA-ISA y/o Jesús Reyes Heroles en el IFE.

Espino, Cerisola, los gobernadores priístas y Elba Esther Gordillo

El mismo Manuel Espino acepta en entrevista con Álvaro Delgado, relatada en el libro El engaño prédica y práctica del PAN [9] (págs. 284 y 285), cómo hizo el pacto con algunos gobernadores priístas a cambio de impunidad para éstos. Y señala que producto del pacto con los gobernadores priístas hubo lugares donde el resultado electoral obtenido por el PAN era impensable.

Curiosamente, los defensores de la legalidad de las elecciones de 2006 hacen caso omiso de las evidencias de la intervención ilegal de algunos actores políticos, tan documentada en periódicos, libros y en internet, en sitios como YouTube.

Intervenciones como las mencionadas anteriormente: las 234 encuestas que el gobierno federal realizó con dinero del erario -55 por ciento de las cuales eran electorales y, seguramente, fueron utilizadas en la estrategia electoral del entonces candidato Felipe Calderón-; la conformación del Consejo General del IFE por el PRI y el PAN; el acuerdo PAN-Televisa para aprobar la Ley Televisa a cambio de subir el porcentaje de preferencia electoral en las encuestas; la relación IFE-Reyes Heroles-GEA-ISA; la intervención de Elba Esther Gordillo, mediante la apretada de tuercas vía telefónica a los gobernadores priístas, como Eugenio Hernández, entonces gobernador de Tamaulipas, para la intervención ilegal en la elección de 2006 a favor de Calderón.

Es de suponer que no había la necesidad de convencer a los gobernadores panistas para que intervinieran ilegalmente a favor de Calderón. Véase http://www.youtube.com/watch?v=K0ocGZnTaAo (Video llamada Elba Esther Gordillo a Eugenio Hernández, gobernador de Tamaulipas).

Al día siguiente a la elección, Pedro Cerisola le hizo una llamada al entonces gobernador de Tamaulipas, donde le agradece la intervención en las elecciones, incluso le dice "te sobregiraste", al referirse, seguramente, a la intervención electoral de Eugenio Hernández a favor de Calderón. Ver: http://www.youtube.com/watch?v=BAtFeSa6mO0.

Hay algunas preguntas que nosotros, los irracionales -según Woldenberg-, nos hacemos. Si GEA-ISA, "prestigiosa" encuestadora de los chicos Reyes Heroles, y una de las consentidas del PAN, siempre le dio amplia ventaja a Calderón sobre López Obrador en las encuestas preelectorales de 2006, tanto que en la última encuesta -segunda quincena de junio de 2006- GEA-ISA le daba a Calderón 5.2 puntos de ventaja sobre Obrador (votantes probables); situación similar se daba con Arcop, de Rafael Giménez Valdés (amigo muy cercano de Calderón), este le daba 4.9 puntos de ventaja a Calderón sobre Obrador (FCH 38.7; AMLO 33.8) en preferencia efectiva -Pág. 233 del libro 2 de Julio [10] de Tello Díaz-.

Ante los datos dados en el párrafo anterior, resultan, ahora sí, irracionales y extraños los apuros de Elba Esther Gordillo y Manuel Espino por acarrearle votos ilegales a Felipe Calderón.

¿Para qué andar mendigando votos ilegales Manuel Espino y Elba Esther Gordillo? cuando sus chicos maravilla de las encuestas le daban a Calderón cinco puntos porcentuales de ventaja sobre Obrador. O bien en el PAN son unos auténtico imbéciles, ya que teniendo cinco puntos de ventaja todavía se dedican a hacer alianzas innecesarias y extremadamente onerosas con la Gordillo y los gobernadores priístas; o bien, esos cinco puntos de ventaja de Calderón sobre Obrador eran simple ficción, una mentira más de los políticos del PAN y de las casas encuestadoras. Yo como buen irracional, y hombre de fe, me inclino por la segunda.

De la misma forma, ¿por qué se negó Felipe Calderón al recuento total de los votos? si la mayor parte de las casas encuestadoras en sus encuestas de salida y conteos rápidos le daban amplia ventaja a éste sobre López Obrador. Una ventaja mayor a la que señalaba el TEPJF de 0.56 puntos porcentuales. Lo único que lo puede explicar es que esa ventaja era de papel, sólo estaba en los reportes de algunas casas encuestadoras, eran valores inventados, o digamos, sembrados.

Al igual que con la opinión dividida de que en las elecciones de 2006, éstas rechinan de limpio, y la contraria, de que hay fraude, con las casas encuestadoras ocurre una situación similar: las opiniones se dividen entre si hay manipulación en las cifras de algunas casas encuestadoras o no la hay.

El día de la elección presidencial, cuando empiezan a aparecer los resultados de las encuestas de salida y de los conteos rápidos y éstas señalan un candidato ganador por la mayoría de las casas encuestadoras, el resultado se toma como Vox Dei, sin cuestionar, sin analizar si los datos son creíbles o no. Se apela al prestigio de las casas encuestadoras, a la fe -diría Woldenberg- impuesta por los medios de comunicación. ¿O qué? ¿Aquí no aplicaría la etiqueta? como si éstas no pudieran mentir, como si la política de estado no pudiera corromper también esta instancia.

Las encuestas probabilísticas en sí, son un instrumento confiable cuando se realizan correctamente y por encuestadores honestos. Desgraciadamente, el grupo de encuestadores "reconocidos", como les gusta llamarse a sí mismos, y que generalmente son los que realizan las encuestas presidenciales en México, es un grupo ligado al poder. Lo menos de lo que se les puede acusar es el silencio cómplice de las manipulaciones que realizan sus compañeros encuestadores.

En cuanto seminario de análisis de encuestas electorales se desarrolla, invariablemente uno o varios ponentes repite la siguiente frase: Las encuestas electorales llegaron para quedarse. Creo que la frase está incompleta, yo afirmaría: Las encuestas electorales llegaron para quedarse y engañar. Al menos esto sucedió en la mayor parte de encuestas electorales presidenciales del 2006 en relación con las casas encuestadoras "reconocidas", como les gusta ser llamadas.

Otra frase célebre, o más bien frase hecha, es la siguiente: las encuestas electorales son una contribución a la democracia. Cuando normalmente las encuestas electorales se han utilizado para engañar y, mediante este engaño, tratar de dar legitimidad de manera artificial a candidatos en apuro, como fue el caso de Felipe Calderón en la elección presidencial de 2006.

Los nuevos oráculos mexicanos

▶ Felipe Calderón

En el libro El Presidente Electo [11], de Jorge Zepeda Patterson y Salvador Camarena, se narra una anécdota muy interesante de Felipe Calderón:

Tres días después del mitin del Azteca, donde Espino llamaría a sus seguidores a que no se "apejendejaran" y en donde Calderón dedicaría prácticamente todo su discurso a atacar a Andrés Manuel, el equipo se trasladaría, pagando cada quién sus gastos, a Guadalajara, al cierre definitivo.

Eligieron esa ciudad-bastión panista como una deferencia al entonces gobernador Francisco Ramírez Acuña, quien de nueva cuenta organizó una fiesta para celebrar al candidato y a todo su equipo nuclear.

De regreso en la ciudad de México, tuvieron una comida en el Salón Ambrosía, al sur de la ciudad, para agradecer a todos los integrantes de la "casa de campaña". Ahí Margarita Zavala regaló una flor a cada colaborador, mientras que Felipe Calderón les adelantó "que nos vamos a tener que preparar para un proceso postelectoral largo, que al final vamos a ganar" (las itálicas son mías mhg).

De lo dicho por Felipe Calderón, en el párrafo anterior (en itálicas), lo cual coincidió plenamente con el proceso postelectoral que vivió el país, pareciera que Calderón tuviese una excepcional capacidad de oráculo; más bien, por su carácter de candidato oficial, éste tenía información privilegiada de los acuerdos a que había llegado con Elba Esther Gordillo y los gobernadores priístas para operar el fraude en las elecciones, formando equipo con el gobierno federal y los gobernadores panistas; además de la correlación favorable de consejeros generales del IFE hacia Calderón.

Y si con lo anteriormente comentado no le alcanzaba para ganar a Calderón, no hay que descartar, además, el fraude cibernético. El libro de Jorge López: 2006 ¿Fraude electoral? [12] -el cual es una compilación de estudios del propio Jorge López y otros "anomaleros"- da varias pruebas de ello.

▶ Rafael Giménez Valdés

Salvador Camarena y Jorge Zepeda Patterson, en su libro El Presidente Electo, narran cual era la situación en los dos días previos a la elección de 2006.

Al mediodía del viernes 30 de Junio, Rafael Giménez estaba más atento al juego entre Alemania y Argentina que a las elecciones. No perdía detalles del partido que iba empatado a uno. "Vamos a ganar", dijo tranquilo mientras devoraba un pastel en el Starbucks ubicado frente a al Hotel Presidente Intercontinental. No se refería a Alemania, que terminaría imponiéndose a los sudamericanos sino a Calderón su candidato.

El encuestador sabía que su pronóstico a 48 horas de la elección - "ganaremos por unos dos puntos porcentuales" -desafiaba la idea instalada en la opinión pública y en buena parte la de sus colegas. "El gusto que me va a dar callarles la boca a todos".

Y continúan Camarena y Patterson con su narración:

En lo que es ya es una tradición de los encuestadores, la noche previa del día de las elecciones comenzaron los telefonazos entre algunos de ellos. Francisco Abundis, de Parametría, había comido en casa de Jorge Buendía, de Ipsos Bimsa. En la mesa estaban Warren Mitofsky y Roy Campos de

Consulta Mitofsky, y Ulises Beltrán de BGC (Beltrán BGC y Asociados).

"Prolongamos la comida hasta que nos fue llegando información. Básicamente los datos que a las diez de la noche teníamos Ipsos Bimsa, BGC (Beltrán BGC y asociados) y Parametría eran los mismos: tres puntos arriba López Obrador", recuerda Abundis, quien más tarde recibiría sendas llamadas de otros dos encuestadores, Ricardo de la Peña, de GEA-ISA, y Giménez, de Arcop. (Las itálicas son mías mhg)

"Les reporté a cada uno lo que las otras empresas traíamos, los tres puntos arriba de López Obrador. Ricardo me dijo "yo traigo todavía a Calderón uno arriba". Cuando hablé con Giménez me dice "traigo al Peje 1.4 arriba". Y con eso nos vamos a dormir, revela Abundis.

Es decir, la afirmación de Rafael Giménez, de Arcop, en el sentido de que Calderón ganaría de perdido por dos puntos porcentuales (a sabiendas de que Calderón estaba en desventaja con la mayoría de las casas encuestadoras) obviamente debía estar fundada en el hecho conocido de las fuerzas que estaban operando el fraude electoral en contubernio con el gobierno federal. Con información privilegiada, cualquiera es adivino.

Salvador Camarena y Jorge Zepeda Patterson, en libro antes citado, se deshacen en elogios para Rafael Giménez:

A lo largo de los cuatro meses previos a la elección, Giménez soportó de mala gana las miradas escépticas de los otros encuestadores. Que su empresa Arcop haya sido a lo largo de los años la investigadora de Calderón hacia que sus números se tomaran con reserva. Fuera del equipo panista, en el que se ganó una credibilidad de roca, en el medio político creían que la ventaja que desde abril atribuyó al michoacano era una cuestión táctica, antes que el resultado puntual de su técnica.

Es muy frecuente que los escritores políticos se deslumbren con los hechos inventados, que los mismos encuestadores les cuentan y algunos tienen mucha confianza en éstos.

Jonathan G. Koomey en su libro Turning Numbers into Knowledge [13], plantea varios principios a seguir cuando se hace una investigación. Cito solo tres, los cuales frecuentemente son omitidos cuando se realiza un estudio:

• Cuestione o ponga en duda a la autoridad: Esto en el sentido de que las figuras de autoridad pueden ser parciales o estar equivocadas. Así que debemos investigar sus afirmaciones.

• No crea todo lo que lee: Es decir, debemos mantener un sano escepticismo aún con las fuentes de información que pensemos son dignas de crédito.

• Lea las tablas y los gráficos: Se debe revisar la consistencia de los datos para ver si hay alguna contradicción con información que usted conoce. Si hay valores que por su naturaleza son muy poco o sumamente improbables de observar.

Revisemos el desempeño de Rafael Giménez Valdés en anteriores elecciones presidenciales:

Si tomamos en cuenta las elecciones presidenciales de 1994 en México contrastaremos las estimaciones de El Norte Reforma con los resultados oficiales para los diferentes candidatos; según el IFE [14]:

Tabla 1					
	Fecha	PAN	PRI	PRD	Otros
Periódicos Reforma y El Norte	Julio 24-28	24.00	61.00	12.00	3.00
Resultado Oficial IFE		25.92	48.69	16.59	8.80
Estimación menos Res. Oficial		-1.92	12.31	-4.59	-5.80

Nota: Los valores de los Periódicos Norte-Reforma son porcentaje de preferencia efectiva, tomados del libro Encuestas y Democracia [15] , páginas 64 y 172.

En 1994, el encuestador de los periódicos Reforma y El Norte, era Rafael Giménez Valdés. Se puede advertir como Giménez Valdés tuvo un sesgo favorable al PRI de 12.31 puntos porcentuales, que no es poca cosa. Ningún encuestador siquiera de calidad regular, puede tener errores en sus estimaciones de 12.31 puntos porcentuales.

Rafael Giménez Valdés publicó un artículo en la revista Etcétera [16] donde aparece como el encuestador más preciso de 13 encuestadores en las elecciones presidenciales del 2000 en México. Sin embargo, hay que tomar la información con mucha cautela cuando los encuestadores, por estar al servicio de algún partido, no publican sus resultados antes de que se lleve a cabo la elección, así que no hay ningún antecedente de los mismos. Luego, después de las elecciones, ya que se conocen los resultados, escriben reportes donde aparecen como los encuestadores más precisos. Pero no hay antecedentes de sus estimaciones, por no haberlas publicado o bien no haberlas entregado al IFE antes de la realización de las elecciones.

En las elecciones intermedias de 2003, donde Rafael Giménez sí publicó resultados con antelación, resultó que volvió a tener un fracaso estrepitoso.

Según Arcop, de Rafael Giménez [17], en la elección intermedia de 2003, el PAN obtendría un 41%, el PRI le seguiría con 35%, el PRD con 18% y finalmente el Partido Verde Ecologista de México tendría un 5%. Al final, según resultados del IFE [18], el PAN obtuvo un 30.73%, con un sesgo favorable para el PAN de 10.27% (y coincidentemente cuando trabajó para el PAN en esa elección ¿qué raro?); el PRD obtuvo un 17.61% con un sesgo favorable al PRD de 0.39%. Tenemos entonces que, Giménez es bastante preciso con el PRD, con un error de menos de medio punto porcentual, y no con el PAN, con el cual tiene un sesgo (u error) a favor de 10.27%.

Respecto a la elección de 2006. En el libro el Presidente Electo, de Salvador Camarena y Jorge Zepeda Patterson, que la noche previa a la elección (1 de Julio de 2006), Rafael Giménez de Arcop traía a Obrador 1.4 puntos porcentuales arriba de Calderón. Sin embargo, en el libro: 2 de Julio (página 233), de Carlos Tello Díaz, Rafael Giménez presenta estimaciones del 1 de Julio donde tiene a Calderón 4.9 puntos arriba de Obrador. Se tiene que Rafael Giménez trabaja con doble contabilidad. Y utiliza las cifras según convenga a sus intereses. ¿Y este es el encuestador con credibilidad de roca según Camarena y Zepeda Patterson?

► Ricardo de la Peña ¿El encuestador más preciso?

Ricardo de la Peña, de Investigaciones Sociales Asociadas (ISA), quien ha labrado un sólido prestigio de encuestador con cifras falsas o manipuladas y asociado - prácticamente en forma delictuosa- normalmente con GEA (de Jesús Reyes Heroles premiado con la dirección de PEMEX, y de Guillermo Valdés Castellanos que fue premiado con la dirección del Cisen) y GEA-ISA, le gusta autoproclamarse como el encuestador más preciso del país; sin embargo, sus cifras de precisión son normalmente, cuentas alegres.

Aunque de la Peña generalmente se presenta como más preciso en los estudios que hace sobre desempeño de las casas encuestadoras; empero, generalmente estos análisis son maquillados. En cuanto a precisión se refiere, en las elecciones del 2006 GEA-ISA fue una casa encuestadora mediocre, futbolísticamente hablando, debajo de la media tabla.

GEA-ISA ha estado asociada -o ha sido cómplice, más bien- con el PAN en sus andanzas de engaño en las encuestas electorales. La actuación de GEA-ISA ha sido sumamente dañina para la democracia en México. Pero seguramente Ricardo de la Peña solamente es la fachada detrás de la cual se esconde Jesús Reyes Heroles, Guillermo Valdés Castellanos y el PAN. Por lo menos eso ocurrió en el 2006.

Aunque pudiéramos decir que GEA-ISA es la cabeza más visible de las casas encuestadoras que manipulan cifras, no es la más precisa, pero si la que disputa el liderato en manipulación de cifras de encuestas en México.

Salvador Camarena y Jorge Zepeda Patterson, en su libro El Presidente Electo señalan en la página 150:

Lo que el equipo de Calderón veía desde el golpe de timón a la campaña al arrancar marzo es que su aceptación entre el electorado iba al alza, pero que seguía la percepción de que de cualquier manera ganaría López Obrador. Por eso querían darle más juego a la encuesta de GEA-ISA, en la idea que en ella salían bien posicionados (al final, el último dato preelectoral de GEA-ISA fue el más exacto: le daban 38 por ciento a Calderón, que sacaría el 37; a AMLO le daban 36, igual porcentaje al que obtuvo, y a Roberto Madrazo 23, exactamente lo que obtuvo). Las itálicas son mías (mhg).

Precisamente, esta parte que pongo en itálicas, es información que Ricardo de la Peña ha venido manejando en diversos escritos. En su artículo: Las Encuestas en la Elección Presidencial de 2006: Dos Historias, Una Realidad [19], De la Peña maneja datos que Camarena y Zepeda Patterson presentan como reales.

En la página 66 de dicha revista, De la Peña presenta la información que dan como válida Camarena y Zepeda Patterson:

Tabla 2				
	Dato	FCH	RMP	AMLO
Resultado Oficial		37	23	36
GEA-ISA	MT	38	23	36
MT Corresponde a la muestra total observada, excluyendo casos indefinidos (no sabe/no dice)				

En la nota acerca de MT, de la Peña nos dice que sus estimaciones corresponden a votantes netos o efectivos; es decir, la estimación que resulta de eliminar de la muestra a los indecisos.

Como se puede observar, en la tabla anterior hay solamente valores enteros. Esto ya es una sospecha a considerar. Es sumamente improbable que los resultados oficiales de los candidatos sean valores enteros, y además, también todas las estimaciones del encuestador sean enteras.

Desde el momento en que un encuestador afirma que acertó a un resultado oficial, debemos pensar en la posibilidad de que esté mintiendo. Pero si el encuestador afirma que acertó a dos resultados electorales oficiales, ahí sí debemos tener la plena seguridad de que está mintiendo. ¿Por qué? Porque la probabilidad de que este evento ocurra es sumamente improbable de observarse.

Los resultados oficiales del TEPJF [20] fueron: FCH (35.89); RMP (22.23); AMLO (35.33). Si contrastamos los resultados anteriores, con los que presenta De la Peña en la tabla anterior, podemos ver la primera manipulación descarada de De la Peña.

Los resultados de porcentaje de votantes netos (o efectivos) de GEA-ISA en su reporte entregado al IFE, para la segunda quincena de Junio de 2006, fueron los siguientes:

Tabla 3
Entrevistados que definieron su intención de votar por algún candidato (1,374 casos)

Opción de Respuesta	PROPORCIONES Y ERROR ESTADÍSTICO (A 95% DE CONFIANZA)
Felipe de Jesús Calderón Hinojosa	38.5% ± 3.3%
Roberto Madrazo Pintado	22.9% ± 2.4%
Andrés Manuel López Obrador	36.0% ± 3.2%
Otros candidatos registrados	2.6% ± 1.0%

Y los resultados de votantes probables de GEA-ISA, en el reporte entregado al IFE para la segunda quincena de Junio de 2006, fueron:

Tabla 4
Entrevistados que aseguraron que irían a votar y definieron su intención del voto (1,198 casos)

Opción de Respuesta	PROPORCIONES Y ERROR ESTADÍSTICO (A 95% DE CONFIANZA)
Felipe de Jesús Calderón Hinojosa	40.8% ± 4.0%
Roberto Madrazo Pintado	21.2% ± 2.7%
Andrés Manuel López Obrador	35.6% ± 3.7%
Otros candidatos registrados	2.4% ± 0.9%

Entonces, la Tabla 2 con los datos corregidos quedaría:

Tabla 5				
	Dato	FCH	RMP	AMLO
Resultado Oficial del TEPJF		35.89	22.23	35.33
GEA-ISA (Votantes netos)	VN	38.5	22.9	36.0
GEA-ISA (Votantes probables)	VP	40.8	21.2	35.6

VN Porcentaje de Votantes Netos (o Efectivos), excluyendo votantes indecisos (no sabe/no dice)

VP Porcentaje de Votantes Probables: El porcentaje de ciudadanos que a juicio del encuestador, es más probable acuda a votar el día de la elección.

Como se puede observar, la afirmación de De la Peña (que se muestra en la Tabla 2) y retomada por Camarena y Zepeda Patterson de que GEA-ISA acertó a los resultados de AMLO y Madrazo es totalmente falsa, como se puede observar contrastando la Tabla 2 con la Tabla 5. Tenemos que De la Peña, de GEA-ISA, manipula los resultados oficiales del TEPJF y falsea sus propias estimaciones. De esta forma, sus aciertos están en sus reportes, pero no en la realidad.

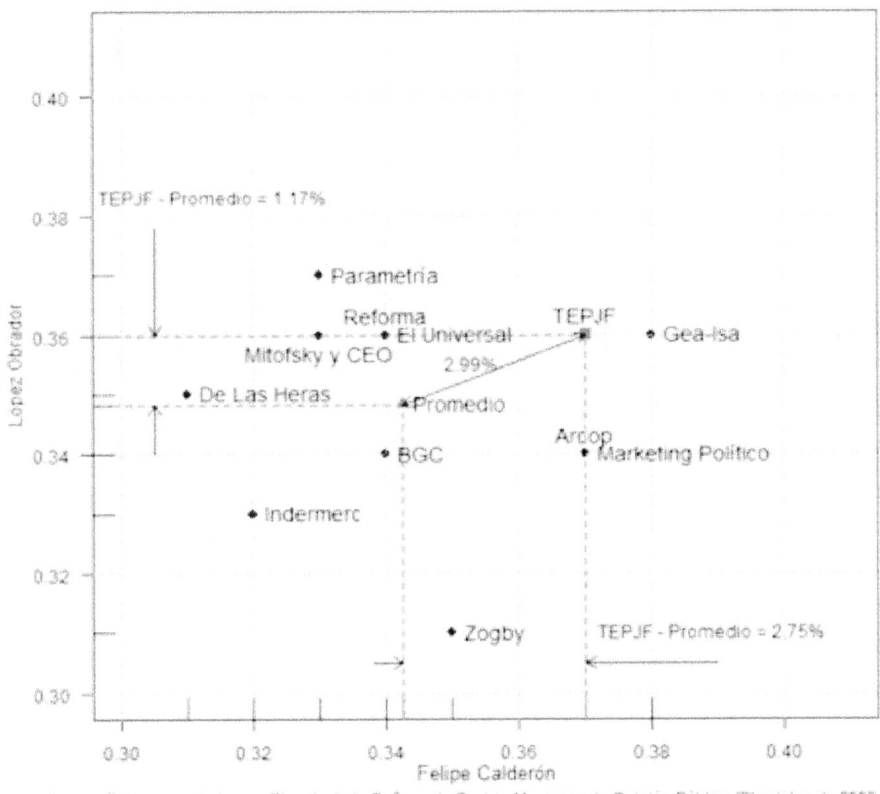

Figura 2. Proximidad GEA-ISA (falseada por GEA-ISA)

De la Peña estuvo utilizando el concepto de Votantes Probables para favorecer a Calderón durante todo el periodo preelectoral; a la hora de tratar de medir la proximidad de sus estimaciones con los resultados oficiales toma sus estimaciones de Votantes Netos o Efectivos, "falsificados o alterados" por el mismo, para medir esa proximidad (esta es otra de sus artimañas). Pero, para ser justos, debemos medir su desempeño con sus estimaciones de Votantes Probables (que estuvo alterando a favor de Calderón durante todo el periodo preelectoral), que teóricamente debería ser su estimación más refinada.

En la Figura 2 he recreado un gráfico que De la Peña presenta en su artículo anteriormente mencionado: Las Encuestas en la Elección Presidencial de 2006: Dos Historias, Una Realidad, donde aparte de alterar (o falsificar) sus propias estimaciones, falsifica también los resultados oficiales del TEPJF para los candidatos.

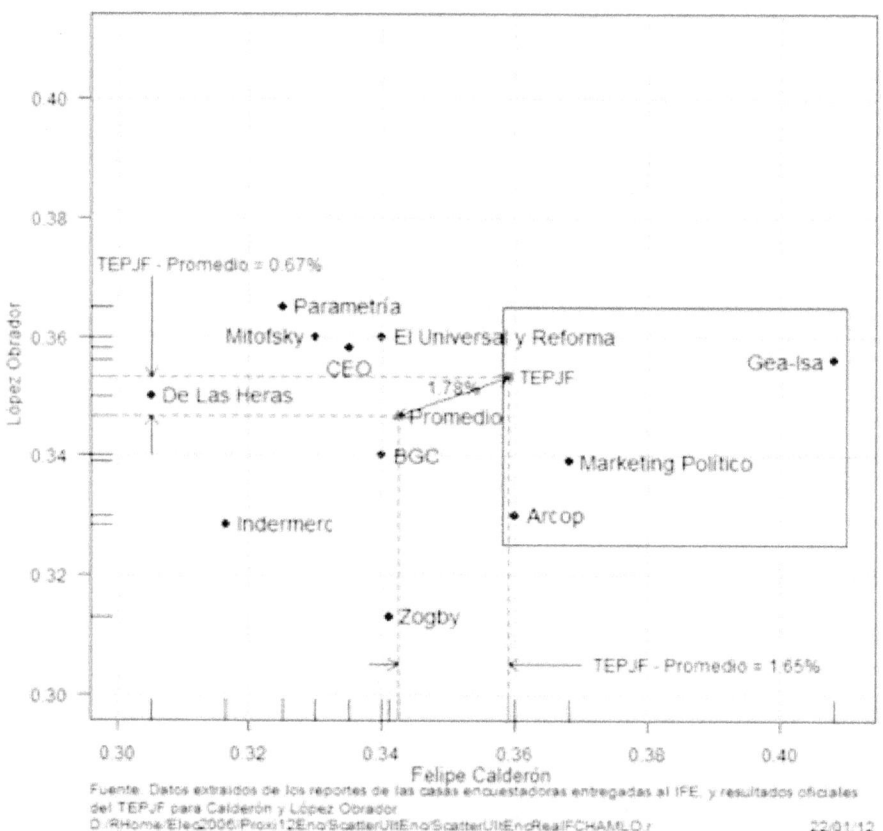

Figura 3. Proximidad GEA-ISA (corregido).

En la figura 3, reconstrucción de la Figura 2, he puesto los resultados oficiales del TEPJF para Calderón y Obrador y las estimaciones de Votantes Probables de GEA-ISA además, he tomado las estimaciones de los otros encuestadores de los reportes entregados al IFE. Zogby y Arcop no entregaron sus reportes al IFE así que la estimación de Zogby la tomé de internet mientras que la de Arcop la obtuve del libro 2 de Julio de Carlos Tello Díaz.

Como se puede observar de la Figura 3, GEA-ISA tiene una estimación para Calderón de casi 5 puntos porcentuales por encima del resultado oficial del TEPJF; además, Arcop, Marketing Político y GEA-ISA (ligadas a Calderón y al Gobierno Federal) fueron las únicas casas encuestadoras con estimaciones superiores al resultado oficial del TEPJF y al promedio de las estimaciones de Calderón.

Referencias

- http://www.eluniversal.com.mx/editoriales/46576.html

- Tomado del Blog de Diego Valle-Jones:

  http://blog.diegovalle.net/2011/12/homicides-in-mexico2010.html

- Revista emeequis #071 del 11 de Junio de 2007, artículo de Ignacio Rodríguez Reyna y Fátima Monterrosa

- El engaño prédica y práctica del PAN de Álvaro Delgado Editorial Random House Mondadori Primera reimpresión: noviembre de 2007 ISBN:978-970-780-739-6

- Los cómplices del presidente de Anabel Hernández Random House Mondadori S.A de C.V. noviembre, 2008. ISBN 978-607-429-067-7

- El Presidente Electo de Salvador Camarena y Jorge Zepeda Patterson, Editorial Planeta, abril de 2007. ISBN: 970-37-0314-3

- http://www.esmas.com/noticierostelevisa/mexico/479077.html

- http://www.trife.org.mx/ccje/IIIobservatorio/ficha_ponentes/rodrigo_m.html.

- El engaño prédica y práctica del PAN, Álvaro Delgado, Random House Mondadori noviembre de 2007 ISBN:978-970-780-739-6

- 2 de Julio. Carlos Tello Díaz. 2007, Editorial Planeta Mexicana. ISBN: 970-37-0315-1

- El Presidente Electo de Salvador Camarena y Jorge Zepeda Patterson, Editorial Planeta, abril de 2007. ISBN: 970-37-0314-3

- 2006 ¿Fraude Electoral? Estudios de las anomalías de la elección presidencial. Jorge López Gallardo. Editorial Doble Hélice, 2009. ISBN 978-607-00-1156-6

- Turning Numbers into Knowledge by Jonathan G. Koomey, Analytic Press. 2nd edition, Feb. 2009. ISBN-13: 9780970601926

- http://www.ife.org.mx/documentos/RESELEC/nuevo_199 4/pres_94/nac_edo/nac_pre_94.html

- Encuestas y democracia: opinión pública y apertura política en México. Roderic Ai Camp, compilador. Editorial Siglo xxi editores, s.a. de c.v. Primera edición en español 1997. ISBN 968-23-2059-3

- http://www.etcetera.com.mx/2000/393/rgv393.html

- http://www.esmas.com/noticierostelevisa/mexico/299222.html

- http://www.ife.org.mx/documentos/RESELEC/estadistica s2003/diputados_mr/entidad/entidad_mr.html

- Revista Mexicana de Opinión Pública [2], octubre de 2006, editada por la Facultad de Ciencias Políticas de la UNAM.

- http://www.ife.org.mx/documentos/proceso_2005-2006/c uader-nos/inicio.html.

LA ACTITUD CONTESTATARIA DE LOS ESTUDIANTES MEXICANOS
Samuel F. Velarde

A raíz del proceso electoral en México y concretamente del cuestionamiento al candidato del PRI a la presidencia de la república en la Universidad Iberoamericana, la juventud estudiosa del país ha encontrado un foro colectivo para transmitir sus ideas y preocupaciones políticas. Por otro lado las redes sociales han facilitado la propagación de esta actitud crítica e influido para que en distintas partes, los jóvenes se manifiesten con amplitud.

Específicamente el movimiento #yosoy132 aparece como una interesante forma de cuestionar no únicamente al candidato del PRI, sino que también pone en entredicho a las principales televisoras de México, como entidades no precisamente democráticas, exigiéndoles que al menos sean parciales en el proceso político por el cual se atraviesa en la actualidad. Más allá del contenido político de este movimiento, se inserta en una tendencia casi mundial en el que las redes sociales se usan con motivos de convocatoria social. Este fenómeno se había tardado en México, pues en países como Corea del Sur los jóvenes se vienen manifestando a través de redes sociales desde la década de los noventa del siglo pasado, convocando incluso a la organización de importantes movimientos sociales, es el caso de Candleligth Vigils que ha tenido un papel fundamental en conformar la democracia surcoreana.

Si bien es cierto que la actitud crítica de los estudiantes mexicanos no es novedosa, pues han existido en otros tiempos movimientos estudiantiles importantes (recordar el 1968) hoy las acciones que comienzan a gestarse se da por condiciones distintas y en momentos donde la democracia mexicana, parece haber perdido el genuino rumbo de una democracia incluyente y generadora de confianza, diría Putnam. Por otro lado el reproche juvenil, es un reflejo también de cómo los partidos políticos no han podido satisfacer las demandas de los jóvenes y determinar un futuro seguro en términos de proyecto de nación. Sin olvidar el clima de violencia en el sexenio que está por terminar, que lastimó demasiado al sector joven.

Esperemos que los estudiantes emprendan una ruta positiva que permita que los poderes fácticos reconozcan con menos intolerancia la diversidad plural de este país y no estorben en los procesos sociales que, quieran o no, se darán paulatinamente.

¿Y DESPUÉS DE LAS ELECCIONES?
Samuel F. Velarde

El posible regreso del PRI a la presidencia de México y su posicionamiento a nivel nacional como la fuerza política preponderante, indica que el PRI no ha dejado de ser un partido político fuerte, a pesar de sus divisiones internas y sus crisis políticas. Su estructura corporativa ha seguido fiel a su tradición política y a su estilo muy especial de entender la política.

Sin embargo, es posible que el PRI se vea obligado a gobernar al menos desde el poder presidencial, con una tónica un poco menos autoritaria e intolerante, por alunas razones. Primero por primera vez gana unas elecciones en un marco democrático más o menos respetable, digo más o menos porque el aparato priista y sus viejas costumbres continúan vigentes, pero al menos este triunfo bajo las reglas democráticas, le otorgan un grado de legitimidad que debe aprovechar en su función gubernamental. Segundo, el PRI se encuentra con una sociedad civil más consolidada y con posibilidades de ser contestataria, ya no es la sociedad civil maniatada, inhibida y supeditada a varios candados institucionales, sino que se observan ímpetus de organización social de una forma bastante dinámica, esto debe tomarse en cuenta si se desea equilibrar a un país desigual en varios aspectos y con excesivas zonas marginales que laceran todavía la vida social. Tercero, políticamente la oposición tendrá un papel fundamentalmente de crítica permanente, pudiendo ser un factor de presión para tratar al menos de mantener el equilibrio político y poder lograr acuerdos en las reformas que se deseen llevar a cabo.

Se pudiera pensar que el regreso del PRI, es también el refrendo de que la sociedad mexicana sigue apostándole a una supuesta política ya conocida, donde reflejaría una sociedad que tal vez desea el regreso del paternalismo priista y sus acciones corporativas, es decir una sociedad finalmente conservadora que le causa incertidumbre lo desconocido (llámese la izquierda) y que prefiere lo ya conocido (haciendo apología del famoso dicho popular) que a posturas novedosas que todavía políticamente hablando, no puede razonar. Sin dejar de lado los mecanismos que el PRI ha usado siempre en términos de compra de votos, cacicazgos sindicales, rurales y una clase política arribista y disciplinada.

Las interrogantes nacen en varios sentidos ¿Qué hará el PRI con el crimen organizado?, ¿Cómo interpretará la democracia en el supuesto de que entienda que la sociedad civil mexicana es otra? Incluyendo los que votaron por el mismo PRI, ¿Qué política internacional habrá con el nuevo gobierno? ¿Podrá disciplinar a su clase política tradicionalmente antidemocrática que existe en los diferentes estados del país? Estas y varias preguntas están en la mente de muchos mexicanos, que sorprendidos unos, contentos y molestos otros, esperarán las respuestas para un México que indudablemente requiere de grandes transformaciones sociales y sobre todo, respeto, incluso por la vida misma y respeto por los derechos humanos.

LOS VIENTOS DE CAMBIO
VERDADERO SOPLAN FUERTE
Karo Michaelan

La violencia no es un fenómeno nuevo en México. Por muchos años, de hecho siglos, la violencia provenía de una élite en control de las instituciones del estado quienes abusaban y despreciaban el pueblo, situación que desafortunadamente no cambió con la alternancia de poder político en el año 2000. El estado, de facto encargado del aseguramiento del bienestar del pueblo, comprometió estas obligaciones por intereses particulares en beneficio de un pequeño grupo de privilegiados (referido abajo como la "oligarquía"). La falta de instituciones realmente democráticas en manos del pueblo permitió estos abusos y es la razón del gran desprecio generalizado hacia las instituciones de hoy, y por ende la corrupción rampante en el país. La violencia organizada que sacude a México es, como lo es en Colombia, una expresión de la frustración ante la impotencia de poder salir de la desesperación asociada con la pobreza y los abusos violentos de que son diariamente sujetos la mayoría de la población.

Hay mucha gente ligada a los intereses del narcotráfico en México. Más del 52% de los mexicanos están en la pobreza (CNN, 2011). El desempleo real anda alrededor de 40%. Entre ellos quienes sí tienen la suerte de tener trabajo, muchos reciben un salario mínimo (4.50 $US/día), el cual es el más bajo del continente (Venelogía, 2012)... aún más bajo que lo vigente en Haití... y la mayoría reciben menos de dos salarios mínimos. La desigualdad sigue abrumadora y existen en realidad tres Méxicos; la oligar

quía que vive en opulencia gracias a la mano de obra barata, la gran mayoría quienes viven en una esclavitud legitimada, y un nuevo pero rápidamente creciente grupo que fueron "por la libre" y no respetan leyes pero viven mejor que la mayoría. Uno de estos últimos es el narcotráfico que aporta aproximadamente 5% (59,000 millones de dólares ... similar al aportación del turismo) del PBI de México (Droga, 2012) y es la fuente de ingresos que mas filtra hacia la gente pobre. Dadas las condiciones actuales del país, ni en los sueños más guajiros pudiera ser imaginada la posibilidad de acabar con este muy necesitado ingreso. No hay el mínimo interés colectivo en pararlo.

Mandar el ejército a "acabar con los delincuentes" es una vez más, otro abuso violento perpetrado por la oligarquía. Es una estupidez de primer orden y una crueldad que solo fomenta crueldades recíprocas. La situación merece la intervención inmediata de organizaciones internacionales en defensa del pueblo. Los crímenes en contra de la humanidad en México perpetrados por el estado en manos de la oligarquía, como por siglos antes, han quedado impunes.

El narcotráfico responde a una demanda por un segmento grande de la población Norteamericana. Los estupefacientes son una salida temporal de su miserable e incomprensible realidad. El pueblo Mexicano no tiene la más mínima culpa por esta situación y por consiguiente ninguna obligación legal ni moral de combatirlo. Ochenta mil muertos y desaparecidos en los últimos seis años es solo una pequeña parte del terrible costo que han pagado los mexicanos, y solo para que los gobernantes Americanos puedan seguir confundiendo a su población de que su podrido sistema socio-económico inventado por la oligarquía, que premia el abuso de un humano por otro, es lo mejor que ha existido, y que todo lo malo viene de afuera. Estados Unidos está en plena declive y no hay razón alguna seguir ligado a un país que nunca tuvo el interés en apoyar el desarrollo de México. Hay otros países con reglas de juego mucho más favorables.

La educación del pueblo debería de ser la prioridad del estado. El rezago en la educación ha sido la gran debilidad de México mientras que el resto de la humanidad ha abrazado firmemente la "edad del conocimiento". Sin educación, no podemos esperar una democracia plena, ni lo más mínimo necesario de tener instituciones funcionales y respetadas. Es una estupidez culpar los rezagos en la educación de todo un país a un individuo, y más estúpido aún, culpar a los maestros. El rezago tiene que ver con la falta de importancia e inversiones asignadas a la educación por los gobiernos de las oligarquías, el fomento de la escuela privada en detrimento a la escuela pública, y la mala nutrición de los niños de México.

Pero más que nada, tiene que ver con el hecho de que un pueblo educado no es compatible con un país que ofrezca mano de obra barata, y mucho menos compatible con una oligarquía en el poder. Los grandes empresarios, los maquiladores, no necesitan pensadores cultos, necesitan "bots". Es tiempo de mandar a estos empresarios, quienes solo saben competir con mano de obra barata, al continente Africano. No es que tengo algo en contra de África, es simplemente que solo allí, y sólo en algunos pocos países de allí, el salario mínimo es un poco mas bajo que en México. Necesitamos empresarios quienes no tienen miedo de competir con la fuerza de la ciencia, la tecnología y la innovación. Hay muchos de estos empresarios esperando un clima favorable para llegar a México.

Los abusos de la oligarquía, disfrazados como el estado, han lastimado el alma y el corazón de los mexicanos. La desconfianza es generalizada, los valores humanos han erosionado, la tranza y el engaño impregnan todo los

47

sectores de la sociedad. Desde los mecánicos hasta los cirujanos, es una verdadera odisea encontrar profesionistas confiables en México. Cualquier análisis objetivo mostrará que México sí tiene la reputación internacional que merece.

Nosotros, los indignados de México, como los indignados de Europa y EEUU, saben que hay otra vía distinta que la erosión de los programas sociales (la supuesta "austeridad gubernamental"... yo lo llamaré "deslinde gubernamental") para salvar a sus países de la inminente quiebra económica y moral. Saben que la oligarquía ha evadido pagar impuestos consistentemente desde los años 80's. Saben también que en sociedades más equitativas en ingresos, hay menos droga, menos crimen, mejor salud, mejor educación, mejor cultura, mejor ciencia, y mejor participación de los ciudadanos en todo aspecto de la sociedad (Wilkinson, 2001). En México, empresas compinches de la oligarquía subordinan gobernantes y así evitan pagar impuestos.

En este país de los ignorantes, las televisoras y sus patrocinadores controlan con mucha facilidad a su público, dándoles pasatiempos frívolos como telenovelas y fútbol, entre comerciales para productos chatarra (o productos que solo puedan comprar la oligarquía) y programas de discusión política con gente comprado por la oligarquía disfrazados como pensadores libres y legítimos. Por este control han logrado imponer desde leyes perjudiciales para la mayoría, hasta presidentes. La televisión es una concesión del pueblo y debería de ser usado como una herramienta de excelencia para asegurar el desarrollo; debería de ser educativo, plural, al servicio de la comunidad, y en manos del pueblo. Los fabulosos jóvenes estudiantes de esta generación en México (Yo También Soy 132) han logrado entender de cómo los grandes medios de comunicación perjudican el desarrollo del país. Esta generación de estudiantes es diferente, creo yo, por su acceso a otras fuentes mucho más plurales de información, particularmente la Internet (que ha superado muchos intentos de censura por la oligarquía). Hay que apoyar a nuestros jóvenes, son los más despiertos y cognitivos de todos los segmentos de la población, y es su vida y su futuro que está más en juego. No nos conviene otro infame 1968, queremos un histórico 2012.

Los cambios que requiere México son profundos y van a afectar todas las instituciones y hasta la estructura misma de la sociedad. No llegáramos a esta transformación sustituyendo un hombre por otro más guapo, o por sustituir un hombre por una mujer. Necesitamos actores con capacidad de entender la problemática a fondo y quienes están libres de implementar reformas verdaderas. Las fuerzas opositoras al cambio verdadero son potentes y en este momento están mostrando su furia a la posibilidad de su caída del poder. Tienen mucho armamento bien refinado en su poder, desde la manipulación de la información, la compra de lealtades, fraude sin vergüenza, y hasta la capacidad de asesinar impunemente. Sin embargo, los vientos de cambio verdadero están soplando fuerte y creo que esta vez no van a ser apagados. Somos la mayoría, los despiertos, quienes sueñan en un cambio verdadero y si todos hacemos nuestra pequeña parte, se logrará desvanecer la oligarquía que más ha perjudicado a este pueblo y México será, por fin, libre de desarrollarse en cada rincón y en cada persona.

CALDERÓN ANTE EL UNO DE JULIO
Ernesto Ortiz

El titular del Poder Ejecutivo Federal enfrenta un adverso escenario sucesorio: según todos los estudios demoscópicos conocidos, lo más probable es que le entregue la banda presidencial a Enrique Peña Nieto, del PRI.

Panista desde la cuna, hijo de uno de los ideólogos originarios del PAN - Luis Calderón Vega-, Felipe Calderón Hinojosa seguramente enfrentará algo doloroso, no sólo por el abandono de Los Pinos y la reprobación implícita de su gobierno sino porque le estaría devolviendo la Silla del Águila al ente político que, en su visión, es sinónimo de corrupción y autoritarismo: el Partido Revolucionario Institucional.

Peor imposible para el Presidente y su partido ante las urnas: la salida de Los Pinos, el tercer sitio en el reparto de las curules del Congreso de la Unión y la pérdida de algunos de sus bastiones más trascendentes, como las gubernaturas de Jalisco y Morelos. Incluso si, por las causas que sean, se produce un vuelco el día de la jornada y el priista ve frustradas sus aspiraciones, el siguiente cuadro probabilístico indica que Andrés Manuel López Obrador sería el próximo mandamás del país. Aunque más retirada, la proyección luce todavía más dura si se considera que encumbraría al político a quien Calderón y los suyos demonizan desde hace por lo menos seis años (2006) y con quien mantienen serias diferencias en materia económica, política, social y cultural.

El Presidente de la República no tiene para dónde hacerse. Ante esta circunstancia, tan áspera como el fracaso del proyecto que se proponía instaurar la moralidad en el ejercicio del poder e impulsar el bien común, Vicente Fox se encargó de poner limón a la herida hace unas semanas: "Sólo con un milagro ganaría Josefina".

> **"Sólo con un milagro ganaría Josefina"**
>
> **Vicente Fox**

Ni Gran Elector ni Gran Selector: aunque lo intentó, el segundo jefe del Ejecutivo emanado de las filas del PAN -al igual que sucedió con su antecesor- no pudo ni siquiera colocar a su delfín en la antesala obligada de la justa constitucional: la candidatura presidencial de su partido.

Así, al tiempo que Josefina Vázquez Mota se alzaba con el triunfo en la interna panista, Calderón daba por seguro que no lo sucedería uno de los suyos, uno de su círculo cercano. La hoy candidata, ciertamente, fue formalmente su coordinadora de campaña en el proceso 2005-2006, su secretaria de Educación por más de dos años y su interlocutora como coordinadora de la bancada panista en la Cámara de Diputados. Sin embargo, nunca rompió el cerco de los leales ni obtuvo toda la confianza del michoacano.

No obstante, parece que Felipe Calderón todavía no se resigna ni está dispuesto a asumir sin más el triunfo de los opositores...Tal arrebato, en la visión de algunos analistas políticos, explica su activismo de los últimos días: el tuit para corregir al candidato de las izquierdas durante el segundo debate, su declaración de que cualquiera de los tres aspirantes puede ganar la elección y los desplantes de sus secretarios de Gobernación, de Hacienda y de Economía, sobre todo a partir de lo afirmado por el tabasqueño en el debate del 10 de junio. Hechos que, en suma, llevan a preguntarse sobre la postura presidencial ante la contienda y, sobre todo, acerca de su estrategia y racionalidad cuando se contrapone con sus intervenciones, en lo fundamental, únicamente al candidato de las izquierdas, Andrés Manuel López Obrador.

Para el Presidente y Acción Nacional se asoma un horizonte negro en las urnas. Tras el uno de julio, el primero tendrá que pensar en su tránsito del poder al no-poder y el segundo, en su reconstrucción como partido político.

DURANTE LA ELECCIÓN

Los primeros estudios de los datos de Programa de Resultados Preliminares (PREP) fueron presentados por Colloqui prácticamente en tiempo real a medida que el PREP los hacía públicos.

El primer resumen del 2 de julio, PRIMER ANÁLISIS DE LAS ELEC-CIONES EN MÉXICO 2012, sonaba las alarmas con los estudios de las correlaciones de Pearson, y con el artículo Ordenamiento del PREP del Doctor en Física Luis Mochán.

Ese resumen sería seguido el 4 de julio por un segundo en el que el Doctor en Física Miguel de Icaza y el Ingeniero Jesus Ibarra cuantificaban la validez de los votos comprados (DEFENSA DEL VOTO CIUDADANO), y se estudiaba el significado de una correlación perfecta entre las acumulaciones de votos del PREP (¿QUÉ TAN FÁCIL ES OBTENER UN PEARSON DE r>0.999?).

En la tercera entrega del 5 julio, el M. en C. Físicas Juan Carlos Cajas García en su ¿Prueba de manipulación en el PREP? lograba un ajuste perfecto que reproducía la acumulación de los votos de 140,856 casillas con tan sólo tres parámetros, mientras que el estudiante de Ingeniería Civil Alfredo Alonso describía comportamientos lineales inesperados en su escrito ¿OTRA PRUEBA DE MANIPULACIÓN EN EL PREP? La prueba definitiva de la manipulación cibernética del IFE fue expuesta por Dr. Víctor Romero en su trabajo PREP 2012: ¿FRAUDE CIBERNETICO RELOADED? que se convirtió ipso facto en un clásico de la literatura fraudeelectorera. La falta de claridad en los datos oficiales fue expuesta en el escrito BATIPREP: EL BATIDERO DEL PREP del Químico Jorge Gaspar.

En el quinto envío del 9 de julio del 2012 el Licenciado en Economía Jair Garza retomaba el estudio de las correlaciones, eliminaba tendencias de acumulación y concluía -al igual que estudios anteriores- que los números del PREP habían sido manipulados. En estudios posteriores, Alberto Altamirano Guzmán retomaba el asunto de las correlaciones y establecía que no tan sólo los datos del PREP mantenían correlaciones perfectas sino también las diferencias entre actualizaciones, estudio descrito en el artículo CORRELACIÓN ENTRE INCREMENTOS DE VOTOS del 25 de julio del 2012, y extendido en el estudio CORRELACIÓN DE PEARSON DE LAS DIFERENCIAS DE LAS DIFERENCIAS DE LAS DIFERENCIAS DE LAS DIFERENCIAS DE LAS DIFERENCIAS DE LAS DIFERENCIAS ENTRE DATOS SUCESIVOS DEL PREP del 26 de agosto del mismo año.

Alrededor de una docena de organizaciones sociales se dieron a la tarea de crear sistemas computarizados para captura de datos electorales similares al PREP. El 5 de septiembre el Doctor en Matemáticas Aplicadas Julián Becerra presentó los resultados de esos ejercicios de conteos ciudadanos y lo comparó con el PREP del Instituto Federal Electoral (IFE) de México en su artículo del 5 de septiembre del 2012 LA ELECCIÓN OBSERVADA Y LA NO OBSERVADA y concluyó que los resultados del PREP fueron casi idénticos a los del conteo ciudadano pero con resultados opuestos al oficial ganando la coalición de izquierda por 5.4%. Asimismo logró hacer una disección del universo de las casillas y encontrar aquellas que fueron contaminadas por la compra de votos.

Esta sección cierra con uno de los últimos escritos sobre los datos preliminares de la elección del 2012, el humorístico SEXO Y MUERTE EN EL PREP de Altamirano Guzmán y un servidor publicado el 5 de septiembre del 2012.

PRIMER ANÁLISIS DE LAS ELECCIONES EN MÉXICO 2012
Jorge López

En la medida que los datos de la elección se hacen accesibles a los interesados, los estudios empiezan a aparecer. Este es un breve resumen informativo de estos primeros esfuerzos.

Correlación de Pearson

Los datos acumulados de los partidos fueron estudiados cada hora hasta un máximo de seis horas (con 55 actualizaciones del PREP). Usando la función PEARSON de Excel y seleccionando columnas de PAN y PRI, PRI y PRD, y PAN y PRD se calculó la función de correlación Pearson dando en todos los casos un resultado de 1.000. Este resultado se mantuvo estable desde la actualización 14 hasta la 55 que fue la última en ser revisada. La tabla 1 presenta resultados típicos:

	PAN	PRI	PRD
PAN		1.000	1.000
PRI	1.000		1.000
PRD	1.000	1.000	

Tabla 1.

Significado

La correlación de Pearson mide la existencia de relaciones entre variables. Cuando dos variables son independientes (por ejemplo, el precio de las tortillas y la edad del que las compra) la r de Pearson tiene un valor cercano al cero, cuando hay relación entre variables (como el precio de las tortilla y el del maíz) se tendrá $r \sim 1.0$. El caso de $r = 1.000$ es prácticamente improbable en muestreos de números que aparecen de manera natural en mediciones, y muestra de ello es que se han diseñado pruebas (por ejemplo, reemplazo transpuesto, prueba t, etc.) para medir la efectividad de la r de Pearson para casos de valores altos, pero nunca exactos para $r = 1.000$, donde los métodos no funcionan.

Limitantes

La correlación de Pearson crece para valores acumulados, como en el caso del PREP, sin embargo este crecimiento no implica que se llegue al caso de $r = 1.000$ de manera automática. En el caso de la elección presidencial mexicana del 2006 el $r = 1.000$ se mantuvo por casi 36 horas pero al final su valor se redujo al orden de 0.97.

Asimismo, como lo ejemplifica la figura 1, que calcula los coeficientes de Pearson para 9 datos del PREP (izquierda) y para 8 datos obtenidos de la misma tabla del PREP pero con ruido aleatorio que mantiene las mismas cantidades iniciales y finales; es claro que el efecto del ruido es el de destruir la correlación perfecta.

PAN-PRI	PRI-PRD	PAN-PRD		PAN-PRI	PRI-PRD	PAN-PRD
1.000	1.000	0.999		0.973	0.982	0.973

PAN	PRI	PRD				
3,208	3,620	2,474		4,290	4,155	2,547
4,581	5,513	3,735		4,771	5,880	3,840
6,356	7,675	5,000		7,453	9,009	9,478
10,838	13,553	10,119		14,657	24,690	13,475
23,721	29,624	22,058		31,199	37,725	30,009
34,252	42,043	31,518		45,188	44,276	36,936
45,611	56,370	41,983		46,011	66,064	51,559
55,045	70,165	53,564		56,735	71,525	69,573
70,599	90,794	71,153				

Figura 1. Pearson obtenido con datos del PREP (izquierda) y con datos al azar de la misma tabla (derecha).

Este ejercicio es parecido al de Javier Aparicio quien crea una tabla y demuestra que el r de Pearson crece a valores cercanos al perfecto. Y la sugerencia en ese caso es de seguir intentándolo cientos o miles de veces hasta que el valor llegue a, digamos, 0.999 y se mantenga con tablas desde 15 a 55 datos.

Implicaciones políticas

La importancia de este estudio es el de servir como un indicador de que más análisis es necesario. No es posible probar fraude con tan sólo este estudio. Investigaciones por venir deberán usar Pearson con ventana movible (para minimizar el efecto de la acumulación de datos), así como otros tipos de correlaciones.

ORDENAMIENTO DEL PREP
Luis Mochán

Se presenta una comparación entre los resultados de cada partido de acuerdo al tiempo de registro (tiempo PREP) y los compara con los mismos resultados de acuerdo al tiempo de captura (tiempo Distrito). La figura siguiente muestra los resultados de acuerdo a ambos tiempos (izquierda: registro, y derecha: captura).

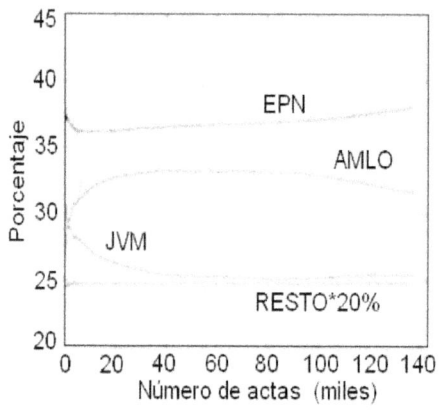 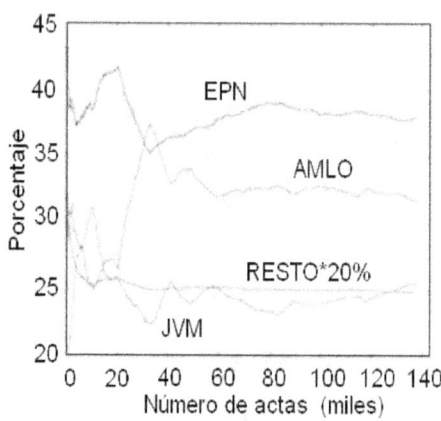

Observaciones interesantes son que:

1. Las gráficas son distintas y no hay razón para que lo sean.

2. La de la izquierda (que corresponde a datos del PREP) no muestra el cruce en el que AMLO sobrepasa a EPN durante algunas miles de casillas, y

3. Asimismo, aunque un poco aminorado, se percibe u comportamiento simétrico entre algunas subidas y bajadas del AMLO y JVM.

Inconsistencias aritméticas

En otro análisis se presentan datos de casillas con inconsistencias numéricas. Los datos faltantes son:
- PRI_PVEM en 2612 regs.   • PRD_PT_MC 2902   • PRD_PT 4955
- PRD_MC 7286   • PT_MC 888   • NO_REGS 14553
- NULOS 1563

De 45,229 actas, a AMLO le quitaron alguna contribución en 3377, y le quitaron todas sus contribuciones en 13. Asimismo faltan datos del PAN en 238 regs., PRI 366, PRD 559, PVEM 2721, PT 2,584, MC 3065, PANAL 898.

DEFENSA DEL VOTO CIUDADANO
Miguel de Icaza Herrera y
Jesús Ibarra Salazar

Mensaje de Miguel de Icaza

He recibido sus correos, que le agradezco. Creo que ninguno de nosotros se ve sorprendido de los resultados. Me parece que la continuación depende de tener respuesta clara a dos preguntas que requieren de una respuesta rigurosamente basada en las leyes, antes de hacer el conteo en serio.

1. ¿Tiene validez un voto obtenido por compra o por acarreo?

2. ¿Qué castigo tiene quien compra o acarrea a una persona para obtener un voto a favor de su candidato?

Si tales votos no cuentan, entonces deben ser deducidos del candidato que los recibió. Esto último es difícil en el caso de las personas físicas, pero en el caso de los comprados por los partidos es claro que se emitieron a favor de los candidatos correspondientes.

Respecto de la segunda pregunta, dejando cárcel y multas a un lado, el número de tales votos debe ser deducido del número del correspondiente candidato. Ciertamente los castigos deben ser proporcionales al número de los comprados o de los acarreados, o de su suma, lo que puede tener un gran número de culpables en pequeño, que podemos dejar para después, pero los grandes culpables, los partidos que compraron deben ser castigados en proporción a sus delitos.

Algunos números de acuerdo los datos del IFE:

De un total de aproximadamente 80,000,000 de votantes, participó un 63%. Esto significa que se recibieron 80,000,000 * 0.63 = 50,400,000. Poco más de cincuenta millones de votos.

Del total anterior, dice el IFE que el 38.15% fueron a favor de EPN, lo que corresponde a 50,400,000 * 0.3815 = 19,227,600, mientras que para AMLO, también de acuerdo con el IFE, correspondieron el 31.64%, es decir, 50,400,000 * 0.3164 = 15,946,560. De esta manera, de acuerdo con los datos del IFE, EPN excede a AMLO en 19,227,600 − 15,946,560 = 3,281,040. De acuerdo con tales datos, EPN excede en poco más de tres millones de votos.

Ahora bien, de acuerdo con la información publicada, el PRI entregó 1,800,000 tarjetas de Soriana, lo cual corresponde a 1,800,000 votos comprados a favor de EPN. A lo anterior podemos sumar los 5,000,000 de votos que prometió Elba Ester Gordillo (a confesión de parte, relevo de pruebas), que todos sabemos que efectivamente dispone de los medios para lograrlo. Lo anterior significa que EPN tiene 6.8 millones de más. Después de deducir tal número, EPN estaría obteniendo 12.4 millones de votos, incluso por debajo de JVM que obtuvo, también de acuerdo con los resultados del IFE 50,400,000 * 0.254 = 12,801,600.

Desde luego, la deducción de votos debe realizarse con los cuatro candidatos.

Atentamente

Miguel de Icaza
Profesor Investigador
Centro de Física Aplicada y Tecnología Avanzada
Querétaro, QRO.

Respuesta de Jesús Ibarra

La compra y coacción del voto es un delito que, como tal, deberías ser castigado; sin embargo, como todos los partidos y candidatos lo practican, finalmente el reclamo se reduce a la denuncia de quien con más recursos mayormente se exhibe.

Y en gran parte el "haiga sido como haiga sido" de Calderón tiene como trasfondo esta práctica y los votos que de la Gordillo se canalizaron hacia el PAN el 2006; es decir, tras miles de votos panistas del 2006 se respaldaron con ciudadano y boletas que, obligados por la necesidad o el temor, emitieron su voto.

Mi tésis es que mientras cada voto anotado en el acta de escrutinio y cómputo esté respaldado por una boleta depositada en la urna por un ciudadano, el fraude no opera; si cuando sin boletas de por medio, aparecen votos anotados en las actas que no corresponden con la cantidad de ciudadanos que votaron, es ahí donde se puede localizar el fraude electoral.

De mis estudios sobre los resultados electorales, desde 1988 y hasta éste, lo que trato de probar, y ahora con actas a la vista, es que en las casillas, al anotar las votaciones de los partidos en las actas, aquellas son alteradas y que tal "inconsistencia" puede encontrarse al comparar las votaciones totales emitidas en las tres elecciones, pues es costumbre que los cambios se producen en una o dos de las elecciones, pero no es frecuente que el hecho ocurra en las tres, sin descartar tal posibilidad.

Así y siguiendo a los magistrados del TEPJF, si una votación total emitida no es igual a a la cantidad de boletas depositadas en la urna o a la cantidad de ciudadanos que votaron, se está ante un "error evidente", concepto distinto al de "inconsistencia evidente" y los consejeros distritales están obligados, de oficio, a la apertura de los paquetes y al recuento.

De todo esto, la demanda que la ciudadanía, ya que los candidatos y los partidos se han atado de manos al firmar acuerdos y compromisos de aceptación de los resultados, es que se recuente voto por voto, acta por acta, y no en una de las elecciones sino en las tres pues en todas hay alteración de votaciones.

Es de advertir que en este proceso el IFE no incluyó dos de los rubros fundamentales de los que trata del TEPJF: la cantidad de ciudadanos que votaron y la cantidad de boletas depositadas en la urna, ni siquiera las cantidades de boletas recibidas y las sobrantes que, como dice Mochán, son útiles como información redundante.Ante esta ausencia, al cotejar las votaciones totales emitidas de las elecciones, cabe suponer que la menor pudiera se igual a la cantidad de ciudadanos que votaron y de ahí, calcular el exceso o votos sobrantes en las otras dos. Con este ejercicio estamos en posibilidad de solicitar en que casillas se hagan los recuentos mínimos necesarios para limpiar las tres elecciones, lo que no ocurrió en el 2006.

Un saludo para quienes nos hemos comprometido con la democracia en nuestro país.

Desde Monterrey,
Ing. Jesús Ibarra

¿QUÉ TAN FÁCIL ES OBTENER UN PEARSON r ≥ 0.999?

Jorge A. López

Como se explicó en el Primer Reporte, los datos acumulados de los partidos fueron estudiados cada hora hasta un máximo de seis horas usando la correlación de Pearson y se obtuvieron valores entre pares de partidos en exceso de 0.999 que redondean a 1.000; es decir, prácticamente correlaciones perfectas.

Como también se explicó en ese reporte, es de esperarse que debido a la acumulación de votos, los votos tiendan a aumentar su correlación, más sin embargo se argumentó que era difícil que se llegara a valores perfectos, de r > 0.999; dado que esta argumentación se presentó sin bases, aquí se extiende el estudio de esa premisa.

Variando el PREP aleatoriamente

Usando los valores del PREP (ver tabla al final) se reemplazó cada valor X por otro, Y, seleccionado de manera aleatoria con una distribución uniforme entre $(1-p) * X < Y < (1+p)$, donde en los cuatro ejercicios que se realizaron p tomó los valores de 0.01, 0.05, 0.1 y 0.25. La tabla siguiente indica los valores de la correlación de Pearson obtenidos para estos cuatro casos.

p	PAN-PRI	PRI-PRD	PAN-PRD
1%	0.99984439	0.999924	0.9998531
5%	0.99822201	0.9984755	0.9981688
10%	0.99282328	0.9930736	0.9909116
25%	0.94209764	0.9580201	0.9448387

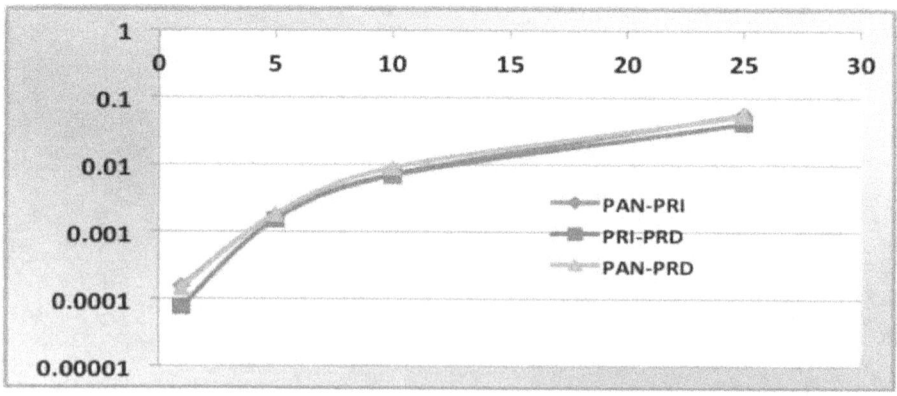

Figura 1. Diferencia entre 1.000 y el r de Pearson obtenido con datos del PREP modificados con una variación aleatoria en función al porcentaje de la variación.

Claramente se ve que para llegar a r ≥ 0.999 es necesario que la fluctuación sobre el valor de la tabla sea del orden de 1%; si los valores del PREP hubieran variado por más que este porcentaje nunca hubieran dado el r = 1.000 que se obtuvo con esos valores. El acercamiento al r = 1.000 se muestra en la gráfica que muestra la diferencia entre r y el valor de 1.000 en función del porcentaje p usado en la variación.

El mito de la acumulación

Para verificar si en verdad el hecho de usar valores acumulados hace que el PREP se acerque más rápidamente a un valor más cercano al perfecto (r = 1.000), se repitió el ejercicio anterior usando 10 actualizaciones del PREP, luego 20, y así hasta llegar a 70. La figura 2 muestra los resultados:

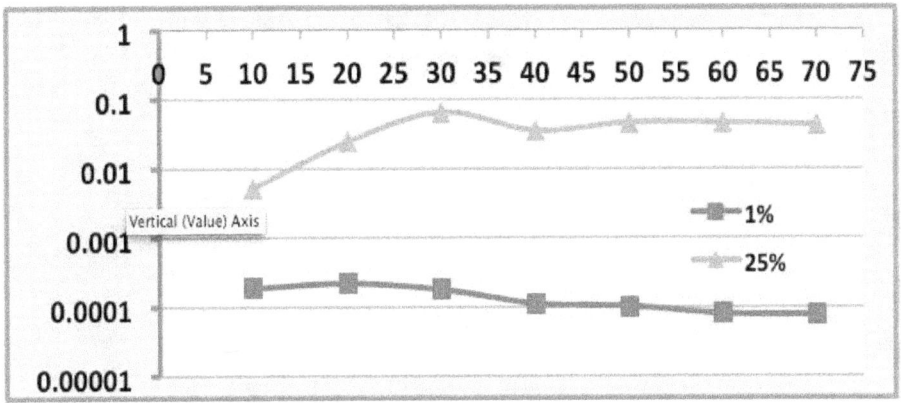

Figura 2. Variación de la diferencia entre 1.000 y el r de Pearson obtenido con el número de datos indicados en la abscisa; los datos fueron obtenidos del PREP con una variación aleatoria con un porcentaje de 1% (línea inferior) y 25% (línea superior).

Como se puede apreciar, ambas curvas son extremadamente estables en función del número de actualizaciones usadas, lo cual contradice la suposición de que el PREP daba un valor alto de r debido a este efecto. Anecdóticamente, en el 2006 -donde sí se supo que hubo manipulación de los datos del PREP- la correlación entre partidos se mantuvo un valor de r > 0.999 por veintitantas horas, para luego caer a un r ≈ 0.98 alrededor de la hora 36.

Conclusiones

Se demostró que los datos del PREP deben tener una precisión del orden de 1% de su valor para lograr tener las correlaciones entre partidos que exhiben; variaciones mayores resultarían en valore menores de r. También se demostró que el uso de datos acumulados no puede ser el motivo de un valor de r > 0.999.

Hay quién usa el argumento antrópico para justificar los valores de las constantes físicas diciendo que son los únicos valores que dan lugar a la vida. Extendiendo esa misma lógica, se podría decir que el PREP está tan bien ajustado que tiene los valores justos que se necesitan para dar lugar a los resultados que conocemos.

El autor agradece comentarios del Dr. Ricardo Saenz (U. de Colima) y del Dr. Luis Mochán (CCF-UNAM, Cuernavaca).

Valores del PREP usados:

http://www.colloqui.org/colloqui/2012/7/4/segundo-analisis-de-las-elecciones-con-contribuciones-de-dei.html

¿PRUEBA DE MANIPULACIÓN
EN EL PREP?
Juan Carlos Cajas García

Resumen (del Editor). Usando los datos del PREP, se graficaron los votos obtenidos por cada partido en función al número de casillas computadas y se obtuvo un ajuste cuadrático con una bondad de R2>0.999, lo que es difícil de lograr con una simple cuadrática para un total tan bueno en un total gigantesco de 142,533 datos; en la opinión del autor esto indica manipulación de los datos.

Estimados Doctores,

Mediante un sencillo procedimiento se logró ajustar las curvas resultantes del PREP a parábolas, con una precisión impresionante R2>0.999. Encontrarán las gráficas correspondientes en los datos adjuntos. El procedimiento es el siguiente, espero lo reproduzcan y me den sus impresiones.

1. Se usa la base de datos final del PREP.

2. Se ordenan los datos de forma creciente a partir del campo hora de registro (yo usé LibreOffice Calc).

3. Se cambian por ceros los campos 'ilegible' y 'sin dato' (con LibreOffice Calc), se genera la base de datos presidente_solo_votos.ods y el archivo de datos presidente_solo_votos.csv, únicamente con las columnas correspondientes a los votos.

4. Se realiza la suma de los votos correspondientes para cada candidato de acuerdo a las coaliciones existentes usando el programa QtiPlot con el archivo PREP_suma_coaliciones.qti. De dichas sumas se obtiene el archivo de datos entrada.dat, el cual tiene 142,533 renglones, cada uno correspondiente a un acta, y 7 columnas, donde la columna 1 tiene el número correspondiente al orden de las actas, la columna 2 contiene los votos totales para EPN, la 3 para AMLO, la 4 para JVM, la 5 para GQT, la 6 es para los votos nulos y la 7 para los candidatos sin registro.

5. Se ejecuta el siguiente comando para eliminar las líneas enteras en blanco awk 'NF==7{print $0}' entrada.dat > entrad0.dat. Con lo que se obtiene un archivo con 140,856 renglones.

6. Con el programa sumas.f90, se realiza la suma de los votos de cada acta y se imprimen los resultados como función del número de actas contadas. El programa se ejecutó mediante el siguiente comando ./sumas > total_votos_por_registro.dat. El archivo parametros.dat debe estar presente en el directorio de ejecución y solo sirve para dar diferentes entradas al programa, la primera de ellas es el número de actas a considerar y el segundo es

el nombre del archivo con los datos, en este caso entrad0.dat. El programa entrega un archivo de 140,856 renglones y 7 columnas: la primera tiene el número de actas consideradas, la segunda los votos acumulados para EPN, la tercera los votos acumulados para AMLO, la cuarta lo correspondiente a JVM, la quinta para GQT, la sexta los votos nulos y la séptima los votos acumulados para candidatos sin registro.

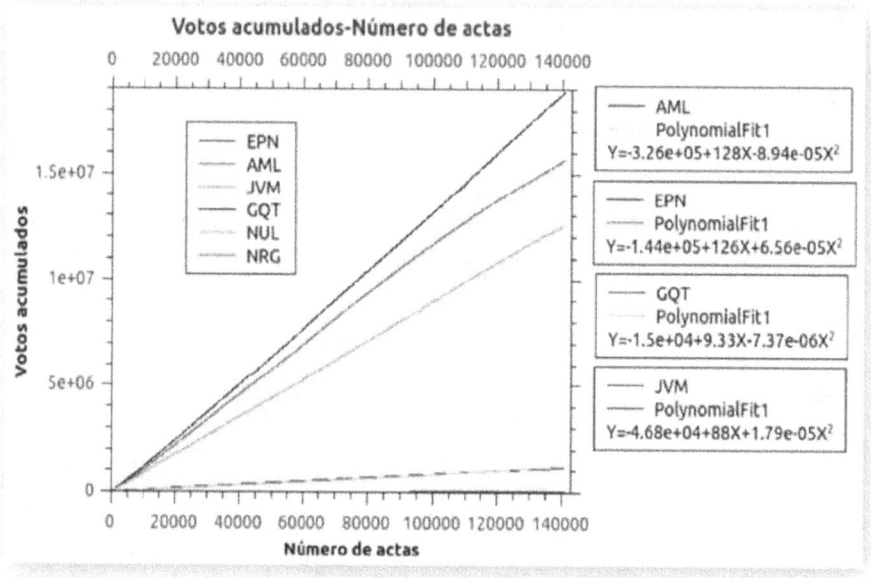

7. De nuevo en QtiPlot, se graficaron las curvas correspondientes a cada candidato, dando como resultado las figuras anexas. Cada curva se ajustó por una función del tipo a0+a1*x+a2*x^2 y se encontró un coeficiente $\chi^2 > 0.999$ para todos los casos.

Me permito expresar que considero que es imposible ajustar 140,856 puntos de una gráfica, con tal precisión, con tan solo tres parámetros para un proceso de la naturaleza que se está considerando. Pienso que esto muestra claramente que las curvas fueron manipuladas.

... Considero imposible ajustar 140,856 puntos con solo tres parámetros ... Pienso que esto muestra claramente que las curvas fueron manipuladas.

Espero su opinión, y por favor corríjanme si me equivoco. No tengo los datos de 2006, pero espero que puedan proporcionármelos o hacer este tratamiento a dichos datos. También les comento que las figuras llegarán en un correo separado por cuestión del tamaño de los archivos.

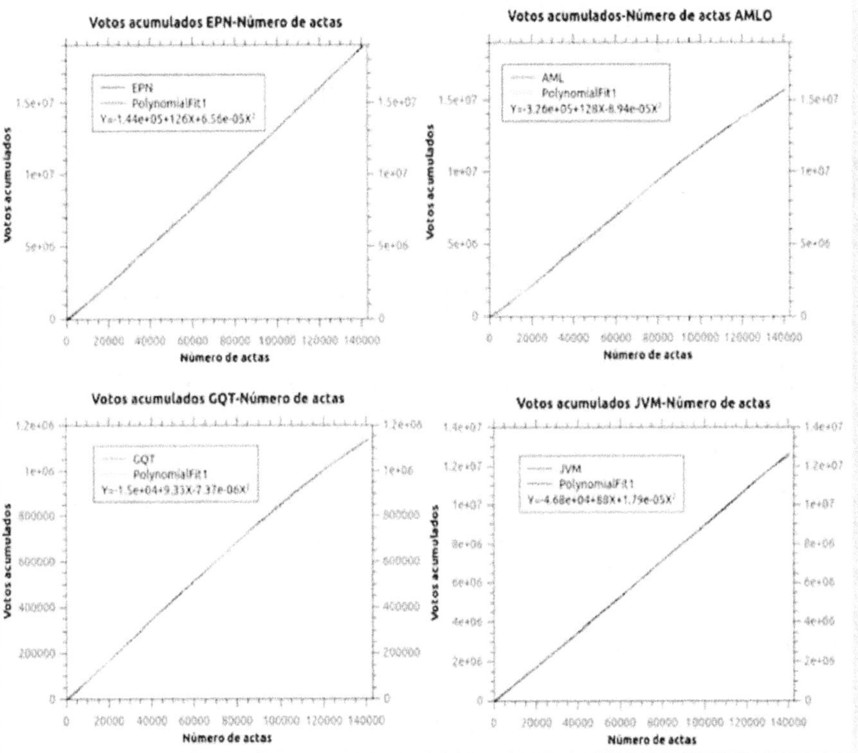
Votos acumulados EPN-Número de actas
EPN
PolynomialFit1
Y=-1.44e+05+126X+6.56e-05X²
Votos acumulados
Número de actas
Votos acumulados-Número de actas AMLO
AML
PolynomialFit1
Y=-3.26e+05+128X-8.94e-05X²
Votos acumulados
Número de actas
Votos acumulados GQT-Número de actas
GQT
PolynomialFit1
Y=-1.5e+04+9.33X-7.37e-06X²
Votos acumulados
Número de actas
Votos acumulados JVM-Número de actas
JVM
PolynomialFit1
Y=-4.68e+04+88X+1.79e-05X²
Votos acumulados
Número de actas

¿OTRA PRUEBA DE MANIPULACIÓN EN EL PREP?
Alfredo Alonso

Resumen (del Editor). Usando los datos del PREP, se graficaron los votos obtenidos por cada partido en función al número de casillas computadas y se obtuvo un ajuste cuadrático con R2>0.999, se graficó el número de votos de EPN vs. AMLO y se observó un comportamiento lineal, esto se ajustó a una ecuación lineal con R^2=1.0, lo cual el autor considera es evidencia de manipulación de los datos del PREP. Esto fue presentado por el autor a la organización #yosoy132 de Hermosillo Sonora.

Una de las muchas comprobaciones matemáticas existentes. Tabla de los datos del PREP de las 6:42pm a la 01:13am, México elecciones para presidente 2012-2018.

Nota: Si puedes interpretar las gráficas y darte cuenta de la importancia de los resultados matemáticos que nos dicen que es imposible lo ocurrido, puedes ahorrarte tiempo no leyendo las explicaciones.

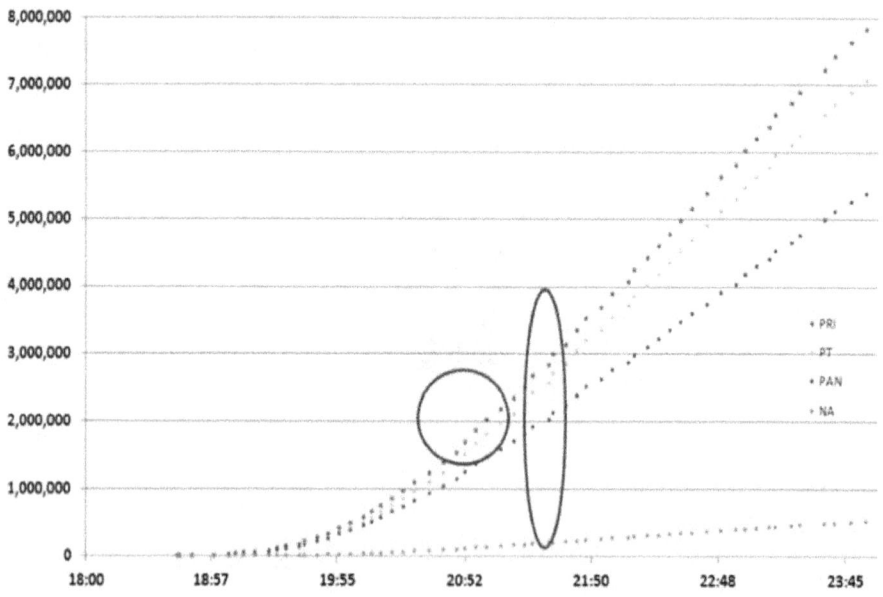

La gráfica muestra una relación lineal entre el número de actas y votos, cosa que debiese ser imposible. La correlación de Pearson es prácticamente igual a 1, lo que indica que datos "aleatoriamente" poseen una relación lineal con los votos para cada partido, lo que no debiera ser así. En otras palabras, cualquiera podía sacar la ecuación de la línea recta por mínimos cuadrados, y saber según el número de actas, cuantos votos le tocaban a cada candidato con error menor al 1%, cosa que debiese ser imposible.

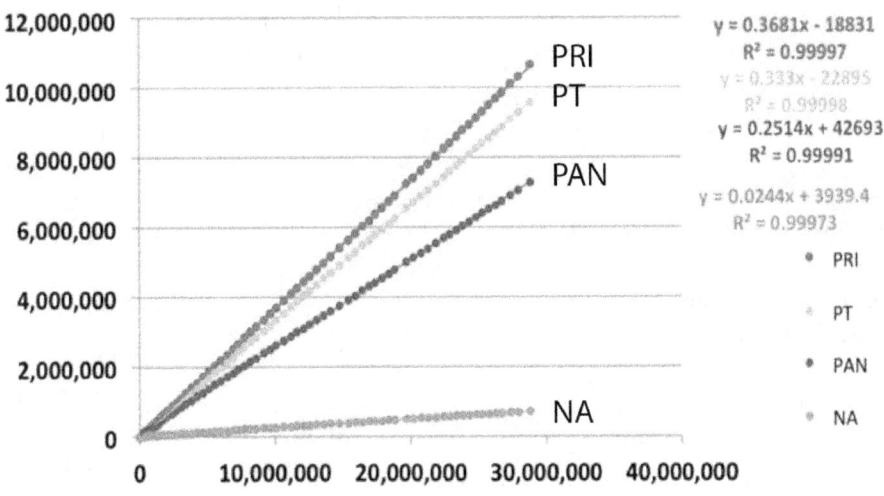

Se aprecia en que todas las gráficas poseen el mismo comportamiento de número de votos con respecto al tiempo, cosa es imposible debido a que el conteo se supone no fue manipulado y fue aleatorio. Se observan grandes saltos de valores para cada una de las líneas de los candidatos para un mismo valor de tiempo, algo improbable. Se encuentran señaladas las mas importantes, inclusive después de las 12:00 am, hasta donde se muestra la gráfica, se mantuvo el mismo comportamiento entre los partidos.

La siguiente gráfica muestra los votos de Peña contra los votos de Obrador, se observa una línea recta con coeficiente de Pearson = 1, ¿que significa?, que Obrador nunca iba superar a Peña, siempre se mantuvo el mismo margen de diferencia, cosa es imposible e improbable. No hice las relaciones de los demás partidos debido a que estos dos eran los más fuertes, pero hubiesen dado los mismos resultados imposibles.

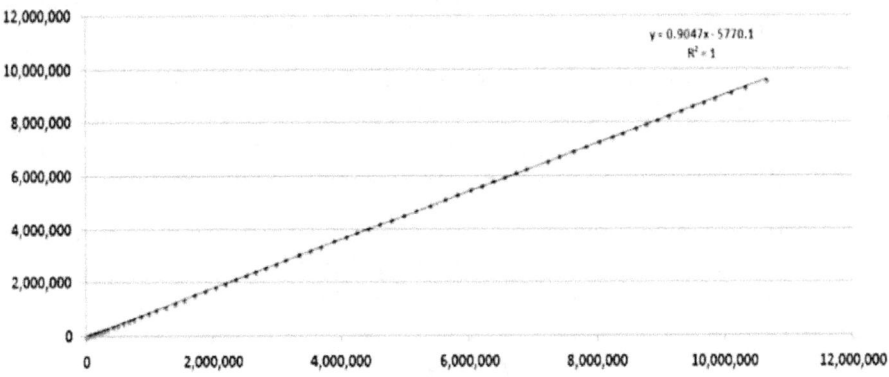

Conclusiones

Las matemáticas nos muestran resultados imposibles e improbables, pienso que a ellas no se les puede cuestionar, si nos dicen que sólo una manipulación pudo haber hecho posible esto, así lo es, porque puede comprobarse.

Es como decir que 1+1=2.0001, 1+1=1.9999, etc. Y no es así, 1+1=2. Es imposible e improbable que el coeficiente de correlación de Pearson sea igual a 1, es más, debiese ser cercano a cero en estos casos, debido a que el conteo de votos con las actas se trata de muestras aleatorias. Es como preguntarse, ¿podría alguien llegar todos los días durante meses, a la misma hora a su trabajo? ¡IMPOSIBLE!, pero diría otro, si, si es posible, me voy temprano y espero a que sea la misma hora del día anterior, en otras palabras, manipulación.

Otra analogía, vamos a decir, vamos a votar 100 personas por el color que mas le gusta, rojo, azul o amarillo. Una vez realizadas las votaciones, procedemos a contar los votos, tomamos 10 de

¿te pondrás a estudiar matemáticas?, no te preocupes, en la preparatoria enseñan probabilidad y estadística

los 100 y dan los siguientes resultados: rojos = 5, azules = 3 y amarillos = 2. Ahora tomamos 10 de las 90 restantes y nos dan los siguientes resultados: rojos = 5, azules = 3 y amarillos = 2. Ahora tomamos 10 de las 80 restantes y nos dan los siguientes resultados: rojos = 5, azules = 3 y amarillos = 2, y así sucesivamente. ¿Cuál es la probabilidad de que ocurran estos resultados en los siguientes conteos si se supone no tienen relación entre si los votos? Estos resultados arrojarían una línea recta como la vista en las gráficas, significando una relación entre variables que se supone son independientes una de la otra, obteniendo un coeficiente de Pearson = 1.

¿Entonces, de que se trata?, ¿es acaso un milagro?, ¿acaso el PREP nos esta engañando, haciéndonos creer que manipularon y que en realidad no fue así? no encuentro otra excusa que pueda explicar lo que las matemáticas nos muestra. No encuentro otra prueba mas fuerte que pueda comprobar la manipulación que se llevo a cabo este 1 de Julio del 2012.

Después de ver todo esto y darte cuenta de que no entendiste la importancia de esas gráficas (no en todos los casos), ¿te pondrás a estudiar matemáticas?, no te preocupes, en la preparatoria se enseña probabilidad y estadística, puedes acudir con tu hijo, sobrino, nieto, amigo, etc.

Agradezco tu atención si leíste todo esto, gracias, lo siento si te enrede. Como aclaré antes, tal vez con solo ver las gráficas, te diste cuenta de lo que ocurrió, su importancia y te ahorraste mis palabras, así que si puedes, ayuda a otra persona a comprenderlo.

¿FRAUDE CIBERNETICO RELOADED?
Víctor Romero

El PREP del 2006 fue cuestionado por mostrar aspectos estadísticos que sugieren que los datos hayan sido manipulados. Esta conclusión sigue de observar que el conteo muestra que los votos se registran de manera ordenada, contrario a una esperada captura azarosa. En las siguientes páginas se muestran las gráficas.

El PREP del 2012 no sólo muestra los mismos síntomas, es además desconcertante hallar que las curvas de los diferentes partidos son esencialmente las mismas que en 2006... sólo que ¡recorridas! Los votos que obtuvieron los diferentes partidos fueron diferentes sin embargo las curvas son muy parecidas. Esto sorprende porque hay que hacer notar que el PRI recibió en 2012 cerca de 9 millones de votos más que en 2006. Vamos a decir que CUALITATIVAMENTE son muy parecidos, CUANTITATIVAMENTE muy diferentes.

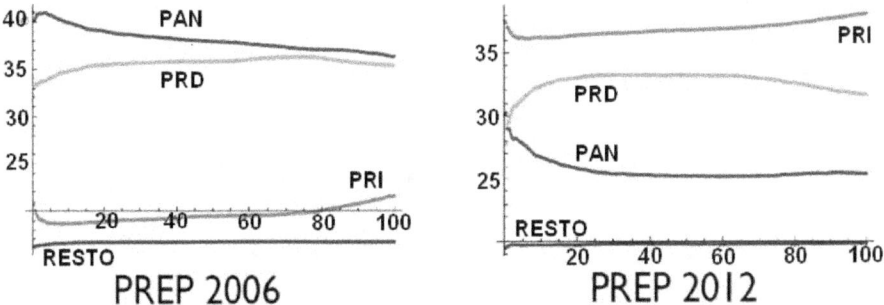

Figura 1. Porcentaje de voto acumulado contra porcentaje de casillas capturadas. PAN: azul PRI: roja PRD: verde. La otra es la suma de los partidos "chicos" + no registrados + nulos (2006+10, 2012+15).

La figura muestra los PREPs del 2006 y del 2012, se muestra el porcentaje del voto acumulado (eje y) contra el porcentaje de casillas acumuladas (eje x), esto es lo que reportó el IFE esa madrugada. Lo que hay que observar es, por ejemplo, las curvas del PRI (roja) para todo propósito práctico son idénticas entre ellas. Las curvas verde del PRD también tienen comportamientos similares: suben primero, llegan a una especie de máximo y vuelven a bajar. Las curvas del PAN no son tan parecidas pero tienen la característica que bajan, bajan, y siguen bajando.

Como se podrá ver, cerca del 70% hay un cambio en las curvas y ocurre en ambos PREPs. Otra característica es que si sumamos todos los partidos pequeños parecería que ellos no competían contra los demás, era una competencia entre partidos pequeños y nulos, y el hecho que se vea plana es que sencillamente es ajena a lo que está pasando con los anteriores. Las similitudes ahí están, el lector puede concluir a que se refieren.

El siguiente estudio es una comparación de los votos recibidos por cada partido en cada 300 casillas consecutivas. Es decir, tomamos las primeras 300 casillas que llegaron, contamos el número de votos, y encontramos los porcentajes de PRI, PAN y PRD. Luego tomamos las siguientes 300 casillas y volvemos a tomar la misma estadística, y así sucesivamente hasta juntar las 143,000 casillas. En azul está el PAN, en rojo está el PRI y en verde está el PRD. Y claro las distribuciones no son idénticas pero las características son increíblemente parecidas.

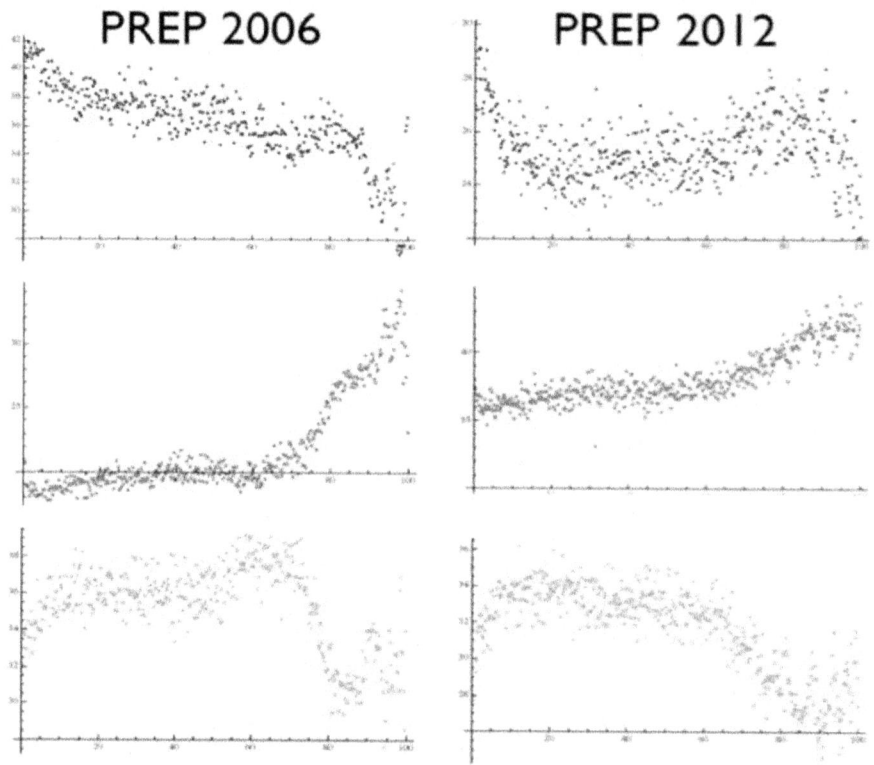

El PAN empieza alto y de repente por ahí por el 80% tiene un brinco, un chipote -vamos a llamarle- y luego baja estrepitosamente. El PRI viene más o menos plano y alrededor del 70% tiene una cambio de curvatura que hace la curva todavía más empinada. Es decir el PRI cada 300 casillas recibía más y más y más votos desde que inició el conteo hasta que terminó; y ocurrió igual en los dos PREPs tanto en el 2006 como en el 2012. El PRD tiene un comportamiento errático, empieza bajo, sube, se mantiene a nivel y -otra vez por ahí del 70%- tiene un cambio para tener al final muchos votos pero ya no tan altos como al principio.

Es extremadamente curioso que las curvas sean tan parecidas, sobre todo por lo mencionado anteriormente, que la votación es muy diferente; no están muy claros los ejes, pero les hago notar que en la curva roja hay 10 millones de votos de diferencia entre la del 2006 y la del 2012. Si sumamos todos los puntitos y los votos que corresponden, la curva del PREP 2012 tiene dos millones de votos más que la del 2006.

Quiero recalcar que la estadística se hizo con 300 casillas consecutivas que representan 100 mil votos en promedio, muchísimos para hacer una buena estadística. Cosa curiosa, casi no hay ningún conjunto de casillas que sea igual al porcentaje total obtenido por cada uno de los partidos en el 2012, que fue PAN 25.4%, PRI 38.1%, PRD 32.7%. De nuevo, el comportamiento CUALITATIVO es esencialmente igual entre PREP 2006 y 2012, ¡¡no así el CUANTITATIVO!! El PRI tiene la misma curva pero corresponde a una cantidad brutalmente diferente de votos. La siguiente gráfica es la misma que la anterior pero tiene unas rayas negras que muestras los promedios finales de votación de cada partido. Como se puede ver, los puntos no corresponden al promedio.

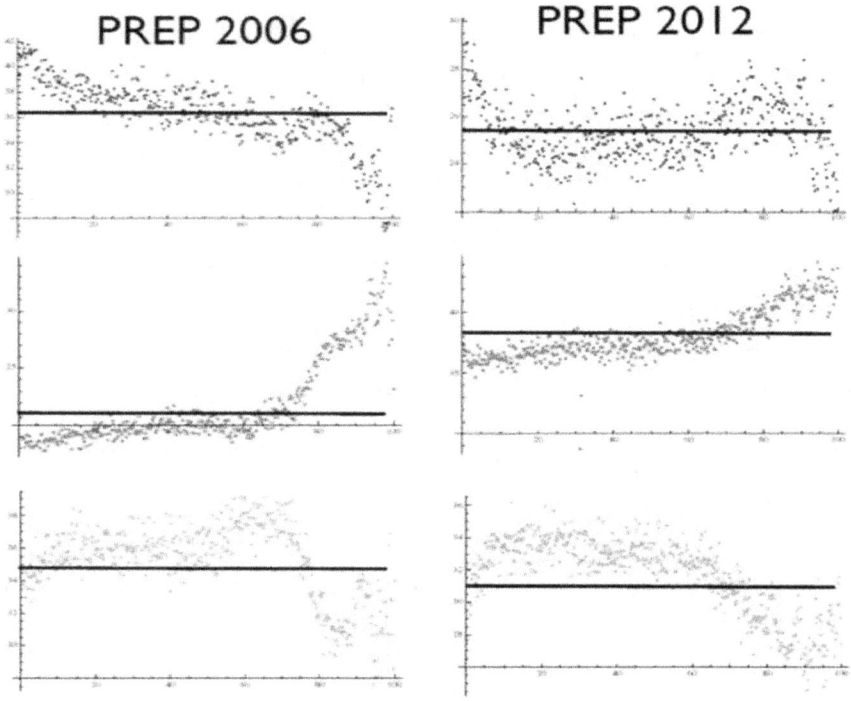

Aquí es donde alegábamos hace seis años que uno esperaría que una votación tan copiosa de 42 (izquierda) y 49 (derecha) millones de votos con tantas variables correspondieran siempre esencialmente al promedio nacional. Hay que recordar que las actas que se capturan primero son llenadas, se llevan a los distritos, algunas tardan porque hay que contar dos tres veces, otras lo hacen más rápido, otras tienen que ser transportadas por muchos kilómetros, la persona puede distraerse, irse a otro lado, llegar al distrito cuando esté lleno de gente, etc. En fin, uno esperaría que tantas componentes lo hicieran azaroso, y por lo tanto las curvas deberían verse esencialmente los puntos alrededor de las rayas negras, pero no es así. Claramente. El PAN de va de más a menos, el PRI de menos a más, y el PRD es errático.

¿Cómo se repartió el voto? ¿Cómo cambió entre 2006 y 2012?

Uno puede preguntarse cómo cambió el voto entre el 2006 y 2012. A pesar de que las curvas son parecidas hubo cambios tremendos. Este es un resumen:

• PAN: 14.7 millones a 12.5 millones = −2.2 millones

• PRI: 9.1 millones a 18.8 millones = +9.7 millones

• PRD: 14.5 millones a 15.6 millones = +1.1 millones

El PAN perdió 2.2 millones de votos, el PRI duplicó sus votos con 9.7 millones por encima de lo recaudado en el 2006, el PRD cambió muy poco, tan sólo 1.1 millones de más. El total de votos pasó de 41 millones a 49 millones, es decir se incrementó en 8.0 millones el número de votos. El número total de votos que se movieron de la votación pasada a la de ahora es aproximadamente 10 millones, entre el PAN que perdió bastantes votos y los votos nuevos; tiene que haber nuevo si subió de 41 a 49.

Sin embargo, para todo propósito los 8 millones nuevos son para el PRI. Curiosamente, hubo 7 millones de votos "nuevos" en casillas no-urbanas y sólo 1 millón en urbanas.

Y uno se pregunta ¿dónde están los nuevos votantes jóvenes? Y uno tiene que concluir qué, a no ser que hubiera muchos cambios de los anteriores, los votantes jóvenes en su mayoría le dieron su voto al PRI de acuerdo a esta estadística; no estoy haciendo ningún juicio sobre nada en particular.

Voto urbano vs. no urbano

Este es un punto que sale a colación porque nosotros antes de la elección le señalamos a la gente y al IFE que había algo muy curioso. El INEGI (que es el instituto que hace los censos) nos ha explicado que la población mexicana se convierte cada vez en más urbana y menos rural, y muestra claramente en el 2010 que el 80% ya es urbano y el 20% es no-urbano. Curiosamente, el IFE reporta algo totalmente contrario, encontramos que el número total de votantes clasificados como no-urbanos subió en 7 millones, mientras que el voto urbano sólo incrementó en 1 millón desde 2006 a 2012; estos 7 millones influyeron tremendamente en la votación como podemos ver en la tabla donde se muestran los votos en millones.

	URBANO	NO URBANO	TOTAL
PAN	8.5	4.0	12.5
PRI	11.7	7.1	18.8
PRD	11.2	4.4	15.6

El PAN ganó 8.5 millones urbanos y 4 millones no-urbanos para un total de 12.5 millones. El PRI tuvo 11.7 millones urbanos y 7.1 millones no-urbanos lo que le da los casi 19 millones de votos. Y el PRD esencialmente tiene un empate urbano con el PRI y uno no-urbano con el PAN, es decir López Obrador fue tan popular como Vázquez Mota en el voto no-urbano, logrando un total de 15.6 millones de votos.

Especulación

El título del escrito es "PREP 2012: ¿FRAUDE CIBERNETICO RELOADED?" a manera de pregunta, para poder contrastar dos puntos de vista desde un aspecto científico. Existe esta filosofía que le llaman "la navaja de Ockham" que nos dice que cuando vemos algo, la explicación más sencilla es por lo general la buena. En este caso, todo es tan parecido, hace seis años discutimos - argüimos- que los votos parecían manipulados, ordenados de menos a más o de más a menos, y entoces sugería una manipulación cibernética, por darle un nombre; lo que quiere decir que a novel de conteo hubo algo curioso. Sin embargo existe la otra, ya tenemos dos elecciones, y se parecen mucho, entonces uno diría, "ah, mira, en realidad no hay nada extraño, las votaciones se repiten, entonces los votantes del PRI por alguna razón van de menos a más, los del PAN de más a menos, y los del PRD son erráticos"; ya se repitió en el 2012 y eso quiere decir que corrobora una a la otra, y podemos entonces comparar y ver que es algo parecido.

...Lo que es realmente dramático es que hay 7 millones de votantes más y el PRI tuvo el mismo comportamiento con 10 millones de votos más que hace seis

Sin embargo, si fueran votaciones parecidas, que los votos hubieran sido similares de hace seis años a ahora, no tendría mayor duda en decir que hay alguna fuerza geográfica, sociológica, política que hace que los votos se ordenen de esa manera; habría que estudiarlo -por alguien más- no es de mi especialidad.

Sin embargo lo que es realmente dramático es que hay 7 millones de votantes más y el PRI tuvo el mismo comportamiento con 10 millones de votos más que hace seis años. Es curioso verdad, porque entonces los votantes del PAN que fueron dos millones se le fueron al PRI o al PRD, sin embargo, a la hora que se fueron hacia allá de alguna manera se comportaron como deberían de comportarse, si son votos del PRI se comportaron como votos del PRI, y si son del PRD se comportaron como del PRD.

Y por último, lo que me parece a mí que no veo, no encuentro una explicación, son los votantes jóvenes que fueron una componente enorme en esta votación. Es bien sabido que el voto joven fue mucho mayor en estas elecciones que en el pasado. Sin embargo uno termina viendo que no es claro donde encajarlos aquí, porque muchos de ellos son urbanos, por lo que no entiendo donde meterlos.

Es muy difícil hacer un juicio con unos cuantos datos nada más, así que eso se los dejo a su interpretación. Ustedes son los mejores jueces.

BATIPREP: EL BATIDERO DEL PREP
Jorge Gaspar

El ejemplar e impecable PREP es un soberano batidero. Utilizó el reporte del PREP de las 19:49 hrs del 2 de julio, con 98.79% de actas capturadas.

	Inconsistencias en actas (1)	Votos involucrados en actas inconsistentes(2)
TOTAL_VOTOS > LISTA_NOMINAL	1,828	663,826
TOTAL_VOTOS > 750	455	370,100
LISTA_NOMINAL>750	19	7,088
NO_REGISTRADOS>25 (3)	22	19,826
NULOS>40 (4)	450	48,922
Actas Ilegibles o Sin datos para EPN	4,272	- - - - -
Actas Ilegibles o Sin datos para AMLO	11,403	- - - - -
Actas Ilegibles o Sin datos para EPN y AMLO (5)	- - - - -	3'708,886
TOTALES	18,449	4'818,648
%	- - - - -	9.7%

Para empezar, reportan 138,840 actas contabilizadas, que aparecen en la columna "CONTABILIZADA" con el número 1; las actas no contabilizadas tienen null (por capturar) y 0 (supuestamente para las que fueron capturadas pero no contabilizadas). Según este reporte, las actas por capturar son 143,437, pero la suma de actas contabilizadas 1, 0 y null es de 144,008; hay 571 registros de más ¿son casillas espontáneas o registros duplicados? Y hay 2,433 actas contabilizadas con indicador 0 (capturadas pero no contabilizadas), de las cuales 890 sí tienen capturados votos, que hacen un total de 439,185. Estos votos, que son 0.89% del total, ¿están contabilizados o no?

Luego, la inmaculada captura presenta, al menos, 13,652 actas con inconsistencias, un 9.63% de las actas presuntamente capturadas.

El detalle de las inconsistencias es el siguiente:

1. Puede haber múltiples inconsistencias por acta, por lo que el total de esta columna (18,499) es mayor al número de actas inconsistentes (13,652).

2. Es el total de votos sufragados en casillas con actas inconsistentes.

3. Votos reportados como "no registrados" que exceden 25 votos por casilla. La media de votos "no registrados" por casilla es de 0.37 votos con una

desviación estándar de 7.3.

4. Votos nulos que exceden 40 votos por casilla. La media de votos nulos por casilla es de 8.8 votos y desviación estándar de 10.3.

5. No se contabilizan los votos por separado para EPN y AMLO, ya que muchas actas ilegibles o sin datos afectan a los dos candidatos.

Las inconsistencias en la captura del PREP afectan casi el 10% de las casillas y los votos. Eso sin considerar la veracidad (o mendacidad) de las cifras contra las actas y las boletas.

(Los errores que posiblemente aparezcan son culpa del desvelo, el IFE y la amenaza de otro sexenio priísta).

CONTROLANDO EL TENDENCIOSO PREP
Jair Garza

Resumen (del Editor): Se estudian datos del PREP con técnicas de series en niveles que eliminan las tendencias impuestas por la acumulación y se buscan correlaciones entre votos de diferentes partidos; se obtienen - aún con la tendencia eliminada- correlaciones mayores de 99.9%. En un segundo estudio se analiza la evolución de los porcentajes de votos de cada partido encontrado una falta de estabilización grave que se puede considerar una irregularidad aún mayor que las correlaciones encontradas en el análisis de las series en niveles. Finalmente se usa Mínimos Cuadrados para obtener un modelo de la forma PRI = b0 + b1×PAN + b2×PRD + b3×PANAL que predice con una confianza del 99.99% a nivel nacional cuantos votos -según el PREP- eran para el PRI, en función de los del PRD, PAN y PANAL.

Es bien sabido por los economistas que cuando las series de tiempo tienen tendencia a crecer, se puede llegar a detectar relaciones espurias si no se controla dicha tendencia. Tal es el caso de la acumulación de votos presentada en el PREP y, como lo demuestra el estudio pionero de López Gallardo ("¿Qué tan fácil es obtener un Pearson de r>0.999?"), los datos acumulados tienden a mostrar correlaciones altas por su naturaleza, aunque no perfectas. En este artículo avanzamos en el estudio de las correlaciones de los datos del PREP haciendo uso de herramientas de análisis de series de tiempo para luego proseguir con un estudio de las correlaciones remanentes.

Metodología

En general analizamos las series en niveles para ver si los números del PREP se vuelven estacionarias en diferencia o sin deriva o ambas. En particular, el procedimiento se hizo sobre los 74 puntos mostrados al final del artículo de López Gallardo usando el

¿Cuál es el comportamiento que esperaríamos de unas votaciones válidas? Se esperarían coeficientes de correlación altos pero no esperaríamos que fueran de 0.99.

paquete estadístico STATA. El objetivo es trabajar con series estacionarias para analizar la relación que guardan los números de cada partido de acuerdo al PREP.

El primer paso del estudio es la eliminación de la tendencia, que es una variable que crece uniformemente en el tiempo. Esto se puede lograr sin perturbar toda aquella variación que no sea explicada por la tendencia. Las series resultantes se estudian luego con regresiones para después medir las correlaciones entre ellas.

El paso siguiente, naturalmente, es probar si las series tienen raíz unitaria.

Esto se logra por medio de pruebas de Dickey Fuller con las series individuales probando tendencia en forma de trend y en forma de drift, es decir agregando y quitando la constante y la variable de tiempo en la prueba.

Si las series tienen raíz unitaria, en la mayoría de los casos podemos alcanzar la estacionalidad mediante diferenciación aunque este proceso viene con el costo de pérdida de información. Johansen demuestra, sin embargo, que se puede probar cointegración en modelos de corrección de errores de acuerdo a distribuciones de muestras grandes; de existir uno o más vectores cointegrantes, las relaciones de largo plazo de las variables nos facilitan el análisis de las variables en niveles aunque las series no sean estacionarias

Resultados

Los resultados de las pruebas de Dickey Fuller sobre todo el conjunto de 74 actualizaciones indican que no existe raíz unitaria en las series una vez que se controla la tendencia, la cual no es más que una variable que crece uniformemente en el tiempo. Esto quiere decir que una vez que se elimina el efecto de la tendencia en las series, éstas son estacionarias y cualquier relación que se encuentre es válida.

Ahora bien, esta es la nueva matriz de correlaciones de las variables sin tendencia:

```
. correlate detepn detamlo detjvm detquadri
(obs=74)

                 detepn  detamlo   detjvm detqua~i

     detepn      1.0000
    detamlo      0.9994   1.0000
     detjvm      0.9995   0.9994   1.0000
   detquadri     0.9962   0.9985   0.9974   1.0000
```

Como se muestra en la figura, al correr las regresiones se encuentra que las series siguen estando anormalmente correlacionadas con coeficientes mayores de 99.9% y pruebas-t con Prob=0. Aún con la tendencia eliminada las relaciones siguen siendo muy altas; todas superiores a 0.99.

Análisis

La pregunta entonces es ¿cuál es el comportamiento que esperaríamos de unas votaciones totalmente válidas? En opinión de los autores, se esperarían coeficientes de correlación altos pero no esperaríamos que fueran de 0.99.

De hecho, se podría esperar que la correlación fuera más baja en las primeras horas del PREP comparado con las últimas horas, esto porque el PREP simula un experimento de aumento progresivo de tamaño de muestra y los teoremas de muestreo indican que la varianza de los estimadores tienden a cero conforme el tamaño de muestra tiende al tamaño de la población. Sin embargo, no se encontró evidencia de que las relaciones fueran más débiles en la primera mitad de la base de datos respecto de la última.

Esta última observación nos lleva a un análisis adicional.

Evolución de porcentajes

Esta idea puede analizarse al observar los porcentajes de preferencia relativos de cada candidato a través del tiempo del PREP. El porcentaje de preferencia estimado en muestras de tamaño bajo (primeras horas del PREP) tiene varianzas grandes y estima pobremente al porcentaje de preferencia real. El estimador se vuelve eficiente en las últimas horas del PREP pues la muestra crece en número y este estimador tiene poca varianza.

En el caso del PRD y del PAN el estimador se estabiliza con mucha claridad pero el caso del PRI y de Alianza no; la gráfica muestra la preferencia del PRI en el tiempo. La falta de estabilización que muestra la gráfica se puede considerar evidencia mayor de irregularidad que los resultados del análisis de las series en niveles; es contra-intuitivo que la preferencia nunca se estabilice. Las últimas actas que se capturaron favorecían al PRI en relación a los demás partidos.

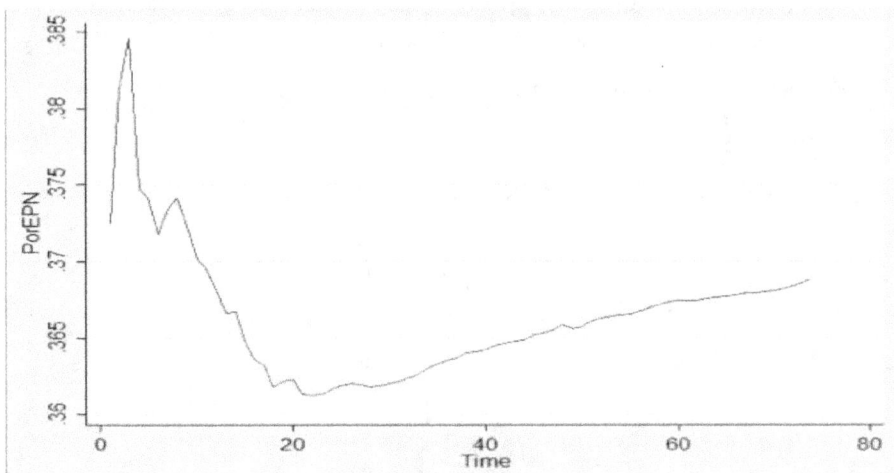

El algoritmo del PREP

Ahondando en esto, si suponemos que existe una relación causal entre el número de votos que se asignaban al PRI respecto a los demás partidos, podemos estimar un modelo de la forma PRI = b0 + b1×PAN + b2×PRD + b3×PANAL; de encontrase un buen ajuste, implicaría que un voto a un partido tiene un efecto ceteris paribus en los votos del PRI. Las estimaciones por Mínimos Cuadrados ordinarios se muestran enseguida:

```
. regress detepn detamlo detjvm detquadri

      Source |       SS           df       MS            Number of obs  =      74
-------------+----------------------------------         F(  3,   70)   =      .
       Model | 2.7340e+13          3    9.1135e+12       Prob > F        = 0.0000
    Residual | 2.1106e+09         70    30151129.2       R-squared       = 0.9999
-------------+----------------------------------         Adj R-squared   = 0.9999
       Total | 2.7342e+13         73    3.7455e+11       Root MSE        =   5491

------------------------------------------------------------------------------
      detepn |      Coef.   Std. Err.      t    P>|t|     [95% Conf. Interval]
-------------+----------------------------------------------------------------
     detamlo |   1.310981   .0457731     28.64   0.000     1.219689    1.402272
      detjvm |   .5304976   .0488626     10.86   0.000     .4330441     .627951
   detquadri |  -8.443108   .3256204    -25.93   0.000    -9.092538   -7.793679
       _cons |   .0003072   638.3163      0.00   1.000    -1273.081    1273.082
------------------------------------------------------------------------------
```

Las series están sin tendencia y los estimadores son todos diferentes de cero. Un voto más el PRD implicaba 1.31 votos más al PRI manteniendo constantes los votos del PAN y del PANAL. De la misma manera, un voto más para el PAN implicaba medio voto más para el PRI. De hecho, según el modelo, si nosotros sabíamos en un momento dado cuantos votos -según el PREP- eran para el PRD, PAN y PANAL podríamos calcular cuántos votos iban para el PRI con una confianza del 99.99% a nivel nacional.

Esto tampoco hace mucho sentido. Si dividimos la base de datos en 2 (primeras horas y últimas horas) los pesos de la relación cambian pero el porcentaje de precisión con la que se estimaría se mantiene, casi 100% de precisión. Las conclusiones se dejan al juicio del lector.

¿Ya checaron sus casillas en http://2012.openprep.org/?

Referencias

"¿Qué tan fácil es obtener un Pearson de r>0.999?", J.A. López Gallardo, en "Segundo Análisis...",

http://www.colloqui.org/colloqui/2012/7/4/segundo-analisis-de-las-elecciones-con-contribuciones-de-dei.html

STATA, Data Analysis and Statistical Software, http://www.stata.com/.

CORRELACIÓN ENTRE
INCREMENTOS DE VOTOS
Alberto Altamirano y Jorge A. López

Antecedentes

El estudio de las correlaciones entre votos recibidos en la elección presidencial mexicana del 2012 ha sido estudiado de varias maneras. El estudio inicial de López Gallardo en el que se encontraban correlaciones de 1.000 entre cualquier par de candidatos fue reforzado por el estudio del mismo autor ¿Qué tan fácil es obtener un Pearson de r > 0.999?, en el que se demostraba que si la votación reportada en el PREP se desajustaba por más de un 1% el valor de la correlación dejaba de ser perfecta, es decir dejaba de dar un resultado de r > 0.999. Asimismo ese estudio demostraba que la correlación se mantenía estable si se usaban 10 actualizaciones del PREP como si se usaran 70, es decir, la acumulación no mejoraba la correlación.

Aunque ese estudio debería de haber sido suficiente para acallar a los críticos de estos estudios (que -curiosamente- critican mucho pero no calculan nada, ¿será que no saben cómo?, c.f. columna de Aguilar Rivera listada en las referencias), un estudio de Jair Garza, economista, usó técnicas alternas y corroboró los resultados de López Gallardo. Garza en su estudio *Controlando el tendencioso PREP* usó técnicas de series en niveles para eliminar las tendencias impuestas por la acumulación y encontró correlaciones mayores de 99.9% entre votos de diferentes partidos aún con la tendencia eliminada. Independientemente, Garza también encontró una falta de estabilización grave que él considera una irregularidad aún mayor que las correlaciones, y obtuvo un algoritmo que predice con una confianza del 99.99% cuantos votos eran para el PRI, en función de los del PRD, PAN y PANAL.

Es ante este escenario que el presente trabajo extiende los estudios anteriores ahora usando datos posteriores a los usados por López Gallardo y por Garza y se enfoca no en los votos acumulados sino en los incrementos entre actualizaciones.

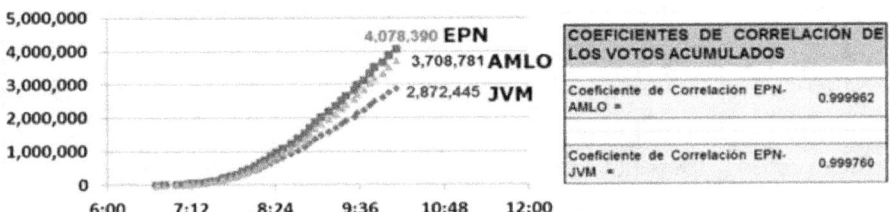

Procedimiento

El apéndice muestra los datos que se usan en este estudio, estos corresponden al horario de las 6:42 am a las 10:07 am, estos datos son mostrados en la primera gráfica junto con la increíble correlación que existe entre ellos, obviamente todos con r > 0.999, es decir perfectos.

Ante la sospecha que la alta correlación entre los votos acumulados obtenidos por los tres candidatos se debía precisamente a la utilización de los valores acumulados, se procedió a obtener la correlación entre los votos incrementales obtenidos por los mismos candidatos.

De nuevo, el apéndice muestra los incrementos de votos entre actualizaciones subsiguientes, y esas cantidades se muestran en la figura siguiente. Nótese que los incrementos mismos aumentan de tamaño y que su incremento no corresponde a una acumulación como en el caso de la gráfica anterior.

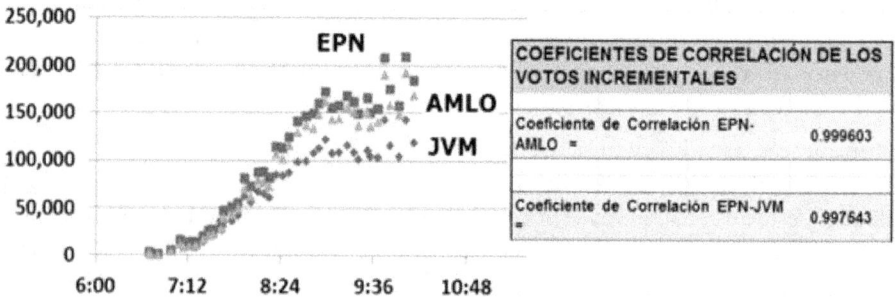

Resultados

Para la comparación entre EPN y AMLO, se obtuvieron los valores:

• Coeficiente de correlación para los votos acumulados: 0.999962

• Coeficiente de correlación para los votos incrementales: 0.999603

• Diferencia = 0.000359 (menos de 4 centésimas de un punto porcentual)

Para la comparación entre EPN y JVM, se obtuvieron los valores:

• Coeficiente de correlación para los votos acumulados: 0.999760

• Coeficiente de correlación para los votos incrementales: 0.997543

• Diferencia = 0.002217 (dos décimas de punto porcentual)

Análisis y conclusión

Las correlaciones entre votos incrementales son muy altas, 0.99976 para EPN-AMLO, 0.997543 para EPN-JVM y 0.99676 para JVM-AMLO.

Comparando estas correlaciones con la de los votos acumulados se aprecia que las diferencias entre los coeficientes de correlación entre las series de votos acumulados y los incrementales, son despreciables: de décimas y centésimas de un punto porcentual.

Los valores obtenidos para los coeficientes de correlación son igual de altos en el caso de votos acumulado y votos incrementales. Dado que los segundos no tienen el efecto de ninguna acumulación, esto nos lleva a la conclusión que la altísima correlación es verdadera y no debida a ninguna acumulación.

Aunque se podría pensar qué las correlaciones perfectas encontradas fueron creadas por un mago, dejamos esas conclusiones al indudablemente mejor juicio del lector.

Apéndice
Incrementos de votos entre actualizaciones subsiguientes

ANÁLISIS DE LOS INCREMENTOS DE LOS VOTOS OBTENIDOS POR JVM, EPN Y AMLO

	JVM	EPN	AMLO	DIFERENCIAL JMV	DIFERENCIAL EPN	DIFERENCIAL AMLO	DIFERENCIAL EPN MENOS DIFERENCIAL AMLO	DIFERENCIAL EPN/AMLO
06:42	3,208	3,620	2,474	3,208	3,620	2,474	1,146	1.4632
06:43	4,581	5,513	3,735	1,373	1,893	1,261	632	1.5012
06:49	6,356	7,675	5,000	1,775	2,162	1,265	897	1.7091
06:59	10,838	13,553	10,119	4,482	5,878	5,119	759	1.1483
07:06	23,721	29,624	22,058	12,883	16,071	11,939	4,132	1.3461
07:09	34,252	42,043	31,518	10,531	12,419	9,460	2,959	1.3128
07:13	45,611	56,370	41,983	11,359	14,327	10,465	3,862	1.3690
07:18	55,045	70,165	53,564	9,434	13,795	11,581	2,214	1.1912
07:24	70,599	90,794	71,153	15,554	20,629	17,589	3,040	1.1728
07:28	92,483	117,186	92,369	21,884	26,392	21,216	5,176	1.2440
07:32	114,037	144,864	115,178	21,554	27,678	22,809	4,869	1.2135
07:38	141,257	179,387	144,295	27,220	34,523	29,117	5,406	1.1857
07:40	178,290	226,585	184,748	37,033	47,198	40,453	6,745	1.1667
07:46	215,760	277,802	229,155	37,470	51,217	44,407	6,810	1.1534
07:51	258,750	333,664	279,638	42,990	55,862	50,483	5,379	1.1066
07:56	322,041	415,059	351,324	63,291	81,395	71,686	9,709	1.1354
08:01	379,180	488,534	414,485	57,139	73,475	63,161	10,314	1.1633
08:07	447,343	575,970	494,459	68,163	87,436	79,974	7,462	1.0933
08:11	513,299	664,469	571,744	65,956	88,499	77,285	11,214	1.1451
08:15	574,691	747,321	644,523	61,392	82,852	72,779	10,073	1.1384
08:20	660,573	862,160	751,850	85,882	114,839	107,327	7,512	1.0700
08:25	744,774	975,966	854,471	84,201	113,806	102,621	11,185	1.1090
08:30	832,487	1,100,912	970,758	87,713	124,946	116,287	8,659	1.0745
08:37	931,176	1,242,475	1,100,588	98,689	141,563	129,830	11,733	1.0904
08:43	1,031,560	1,389,632	1,237,961	100,384	147,157	137,373	9,784	1.0712
08:49	1,140,439	1,539,082	1,372,547	108,879	149,450	134,586	14,864	1.1104
08:53	1,253,944	1,699,592	1,521,183	113,505	160,510	148,636	11,874	1.0799
08:58	1,376,627	1,872,383	1,683,502	122,683	172,791	162,319	10,472	1.0645
09:03	1,485,148	2,028,165	1,827,690	108,521	155,782	144,188	11,594	1.0804
09:09	1,595,182	2,185,902	1,972,645	110,034	157,737	144,955	12,782	1.0882
09:15	1,711,597	2,354,062	2,128,314	116,415	168,160	155,669	12,491	1.0802
09:20	1,821,413	2,516,829	2,280,188	109,816	162,767	151,874	10,893	1.0717
09:24	1,923,344	2,667,108	2,417,741	101,931	150,279	137,553	12,726	1.0925
09:31	2,034,584	2,833,542	2,568,376	111,240	166,434	150,635	15,799	1.1049
09:33	2,139,555	2,984,586	2,704,596	104,971	151,044	136,220	14,824	1.1088
09:39	2,243,896	3,139,475	2,846,376	104,341	154,889	141,780	13,109	1.0925
09:44	2,387,079	3,348,650	3,037,948	143,183	209,175	191,572	17,603	1.0919
09:48	2,504,082	3,524,605	3,196,860	117,003	175,955	158,912	17,043	1.1072
09:55	2,608,973	3,683,009	3,345,630	104,891	158,404	148,770	9,634	1.0648
10:00	2,752,374	3,893,009	3,538,881	143,401	210,000	193,251	16,749	1.0867
10:07	2,872,445	4,078,390	3,708,781	120,071	185,381	169,900	15,481	1.0911
				2,872,445	4,078,390	3,708,781		

COEFICIENTES DE CORRELACIÓN DE LOS VOTOS ACUMULADOS		COEFICIENTES DE CORRELACIÓN DE LOS VOTOS INCREMENTALES	
Coeficiente de Correlación EPN-AMLO =	0.999962	Coeficiente de Correlación EPN-AMLO =	0.999603
Coeficiente de Correlación EPN-JVM =	0.999760	Coeficiente de Correlación EPN-JVM =	0.997543

Referencias
"¿Qué tan fácil es obtener un Pearson de r>0.999?", J.A. López Gallardo, en   http://www.colloqui.org/colloqui/2012/7/4/segundo-analisis-de-las-

elecciones-con-contribuciones-de-dei.html

"La responsabilidad intelectual y las elecciones", J. A. Aguilar Rivera, en http://prontuario.nexos.com.mx/?p=33

"Controlando el tendencioso PREP, J. Garza, en

http://www.colloqui.org/colloqui/2012/7/9/quinto-reporte-de-analisis-controlando-el-tendencioso-prep-p.html

CORRELACIÓN DE PEARSON DE LAS DIFE-RENCIAS DE LAS DIFERENCIAS DE LAS DIFE-RENCIAS DE LAS DIFERENCIAS DE LAS DIFE-RENCIAS DE LAS DIFERENCIAS ENTRE DATOS

Jorge A. López

Algo que es fascinante de los datos electorales es la gran cantidad de sorpre-sas que guardan en sus entrañas. Ya en el pasado se han analizado los datos temporales (no los finales) del PREP (Refs. 1 y 2) y se han encontrado co-rrelaciones perfectas entre las votaciones recibidas por diferentes partidos (definiendo perfección como r > 0.999). Asimismo Jair Garza y Alberto Altamirano (Refs. 3 y 4) eliminaron las acumulaciones con técnicas distintas y encontraron que -aún sin incrementos- las correlaciones se mantenían altísimas (lo cual -incidentalmente- eliminó la teoría de la alta correlación por la acumulación de los datos).

En este estudio -que más que estudio es un juego- se calculan las correla-ciones que tienen las diferencias sucesivas de esos datos maravillosos, y las diferencias de las diferencias, y las diferencias de las diferencias de las dife-rencias, y así hasta llegar a muchas diferencias de diferencias. El hecho de que en todos los casos estudiados obtengamos correlaciones muy altas es sorprendente dado que corresponden a unos datos que al haber sido mues-treados con un alto grado de aleatoriedad (de todo el país, urbano y rural, etc.) no deberían estar tan fuertemente ligados entre ellos.

Procedimiento

Se usaron los datos acumulados por los partidos como fueron presentados por el IFE el día de la elección desde las 6:42 PM (tiempo de California) hasta la 1:13 AM (ver datos en Ref. 1), en total hubo 74 actualizaciones. Esos datos (serie de tiempo "0") fueron usados para construir series de tiempo con las diferencias sucesivas entre los datos (serie de tiempo "1"), y las diferencias de la serie "1" para obtener la serie "2", y así sucesivamente hasta llegar a la serie "6" que fue cuando el autor se cansó de obtener corre-laciones altísimas.

Usando la función PEARSON de Excel y seleccionando columnas de PAN y PRI, PRI y PRD, y PAN y PRD se calculó la función de correlación PE-ARSON en todas las series dando en todos los casos resultados vergonzo-samente altos.

Resultados

Las figuras siguientes muestran las series de tiempo "1", ..., "6" junto con los valores de la correlación de Pearson obtenidos:

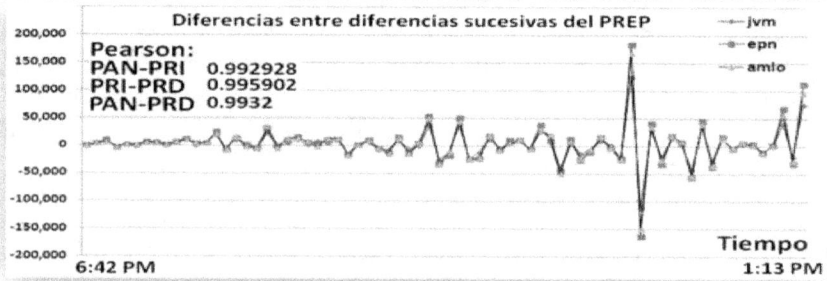

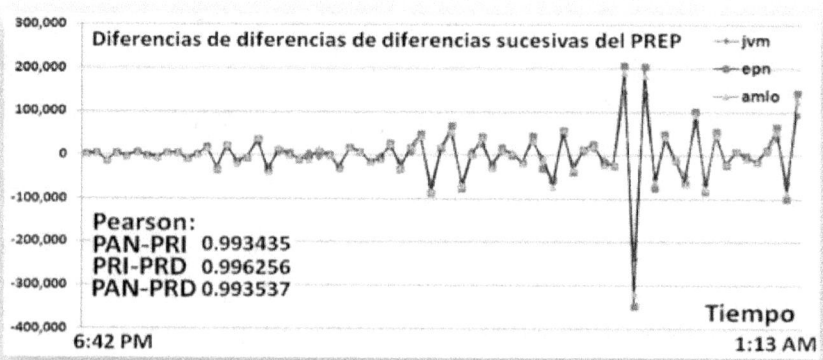

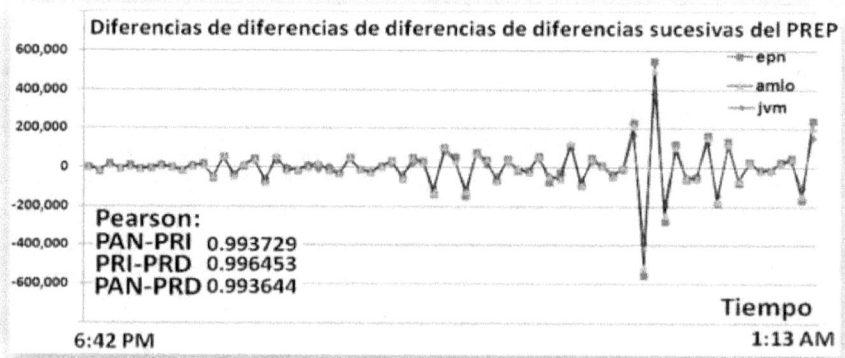

Análisis

Varias observaciones son necesarias. La primera es el comportamiento simétrico que tienen todas las diferencias en los seis niveles, esto es detectable por el hecho de que en todas las gráficas parecería que hubiera una sola línea uniendo los puntos cuando en realidad hay tres, ¿por qué todos los cambios se comportan de manera simétrica?

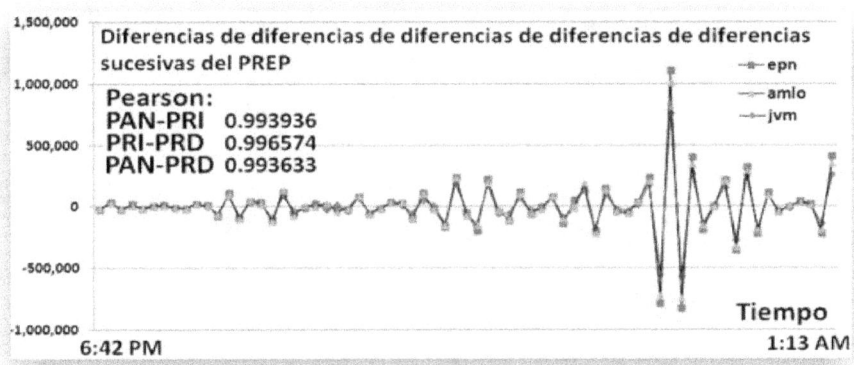

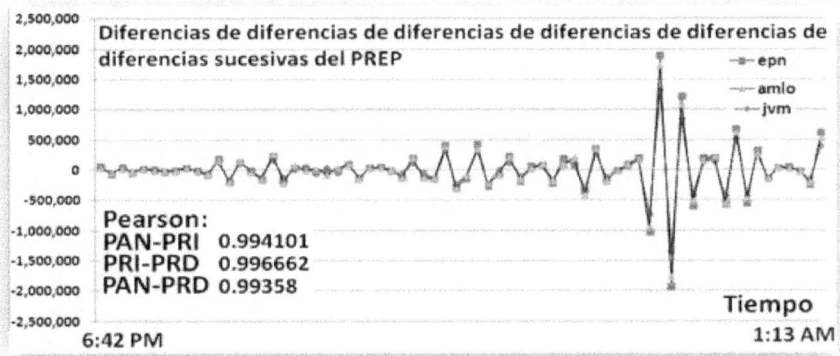

Otra observación es el hecho de que tal comportamiento se mantiene en todas las escalas, es decir la serie "1" varía entre 0 y 350,000 mientras que la "6" lo hace entre 2,500,000, ¿qué hace que se mantengan las correlaciones en todas las escalas?

Otra observación importante es el hecho de que a partir de la serie "2" (diferencias de diferencias) las series ya no son acumulativas, es decir los valores de la serie no se incrementan monotónicamente como la serie "0" y la "1". En esos casos es obvio que cualquier correlación que exista entre las series de tiempo no es debida a acumulación alguna.

Asimismo hay que subrayar las fluctuaciones pronunciadas que se dieron a todo nivel, i.e. en todas las series, alrededor de las 11 PM; estas son observables en las seis gráficas como oscilaciones de gran magnitud.

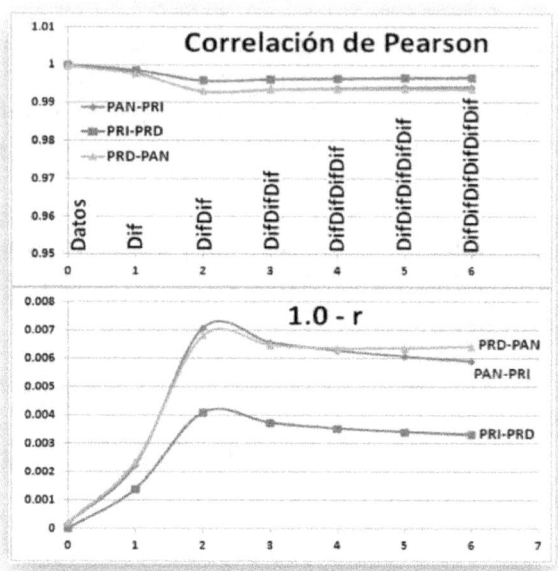

Finalmente, hay que hacer énfasis en el hecho de que la correlación de Pearson se mantiene a niveles constantes altísimos tanto en los datos originales como en todas sus diferencias. Esto se puede observar más claramente en las gráficas siguientes.

La gráfica superior muestra que la correlación no cesa de ser cercana a la perfecta a pesar de la diferenciación de las series. La inferior muestra que la distancia entre el Pearson obtenido y el perfecto (r=1.000) comienza a estabilizarse a partir de la serie "2".

Curiosamente, ambas gráficas (i.e. la de "r" y la de "1.000 – r") muestran un comportamiento simétrico entre las tres curvas (lo cual también llama muchísimo la atención) y -ya que esto se trata de un juego- ¿por qué no ver si existe una correlación entre ellas? Y la respuesta es un sí rotundo, la correlación de Pearson entre, e.g. el PRI y el PRD, es un increíble r=0.999024, las otras dos son de tamaño similar.

Conclusión

Una conclusión inmediata es que los datos temporales del PREP están correlacionados hasta entre sus propias correlaciones. Explícitamente, las correlaciones de Pearson de las diferencias (de hasta 6 diferenciaciones) tienen una correlación de Pearson entre ellas de r > 0.999, es decir perfecta. ¿Cómo explicar esto?

Las demás consecuencias que puedan emanar de este milagro numérico se dejan al criterio del lector.

Referencias

1. Correlación de Pearson, J.A. López Gallardo, Colloqui, Julio 2, 2012.

2. ¿Qué tan fácil es obtener un Pearson r > 0.999?, J.A. López Gallardo, Colloqui, Julio 4, 2012.

3. Controlando el tendencioso PREP, Jair Garza y Jorge Alberto López Gallardo, Colloqui, Julio 9, 2012.

4. Correlación entre incremento de votos, Alberto Altamirano y Jorge Alberto López Gallardo, Colloqui, Julio 25, 2012.

LA ELECCIÓN OBSERVADA
Y LA NO OBSERVADA
Julián T. Becerra

Resumen. Presentamos los resultados del ejercicio de conteo ciudadano comparado con el Programa de Resultados Preliminares (PREP) del Instituto Federal Electoral (IFE) de México. Los resultados del PREP son casi idénticos a los que presenta el conteo ciudadano. Sin embargo, esa parte de la elección es totalmente opuesta al resultado oficial y en ella gana la coalición de izquierda por 5.4%. Observamos que en el conjunto complemento al considerado por el conteo ciudadano, que hemos llamado universo no observado, hay dos conjuntos de casillas: uno que representa un empate entre los dos primeros candidatos y otro que presenta una diferencia constante de correlación perfecta; ambos comportamientos presentes a lo largo de toda la captura de la elección.

1. Introducción

La elección presidencial de los Estados Unidos Mexicanos del 1ero de julio de 2012 ha levantado muchas dudas en cuanto a su veracidad por la existencia de pruebas de que millones de votos fueron comprados en las zonas más pobres del país. Se dice que fue una elección muy vigilada pero no se dice lo que realmente se observó, por lo menos no con el mismo ánimo con el que se dice que fue ejemplar.

Para complementar la observación dentro de las casillas, se planearon varios conteos ciudadanos basados en las fotografías de las sábanas de los resultados de las casillas. Miles de ciudadanos lograron fotografiar cerca del 30% de las sábanas. Muchos de ellos comentaron en las redes sociales que gran parte de las sábanas no estaban o fueron retiradas muy temprano, levantando sospechas. Las fotos se subieron a internet y fueron capturadas en varias páginas con diversas metodologías. Son decenas de miles de casillas y su captura no es un problema trivial. La base de datos del sitio yosoyantifraude.org fue la más exitosa debido a que implementó un sistema de capturas interactivas, al azar y con varios mecanismos inteligentes de seguridad que permitieron el uso de miles de ciudadanos como capturistas y así lograron completar una base de datos constituída por datos de 77,283 sábanas electorales, en sólo un par de días.

La base de datos del conteo ciudadano fue depurada para eliminar sábanas repetidas, obteniendo 42,931 sábanas únicas de un total de 143,437, lo que representa el 29.93% de la elección presidencial. De manera contradictoria con los datos del IFE, el conteo mostró el triunfo de Andrés Manuel López Obrador (AMLO) con 38.8% de los votos, seguido de 33.4% para Enrique Peña Nieto (EPN) y 25.3% para Josefina Vásquez Mota (JVM).

Este resultado se ha tratado de explicar argumentando que muchas de las sábanas consideradas por el conteo ciudadano provenían del Distrito Federal, donde la izquierda ganó por gran margen. Sin embargo, cuando los resultados se separaron por Estado y se hizo la cuenta considerando la extrapolación al número de electores en cada uno de ellos, se mantuvo el triunfo de AMLO.

Estos primeros análisis dieron pie a dos posibles explicaciones: o bien existiría una diferencia grande entre los resultados del IFE y las sábanas electorales, o bien el conjunto de casillas no consideradas en el conteo ciudadano era totalmente diferente.

Las sábanas provenían de todo el país y resultaba confuso que no conformaran una buena muestra a pesar de representar casi el 30% de las casillas. Para salir de dudas, lo primero que había que hacer era comparar con la base del IFE y ver si el IFE tenía datos diferentes. Y si no era así, entonces observar el conjunto de casillas complementario para ver qué sucedía con esa muestra.

La comparación del PREP con el conteo ciudadano deja algunos datos interesantes que exponemos a continuación.

2. El PREP contra el conteo ciudadano

El PREP ordena datos, es algo a lo que ya nos acostumbramos los que lo observamos a detalle, aunque este orden no tenga ninguna lógica. El PREP nos presentó los datos como si nos hubiéramos puesto de acuerdo todos para ir entregando resultados de manera que la proporción de votos para el candidato del PRI fuera ascendente, cosa que por supuesto no tiene porqué ocurrir. Es por esto mismo que resulta muy interesante graficar los datos con el orden de captura en el PREP.

Una gráfica interesante resulta al ordenar los datos por la hora de acopio de los datos de la casilla. Se dice que la zona rural es priista, y que por ser rural llega más tarde, lo que explicaría que la gráfica cambie de comportamiento a partir del 70% de las casillas acopiadas. De hecho, el cambio de comportamiento a partir del cómputo del 70% de la elección es algo a lo que también nos hemos acostumbrado, pero aún no queda claro cuál es su verdadera causa.

Más aún, sería sensato esperar que esa zona tardía llegara poco a poco, y que de haber un cambio de tendencia, este fuera suave. Por el contrario, lo que se observa siempre como un cambio brusco de comportamiento que levanta muchas sospechas.

2.1. Acumulación de votos. En la Figura 1 graficamos la acumulación de votos para cada candidato, casilla por casilla, como función de su hora de acopio, manteniendo con datos nulos todas las casillas que no fueron parte del conjunto observado por el conteo ciudadano.

Esta gráfica muestra el porcentaje de votos acumulados por cada coalición o partido político en el eje y, en relación al porcentaje de votos computados por el PREP en el eje x. Al final, como se observa, AMLO llega a tener casi 8 millones de votos y EPN casi 7 millones, para una diferencia total de un millón de votos.

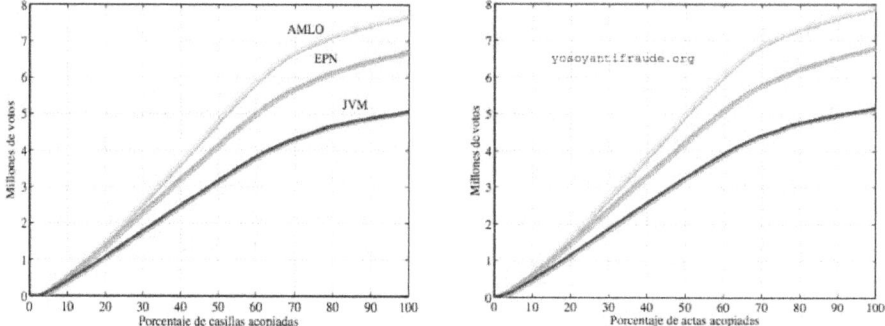

Figura 1. Acumulación de votos en el orden dado por la hora de acopio de las casillas. Se compara el PREP (izquierda) con el resultado del conteo ciudadano (derecha).

El resultado del PREP es muy cercano a lo observado en el conteo ciudadano, aunque hay una diferencia de cerca de 100,000 votos desaparecidos para AMLO que, en realidad, no es tan significativa.

2.2. Evolución del porcentaje en función del tiempo de acopio.
Para entender la gráfica de la Figura 2 hay que apoyarse en la Figura 1. En cada punto del eje x nos fijamos en cuantos votos tiene cada candidato y los dividimos entre el total de votos acumulados hasta ese momento, de donde sacamos el porcentaje de votos y lo graficamos en el eje

y. Por lo tanto, muestra la evolución del porcentaje de votos y se esperaría por diversos teoremas estadísticos que se estabilizara y convergiera al resultado final. Pero como el PREP, o la geografía, les da orden, nunca se estabilizan.

Nuevamente vemos como el resultado del PREP es muy cercano a lo observado por el conteo ciudadano. Podríamos darle el visto bueno tanto al IFE como al conteo ciudadano en ese conjunto de casillas. O casi, porque si hay algunas pequeñas diferencias sesgadas para afectar a AMLO.

Este resultado, sin embargo, es totalmente diferente al reportado en el total de las casillas. Es opuesto diametralmente. Aquí gana AMLO con el 38.8%, seguido de EPN con el 33.4% y JVM con el 25.3%.

2.3. Distribución de votos en función del tiempo de acopio. La Figura 3 muestra lo que nosotros llamamos mini-elecciones. Cuando uno agrupa por conjuntos de n casillas y grafica los totales de votos en ellas, el PREP comienza a mostrar curvas suaves para n grande, cercano a 5000, que nos dice cómo evoluciona el número de votos con el acopio del PREP.

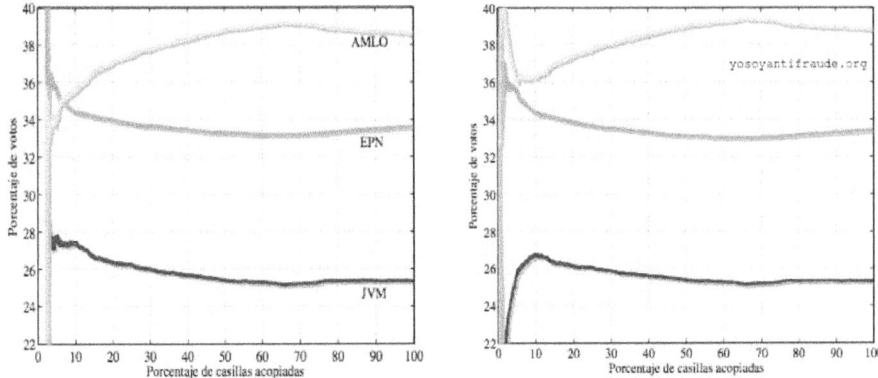

Figura 2. Evolución del porcentaje de votos acumulados en el orden dado por la hora de acopio de las casillas. Se compara el PREP (izquierda) con el resultado del conteo ciudadano (derecha).

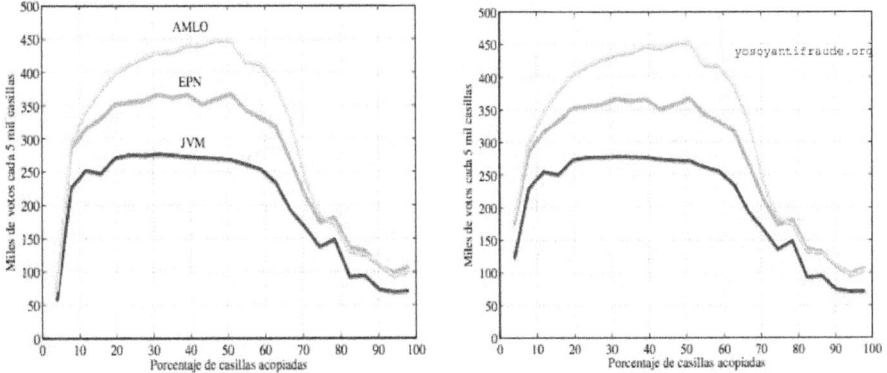

Figura 3. Distribución de votos en conjuntos de 5 mil casillas, en el orden dado por la hora de acopio de las casillas. Se compara el PREP (izquierda) con el resultado del conteo ciudadano (derecha).

Esta gráfica muestra que al principio nadie ganaba votos porque hay unas casillas que no traen nada en los datos, por lo menos en los datos del IFE, luego AMLO y EPN ganan el mismo número de votos y así AMLO comienza a aumentar sus votos, hasta alcanzar un máximo y volver a caer, de manera que hacia el final, después del famoso 70% de las casillas acopiadas, AMLO y EPN muestran un empate.

Este conjunto muestra dos comportamientos: primero una ventaja de AMLO en todo el intervalo previo al 70% de las casillas y luego un empate después de ese punto.

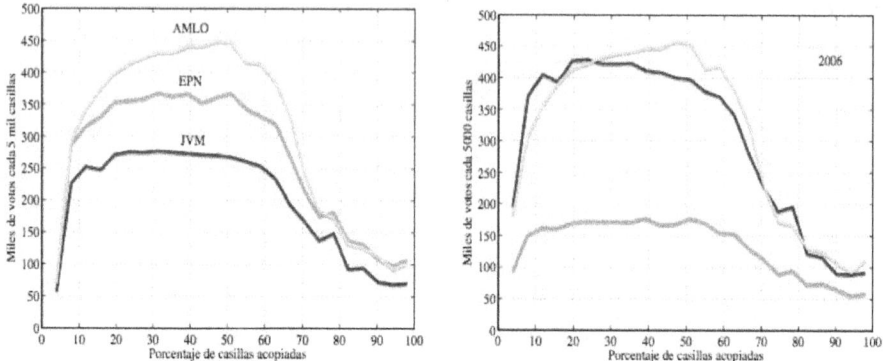

Figura 4. Distribución de votos cada 5 mil casillas, en el orden dado por la hora de acopio de las casillas. Se compara el PREP de 2012 (izquierda) con el PREP de 2006 (derecha).

2.4. comparación con la distribución de votos de 2006. En la Figura 4 comparamos la distribución de votos con el orden del acopio para las mismas casillas en las elecciones de 2006 y de 2012. Se observa que la distribución para AMLO es la misma. Muestra votantes estables. Mientras que el PAN y el PRI intercambian algunos votantes.

Las curvas de PRI y PAN mantienen las formas que mostraron en 2006 pero están multiplicadas por un valor constante. La del PAN ha disminuído con un factor de 0.62, y el PRI ha aumentado con un factor de 2.11. Por lo tanto la votación del PAN bajó a la mitad, la del PRI se duplicó y la de la coalición de izquierda se mantuvo igual. El efecto es constante para todos los partidos durante toda la captura.

Existe un conjunto de votantes que cambian su preferencia de PAN a PRI de manera masiva.

3. La elección no observada

Todas aquellas casillas de las que no se cuenta con la fotografía de la sábana conforman el conjunto que llamaremos no observado. Existen las actas de las casillas y reportes de observadores, pero la sábana no, lo que implica que la observación de esos lugares no fue completa. Los ciudadanos seguimos teniendo fuertes limitaciones en la observación de ciertas regiones, nada despreciables, porque suman el 70% del total de casillas.

El conjunto no observado de casillas presenta el siguiente resultado: AMLO 28%, EPN 43% y JVM 26.5%. AMLO y EPN intercambian papeles y JVM se mantiene igual. Bajando AMLO al nivel de votación de JVM.

3.1. Acumulación de votos. La acumulación de votos de la Figura 5 (izquierda) muestra que en este conjunto EPN tiene una tasa de ganancia de votos superior a AMLO y JVM. Estos dos últimos presentan una tasa muy parecida.

3.2. Evolución del porcentaje en función del tiempo de acopio. La Figura 5 (derecha) muestra la evolución del porcentaje en el conjunto de casillas no observadas por el conteo ciudadano. Estas muestran a EPN en orden de menor a mayor porcentaje y con un valor muy alto que alcanza el 43% hacia el final del acopio de casillas.

JVM y AMLO hacen espejo. Antes del 70% de las casillas, AMLO se presenta en orden de menor a mayor y JVM se presenta en orden de mayor a menor.

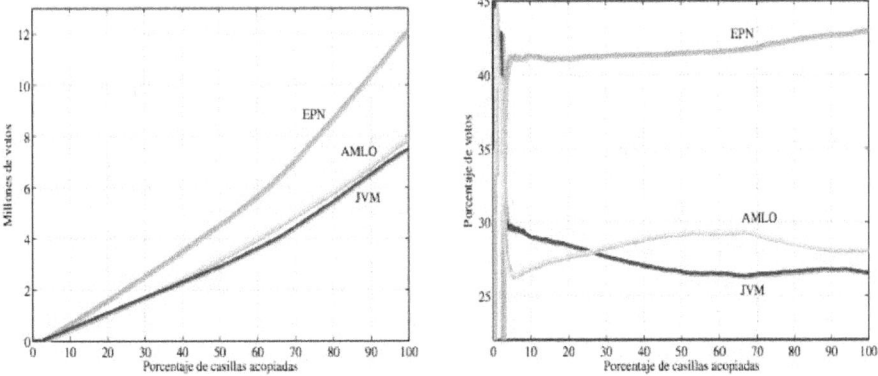

Figura 5. Acumulación de votos (izquierda) y evolución del porcentaje (derecha), en el orden dado por la hora de acopio de las casillas, para el conjunto de casillas no observadas en el conteo ciudadano.

3.3. Distribución de votos en función del tiempo de acopio. En la Figura 6 (izquierda) se muestra que la distribución de votos durante el acopio de las casillas tiene una forma inusual, pues presenta una distancia constante entre EPN y AMLO. Esa distancia crece al doble en el último 70% de las casillas. Este comportamiento produce una correlación perfecta entre los dos primeros candidatos, es decir, dado un comportamiento en uno se presenta siempre el mismo comportamiento en el otro.

3.4. comparación con la distribución de votos de 2006. En la Figura 6 se observa que el voto del PRI tiene la misma forma que en 2006 pero multiplicado por un factor de 1.9, duplicó sus votos. AMLO se mantiene casi igual con una disminución con un factor de 0.9, JVM disminuye con un factor que comienza en 0.68, acortando la diferencia con 2006 conforme avanza en el acopio, hasta empatar con los valores de 2006 hacia el final del acopio de casillas.

Se puede observar que algunos votos del PAN pasaron al PRI en la primera parte del acopio, pero en general el PRI ganas votos nuevos. El PRI duplica sus votos con nuevos votantes.

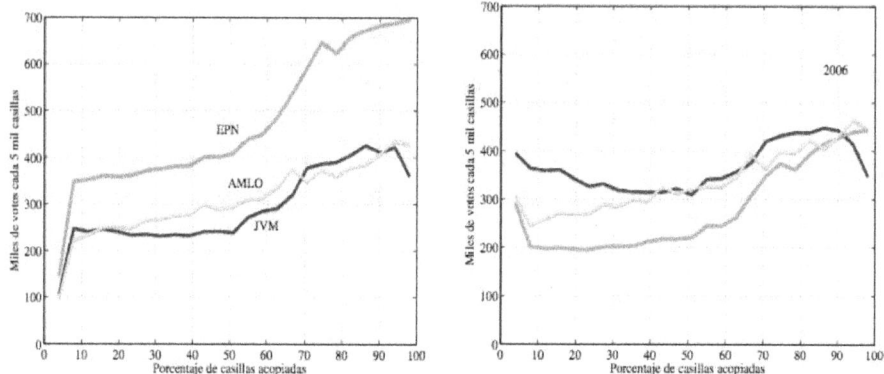

Figura 6. distribución de votos cada 5 mil casillas, en el orden dado por la hora de acopio de las casillas. Se compara el PREP de 2012 (izquierda) con el PREP de 2006 (derecha).

4. El conjunto empate

El conjunto que hemos llamado no observado es muy grande, 70% de las casillas, nos gustaría reducir este conjunto acotando los comportamientos a lo que sigue lo observado y lo que es totalmente diferente de lo observado.

El conjunto observado por el conteo ciudadano muestra una zona de empate entre EPN y AMLO. Lo que vamos a hacer ahora es obtener un conjunto empate del conjunto no observado. Este conjunto empate no tendría mucho sentido si fuera tan solo un empate en el resultado final. Lo que se busca es un conjunto empate durante todo el acopio. Esto se logró obtener usando un criterio simple: aquellas casillas donde AMLO gana más de 55 votos.

4.1. Acumulación de votos. La evolución del porcentaje, Figura 7 (izquierda), muestra que EPN y AMLO ganan igual número de votos a tasas similares.

4.2. Evolución del porcentaje en función del tiempo de acopio. La evolución del porcentaje, Figura 7 (derecha), muestra curvas un poco más estables que en los otros conjuntos, con un empate entre AMLO y EPN.

4.3. Distribución de votos en función del tiempo de acopio. La distribución de votos, Figura 8 (izquierda), muestra que en este conjunto EPN y AMLO empatan en ganancia de votos durante todo el intervalo de acopio.

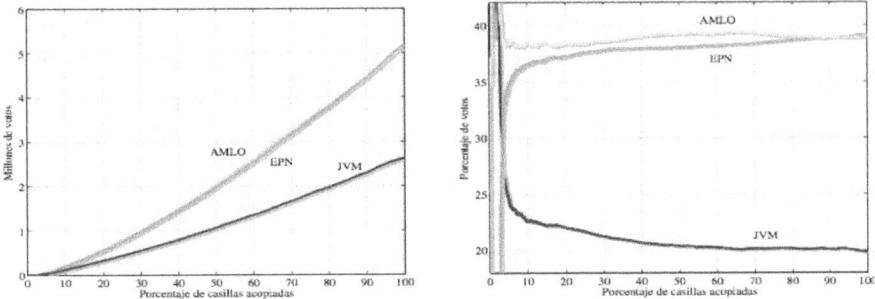

Figura 7. Acumulación de votos (izquierda) y evolución del porcentaje (derecha), acomodado por hora de acopio de las casillas, para el conjunto de casillas no observadas y que muestran empate entre AMLO y EPN.

4.4. comparación con la distribución de votos de 2006.

En la Figura 8 se observa que en este conjunto empate AMLO mantiene el mismo número de votos que en 2006, con una ligera mejoría. El PRI crece con un factor de entre 1.6 a 1.9 y el PAN baja su votación con un factor que va aumentando en orden desde casi 0.6 hasta 1.0. Se observan votantes que cambian de PAN a PRI, al principio masivamente y disminuyendo con el acopio. Sin embargo, la mayoría de los nuevos votos del PRI son de nuevos votantes.

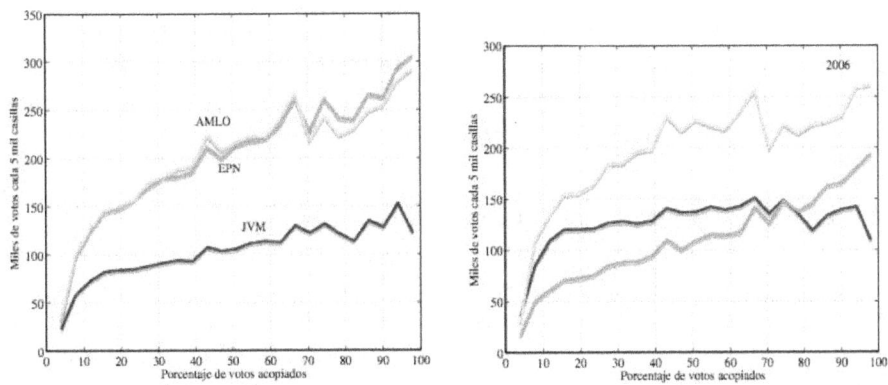

Figura 8. Distribución de votos cada 5 mil casillas, en el orden dado por la hora de acopio de las casillas. Se compara el PREP de 2012 (izquierda) con el PREP de 2006 (derecha).

5. El conjunto inaceptable.

Este conjunto representa el comportamiento no observado en ningún intervalo del conteo ciudadano. Le hemos llamado inaceptable porque levanta muchas sospechas y ninguna autoridad tiene la menor intención de aclarar su naturaleza. Este conjunto representa las casillas dominadas por el PRI en toda la república. Se observa una participación demasiado alta, no creíble si no se consideran las prácticas de compra de votos ya bien documentadas.

5.1. Acumulación de votos. En este conjunto, Figura 9 (izquierda), EPN tiene la mayor tasa de ganancia de votos, llegando hasta 7 millones de votos, seguido por JVM con 4.7 millones y en último AMLO con 2.7 millones.

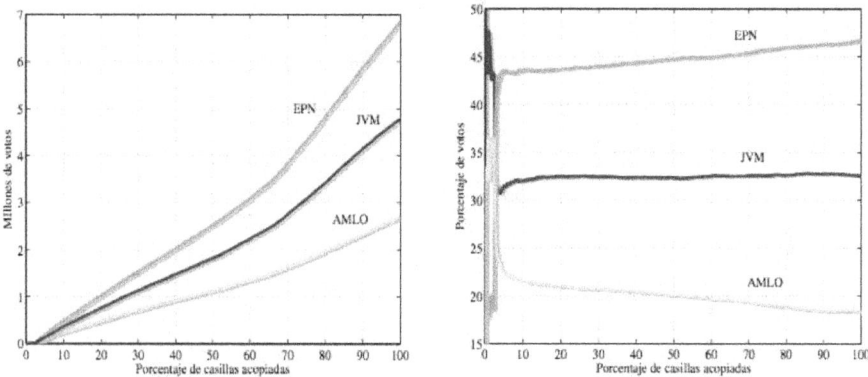

Figura 9. Acumulación de votos (izquierda) y evolución del porcentaje (derecha), en el orden dado por la hora de acopio de las casillas, para el conjunto de casillas no observadas y que muestran empate entre AMLO y EPN.

5.2. Evolución del porcentaje en función del tiempo de acopio. La evolución del porcentaje, Figura 9 (derecha), muestra al PRI claramente de menor a mayor porcentaje, a JVM estable en segundo lugar y AMLO claramente de mayor a menor. La diferencia en porcentaje entre EPN y AMLO es de 28%.

5.3. Distribución de votos en función del tiempo de acopio. La distribución de votos, Figura 10 (izquierda), muestra curvas equidistantes perfectamente correlacionadas, como si fuera un conjunto perfectamente controlado. Se encienden los focos rojos. La diferencia entre EPN y AMLO se mantiene constante en dos zonas, una primera donde EPN gana el doble de votos que AMLO y después del 70% del acopio donde EPN gana el triple de votos que AMLO.

5.4. comparación con la distribución de votos de 2006. La comparación con 2006 de la Figura 10, muestra que AMLO disminuyó su votación un poco, entre 10% y 15%. JVM baja su votación entre 10% y 30% en orden de mayor diferencia a menor diferencia. EPN muestra que aumenta su votación con un factor de 1.7, la curva es la misma que en 2006 pero con casi el doble de votos.

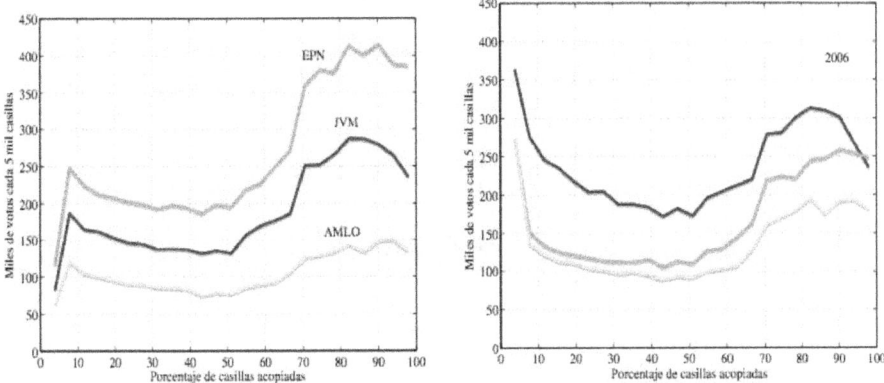

Figura 10. Distribución de votos cada 5 mil casillas, en el orden dado por la hora de acopio de las casillas. Se compara el PREP de 2012 (izquierda) con el PREP de 2006 (derecha).

6. Conclusión

Se observa que el conteo ciudadano forma un subconjunto de 30% de casillas, contenido en el PREP, que muestra un resultado diametralmente opuesto al reportado por el PREP completo.

El conteo ciudadano da certidumbre que el resultado del IFE en esas casillas es correcto, pero levanta aún más dudas porque su resultado es opuesto al total del IFE. No se puede decir que la elección fue limpia si en principio tenemos 70% de las casillas sin observadores y con un resultado diametralmente opuesto entre lo observado y el total.

Casualmente la elección observada es toda a favor de AMLO y la no observada es toda a favor de EPN.

El conjunto de casillas sin fotografía de sábana proporciona votos masivos para el PRI.

Casualmente la elección observada es toda a favor de AMLO y la no observada es toda a favor de EPN. El conjunto de casillas sin fotografía de sábana proporciona votos masivos para el PRI que revierten la tendencia encontrada en el conjunto con sábana.

Hemos dividido el conjunto de casillas sin sábana en un conjunto empate y un conjunto inaceptable o sospechoso, donde casualmente el PRI gana toda su ventaja.

El PRI dobla sus votos comparado con su resultado de 2006, en todos los casos observados y aparece en orden de menor a mayor votación. AMLO se mantiene con una votación similar a 2006, con casi las mismas curvas.

El orden observado es prueba suficiente de manipulación electrónica, se sabe que el PREP ordena datos y eso es inaceptable porque podría tener la capacidad de alterar datos y que no existan elementos de ley para corregirlo.

SEXO Y MUERTE EN EL PREP
Alberto Altamirano y
Jorge López Gallardo

¿A poco hay sexo y muerte en los datos del PREP? No veo cómo...

Claro que lo hay, aunque te diré que más bien lo pongo en el título para cumplir con las recomendaciones del Gabo de enganchar al lector con la promesa de sexo promiscuo y violencia malsana. Pero ahora que ya tengo tu atención deja te cuento la historia (con naranjas y manzanas como me lo pidieron por Twitter).

Todo empezó un dos de julio en la noche... Esa noche el IFE nos dio los números de votos que llevaban cada uno de los candidatos, esto lo hizo con actualizaciones cada 5 minutos más o menos. Si uno toma -digamos- 50 de esos números (es decir 50 actualizaciones) del PRI y del PRD, por ejemplo, y los pone en una hoja de trabajo de Excel y calcula la correlación entre las dos series de números (por medio de la función Correl de Excel), el número que resulta es un 1.000 lo cual indica que hay una correlación perfecta entre los votos recibidos por un candidato y los del otro.

Esto ya me lo habías contado antes, los datos del PREP tienen correlaciones, ¿y luego?

Bueno, para empezar eso no debería de ser, pero sigamos. Gráficamente, esos números se ven así:

Correlación entre votos acumulados

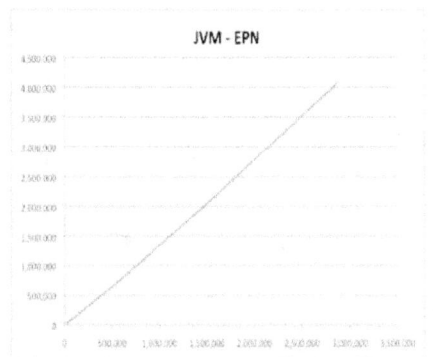

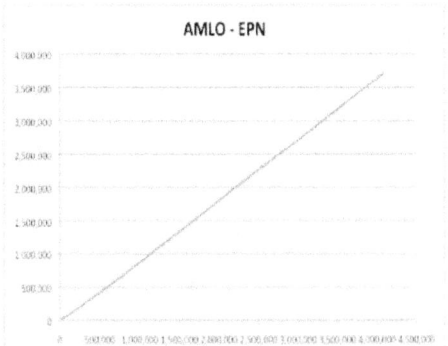

Coeficiente de correlación JVM-EPN= 0.999760   Coeficiente de correlación JVM-EPN= 0.999962

Muy derechitos, ¿qué sigue?

Acto seguido, y para acallar críticos, los autores de las referencias estudiaron esos mismos números pero eliminando la acumulación por medios de técnicas econométricas (Ref. 3) o restando directamente una actualización de la anterior y viendo las correlaciones entre esos incrementos (Ref. 4.). De nuevo, las correlaciones resultaron altísimas (mayores a 0.999 tanto en Ref. 3 como en Ref. 2). De nuevo, gráficamente esos incrementos se ven así:

Correlación entre incrementos de votos

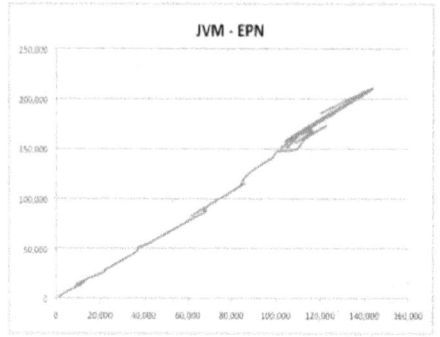

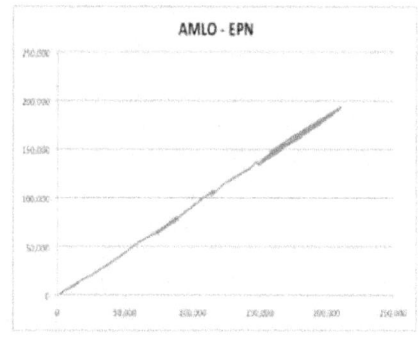

Coeficiente de correlación JVM-EPN= 0.997543   Coeficiente de correlación JVM-EPN= 0.999603

No tan derechos como el caso anterior, pero sorprendentemente lineales...

Sí, sobre todo tomando en cuenta que no hay razón para que existan esas relaciones. Ya que eso era tan sospechoso, en la Ref. 5 se estudiaron las correlaciones que hay entre las diferencias entre incrementos, es decir entre los incrementos de los incrementos y se encontraron correlaciones mayores de 0.99. Siguiendo con el masoquismo se estudiaron las diferencias de las diferencias entre incrementos y se encontró lo mismo. Y así se siguió ese juego hasta llegar a las diferencias de las diferencias de las diferencias de las diferencias de las diferencias de los incremento y siempre se encontró una correlación superior a 0.99.

Bien, hay correlaciones perfectas por todos lado, pero ¿y el sexo y los madrazos?

Vienen. Si ponemos los incrementos como porcentaje del total de votos recibidos en cada actualización vemos lo que muestra la gráfica siguiente, y si calculamos la correlación entre los incrementos en porcentajes nos da un resultado nulo.

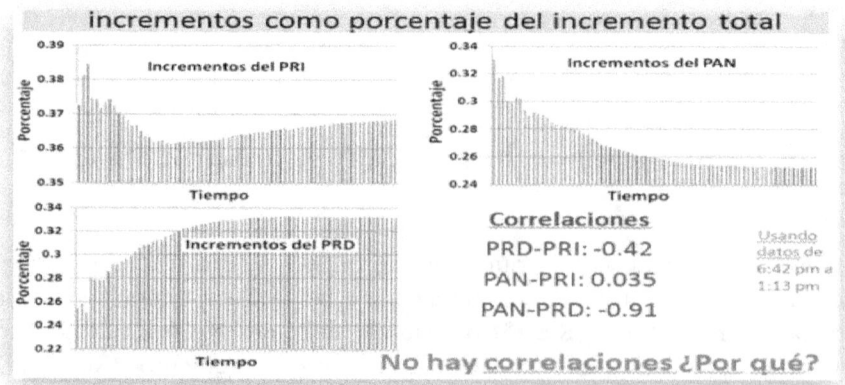

Sigo sin ver la relevancia de esto y mucho menos el sexo y la violencia...

Pues si contamos cuantas veces el aumento de votos para cada partido fue del 24%, 25%, y así hasta llegar al 39%, veremos que el IFE asignó los aumentos de votos entre los tres candidatos de una manera muy sui generis, (en latín para abstenerme de usar malas palabras):

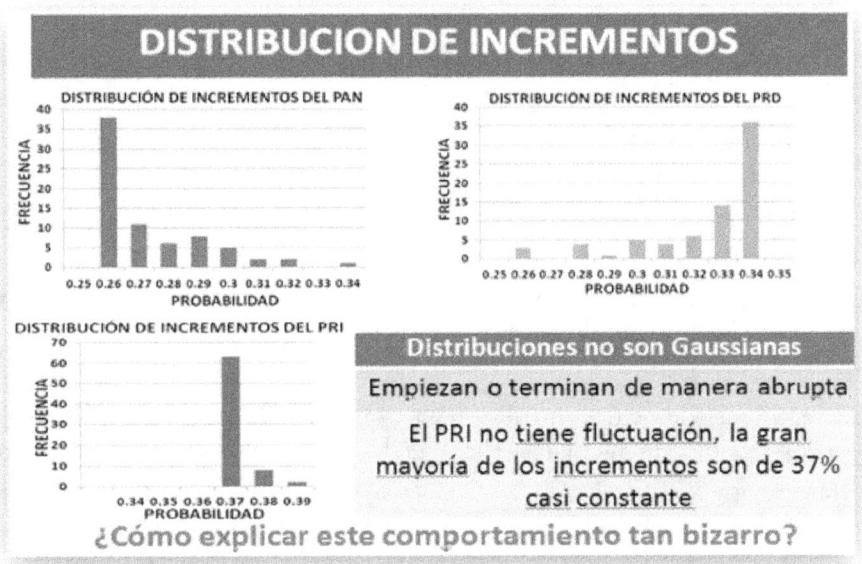

Ya veo, y esto ¿qué significa?

Un montón de cosas:

1. Hay ordenamiento entre los incrementos, es decir, van de menor a mayor o de mayor a menos, y no existe una razón para que sean así.

2. El PRI tiene incrementos prácticamente constantes del 37% (63 incrementos de 73).

3. Todas las distribuciones violan el Teorema del

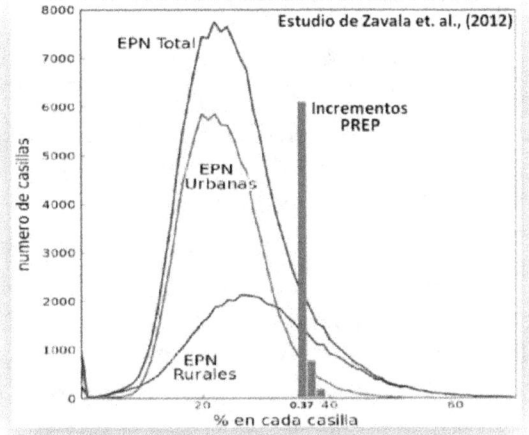

Límite Central, regla sagrada de la estadística que dice que esa distribución debería ser Gaussiana, también llamada normal o "de campana".

O sea que ¿no es como debe de ser, cierto?

Correcto. Mira, Jorge Zavala y su grupo vieron la distribución de porcentajes de EPN a nivel nacional y les dio la curva de campana de la figura siguiente. Si le ponemos ahí (con escalas distintas) los porcentajes que el IFE le dio a EPN en los 73 incrementos del PREP estudiados podrás ver la gran diferencia; la distribución de los incrementos debería reflejar la distribución a nivel nacional.

¡Órale! Y en pesos y centavos, ¿eso qué significa?

Pues que los aumentos entre actualizaciones (y por ende los números del PREP) son más falsos que una moneda de a tres pesos; el IFE metió números falsos en el PREP.

¿O sea que nos cogieron?

Exactamente. ¿Ya viste dónde está el sexo en esta historia?

Sí, pero ¿y el asesinato?

Ese fue a la democracia mexicana, pobrecita. Aunque más bien fue aborto pues nunca ha acabado de nacer.

¡Ay, cómo serás mamón!

No te enojes, de alguna manera tengo que hacerle para que me pongas atención y te des cuenta de la realidad de las cosas. Disculpa el atrevimiento.

Referencias

1. Correlación de Pearson, Jorge López Gallardo, Colloqui, Julio 2, 2012.

2. ¿Qué tan fácil es obtener un Pearson r > 0.999?, Jorge Alberto López Gallardo, Colloqui, Julio 4, 2012.

3. Controlando el tendencioso PREP, Jair Garza y Jorge Alberto López Gallardo, Colloqui, Julio 9, 2012.

4. Correlación entre incremento de votos, Alberto Altamirano y Jorge Alberto López Gallardo, Colloqui, Julio 25, 2012.

5. Correlación de Pearson de las diferencias de las diferencias de las diferencias de las diferencias de las diferencias de las diferencias entre datos sucesivos del PREP, Jorge A. López Gallardo.

6. La Correlación de Pearson y el PREP, video, Jorge A. López Gallardo.

7. Estadísticas de la compra y coacción del voto y su cuantificación, J. Zavala Hidalgo, V. Barberán Soler, Ma. E. Osorio Tai, O. Zavala Romero, J. Morales Velasco, M. García, R. Artis, E. Calderón.

DESPUÉS DE LA ELECCIÓN

Ya con estudios sobre datos finales de la elección, el cuarto resumen del 8 de julio del 2012 contenía el explosivo artículo ANÁLISIS DE LAS CASILLAS ESPECIALES en el que el Ingeniero Químico César García Bojórquez demostraba que el resultado de la elección debería haber sido 27.81% para el PAN, 28.10% para el PRI y 41.15% para el PRD. Asimismo el Ing. Jesús Ibarra iniciaba su cruzada pro numerología de las boletas electorales y su breve escrito CASILLAS CON DIFERENCIAS EN EL TOTAL DE VOTOS demostraba que simples comparaciones entre las tres elecciones (presidente, diputado y senadores) servían para indicar manipulación de votos. En el SEXTO REPORTE DE ANÁLISIS ELECTORAL del 11 de julio del 2012 Jorge González extendía el estudio de García Bojórquez para entender las diferencias entre las casillas especiales y el resto, y encontró que la única diferencia era que las especiales no tenían padrón de votantes esperados y por ende no eran manipulables electrónicamente.

Después del cómputo distrital, el Doctor en Sistemas Héctor G. Ceballos escribía en su COMPARATIVO DEL PREP Y CÓMPUTOS DISTRITA-

LES del 19 de julio del 2012 que -al igual que en el 2006- el 49% de las casillas tenían inconsistencias, y ratificaba las diferencias encontradas por el maestro Ibarra entre las tres elecciones, presidente, senador y diputado.

Estos estudios motivaron al Dr. Luis Mochán a volver a la carga y estudiar tales diferencias encontrando una huella indeleble del fraude cometido, reportada en el artículo LUIS MOCHÁN DETECTA NUMÉRICAMENTE A LOS MAPACHES ELECTORALES del 19 de julio del 2012. Dos semanas después, Cesar García Bojórquez cuantificaba el estudio de Mochán y lo reportaba en su estudio 1.2 MILLONES DE VOTOS ROBADOS O AGREGADOS el 2 de agosto.

Días después el maestro Ibarra presentaba sus PRUEBAS DOCUMENTALES SOBRE EL FRAUDE ELECTORAL, y al día siguiente el Dr. Romero volvía a documentar UNA PARTICIPACIÓN CIUDADANA MUY ALTA, INCONSISTENCIA CON EL INEGI Y BENEFICIO AL PRI-PVEM, escrito que fue parodiado en el artículo ¿CUÁNTOS VOTARON? El 16 de agosto, el Dr. Lúar Moreno Álvarez publicaba TEORÍA ESTADÍSTICA DE ERRORES APLICADA A LA ELECCIÓN PRESIDENCIAL DEL AÑO 2006 EN MÉXICO demostrando que los errores de la elección no se ajustan a la estadística esperada. Al saberse de la compra masiva de votos por parte del PRI, el Doctor en Biología Ángel Zambrano García cuantificaba el robo en LOS VOTOS DE EPN ESTÁN INFLADOS EN ALREDEDOR DE 40% publicado el 2 de septiembre, y concluía que los votos de EPN estaban inflados casi 7.7 millones de votos.

Como corolario a estos análisis, el maestro Macario Hernández extendió su estudio a las encuestas del 2012 y publicó el 16 de agosto la primera parte de su mega-estudio de 7 entregas: ANÁLISIS DE LAS ESTIMACIONES DE LAS CASAS ENCUESTADORAS; las implicaciones de tal estudio fueron delineadas en EL SESGO DE LOS ENCUESTADORES, ¿PIE PARA ACCIÓN LEGAL? del Dr. Samuel Schmidt y Jorge López.

Las anotaciones políticas de estos hechos fueron descritas puntualmente entre el 2 de julio y el 17 de agosto del 2012 por el Dr. Ernesto Ortíz (DESPEJANDO LA INCERTIDUMBRE, NUEVA GEOGRAFÍA DEL PODER, LA HORA DE LOS PARTIDOS, PAN: ¿ALMA EN PENA? Y URGE LA REFUNDACIÓN DE LOS PARTIDOS), el Dr. Samuel F. Velarde (¿QUÉ PASARÁ EN MÉXICO? Y EL MÉXICO QUE DEBIÓ DE MORIR) y el Dr. Samuel Schmidt (Y ESTALLÓ, ¿SE EQUIVOCÓ EL #YOSOY132? Y FIN DE FIESTA).

ANÁLISIS DE LAS CASILLAS ESPECIALES
César García Bojórquez

Las casillas especiales, por su naturaleza de votantes, ubicaciones y dispersión, son una muestra de particular interés y estudio del universo electoral. Son estas casillas motivo de muchos reclamos por falta de boletas; aunque sea dicho de paso, hubo casillas en donde votaron 27 personas y otra donde lo hicieron 932.

De igual manera consideré lo siguiente para fines de cálculo sumatorio:

"Sin dato" = "Ilegible" = "Vacía" = 0

Las Casillas Especiales dijeron otra cosa, 41% a favor de AMLO, y 28% a favor de EPN

Se instalaron 950 casillas especiales en el país cuyos resultados fueron:

• JVM = 27.81%   • EPN = 28.10%   • AMLO = 41.15% • GQ = 1.64%

• No Registrados = 0.07%   • Nulos = 1.23%

• Sin dato/No Instaladas = 26 casillas

• Ilegible = 3 (Pusieron en lugar de la segunda copia del Acta, la quinta o sexta hoja y los números únicamente se pueden ver poniendo "en negativo" la imagen de dicha Acta)

• No instaladas = 22

• Total de boletas disponible = 593,769

Los resultados preliminares (98.95%) mostraron una diferencia de 6.51 puntos entre primer y segundo lugar, mientras que el cómputo distrital, CD (100%), resultó en 6.62. La media entre ambos fue 6.56 puntos a favor de EPN.

Las casillas Especiales dijeron otra cosa, 13.05 (41.15 − 28.10) puntos a favor de AMLO.

¿Cómo es explicable que se mantenga casi la misma la diferencia punto porcentual entre la muestra especial y el PREP-CD?

CASILLAS CON DIFERENCIAS
EN EL TOTAL DE VOTOS
Jesús Ibarra Salazar

Les envío un listado de actas, de las tres elecciones, con diferencias en las votaciones totales, cuando deben ser iguales. Son más de 54 mil, en la de diputados cerca de 25 mil tienen más votos, 15 mil de diputado y 9 mil de senadores. Puede verse que en la misma casilla hay más votos TOTALES en una de ellas, que podría explicarse porque en la mayor se agregaron votos espurios o en las menores se eliminaron arbitrariamente votos; o pudiera ser que estando bien anotados en las actas, en el PREP se hicieron modificaciones en las votaciones de los partidos.

En cualquier caso, a esa acción se le llama fraude electoral. La pregunta pertinente es ¿los paquetes de esas elecciones, se recontaron? Si no, el fraude se mantiene en los cómputos, tarea pendiente a descubrir.

La lista completa de las casillas con error está aquí:

https://www.dropbox.com/s/qrvjky7flp201bn/PREP%202012%20DPSP ub.pdf

SEXTO REPORTE DE
ANÁLISIS ELECTORAL
Jorge A. González y
Jorge A. López Gallardo

Resumen: Se estudian los resultados de la elección filtrando la base de datos del IFE en casillas especiales, contiguas, extraordinarias, y casillas con diferencia grande de votos, y se comparan con los resultados nacionales. Se logra ver que los resultados de las casillas especiales no son estadísticamente compatibles con los resultados globales de la elección e indican un resultado distinto en la elección del 1ero de julio del 2012.

El estudio de García Bojórquez ("Análisis de las casillas especiales") que encuentra que las casillas especiales muestran otro resultado de la elección merece ser estudiada desde varios ángulos. Para investigar si la Señal García Bojórquez es un efecto de disección discriminada, en este estudio se repite el ejercicio filtrando los datos presentados por el IFE en el PREP y estudiando por separado las casillas especiales, contigua, extraordinarias y casillas con diferencias grandes de votos.

Metodología

Partiendo de la base de datos del IFE con los resultados del PREP, se estudian por separado los casos correspondientes a las casillas especiales, las básicas, contiguas, las extraordinarias, las casillas donde hubo una diferencia de 100 votos o más, y se comparan con los resultados nacionales.

Resultados a nivel nacional

Como punto de referencia, la figura muestra los porcentajes obtenidos en todas las casillas a nivel nacional.

Figura 1. Resultados en Especiales, Contiguas B y C, y Extraordinarias

La figura muestra los porcentajes obtenidos por los diferentes partidos en Casillas Especiales, Casillas Contiguas B y C, y Casillas Extraordinarias. El aumento del PRD y disminución del PRI en las Casillas Especiales es notable; las demás casillas mantienen porcentajes estadísticamente comparables con los resultados nacionales.

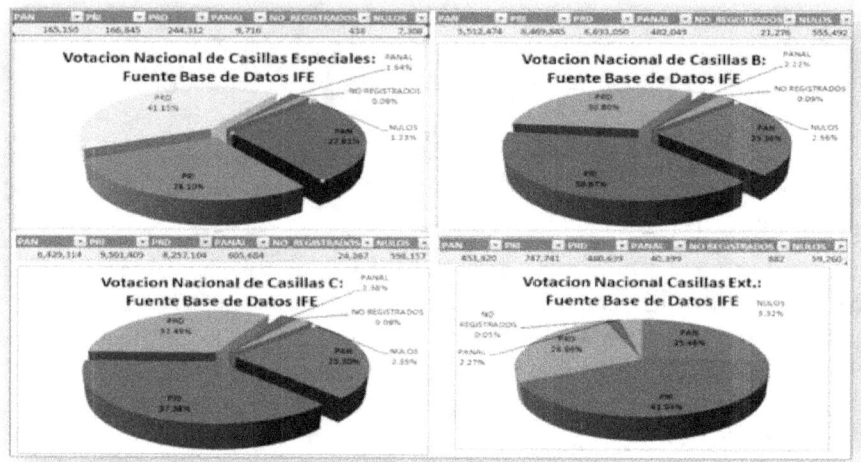

Resultados en Casillas con exceso de más de 100 votos

La figura muestra los porcentajes obtenidos por los difeentes partidos en casillas donde, respectivamente, el PRI, PRD y PAN obtuvieron más de 100 votos que los demás partidos. Como se puede ver en la figura, el PRI prácticamente duplica en número de tales casillas a los otros dos partidos grandes.

Análisis

La hipótesis de que el simple hecho de tomar un corte transversal de la elección podría inducir variaciones extraordinariamente grandes en los resultados (e.g. Señal García Bojórquez) no se ratifica en los cortes aplicados.

Haciendo una disección por tipo de casilla, se ve que los porcentajes de votación obtenidos a nivel nacional por todos los partidos nacionales son compatibles con los observados en las casillas contiguas B y C, y en las extraordinarias más no en las especiales. Los porcentajes obtenidos por los partidos en casillas donde obtuvieron ventajas de 100 o más votos sobre los demás partidos, son comparables entre sí: 57% PRI, 59% PRD y 48% PAN.

Las discrepancias mayores son los porcentajes obtenidos por el PRD y el PRI en las 950 Casillas Especiales donde los promedios fueron de 41.15% para el PRD y 28.10% para el PRI.

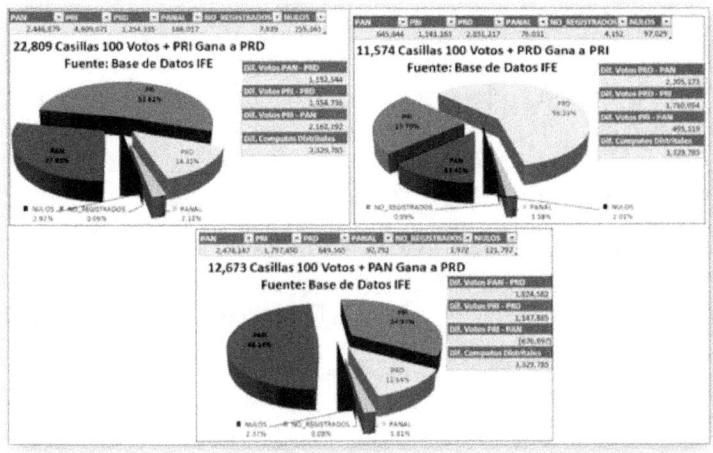

Dado que las casillas especiales estuvieron distribuidas a lo largo y ancho del país, y en ellas votaron tanto habitantes de zonas urbanas como rurales, sería de esperarse que los porcentajes de votación de cada partido fueran comparables con los promedios nacionales. De hecho, dada la cantidad de casillas especiales y su distribución geográfica, es posible considerar estos resultados como una súper encuesta cuyos resultados son extremadamente confiables en términos estadísticos.

Al haberse recibido 593,739 votos en estas casillas, hace que el resultado que de ellas emana sea confiable con un margen de error minúsculo. Para el PRD, que recibió 244,312 votos, su variación porcentual debió haber sido del ±0.202% del porcentaje obtenidos

¿Por qué no se siguió el mismo patrón de votación en las Especiales que en las demás casillas? La única diferencia era que en las especiales no existía un padrón de votantes pre-establecido

(0.202 es el inverso de la raíz cuadrada de 244,312 multiplicado por 100). Es decir, tomando a las casillas especiales como una súper encuesta, el PRD debió haber ganado la elección con un porcentaje de voto de entre 41.06% al 41.23%. Repitiendo la operación para el PRI con sus 166,845 votos, debió haber quedado con un porcentaje de entre 28.03% y 28.16%.

Si se argumentase que el margen de error no debe basarse en el número de votos sino en la cantidad de números usados en la obtención de los promedios, es decir en el número de casillas promediadas, las variaciones esperadas serían entonces del orden de 3.2% de los porcentajes obtenidos (100 veces el inverso de la raíz cuadrada de 950) de los valores obtenidos. Es decir, los porcentajes tendrían una fluctuación de un ±1.32% para el PRD y ±0.91% para el PRI; ambas cantidades demasiado chicas como para remontar la diferencia entre estos partidos.

Conclusión y tareas a futuro

El ejercicio anterior nos lleva a preguntarnos: ¿por qué no se siguió el mismo patrón de votación en las Especiales que en las demás casillas? La única diferencia entre este tipo de casillas y las demás era que en las especiales no existía un padrón de votantes pre-establecido, ¿tendría esto que ver con los resultados? ¿Cómo y por qué?

Una tarea a futuro (en especial para los doctos en estadística) es ¿cómo reconciliar el resultado de las casillas especiales con los resultados nacionales propuestos por el PREP? En otras palabras, ¿cuál es la probabilidad que, dado que los resultados del PREP sean correctos (i.e. PRI 38% y PRD 32%), un muestreo aleatorio de 950 casillas nos ofrezca un resultado como el de las casillas especiales (PRI 28.1% y PRD 41.15%)?

Dejando las conclusiones al criterio del lector, los autores nos limitamos a emular a Newton cuando éste no encontró explicación de las causas de la gravedad, y decimos: *Hypotheses non fingo*.

Referencias

"Análisis de las casillas especiales", César García Bojórquez, en "Cuarto Análisis...",

http://www.colloqui.org/colloqui/2012/7/8/cuarto-reporte-analisis-sobre-casillas-de-jesus-ibarra-garci-1.html.

COMPARATIVO DEL PREP
Y CÓMPUTOS DISTRITALES
Héctor G. Ceballos

Variaciones en las votaciones

Para comparar los datos registrados durante el PREP y el Cómputo distrital calculé la diferencia en votos para cada candidato con la fórmula Cómputo-PREP. Las diferencias positivas indican que el número de votos para el candidato se incrementó tras el cómputo. Las diferencias negativas indican que el número de votos para el candidato disminuyó tras el cómputo.

En el cómputo distrital se asigna un estatus al acta, que asumo indica cuál acta se consideró para el nuevo conteo. Entre estos estatus podemos distinguir el de ACTA CASILLA y GRUPO DE RECUENTO, de los cuales supongo que identifican aquellas que NO fueron revisadas y las SI lo fueron. Desconozco el significado de los otros estatus pero esperaría que al menos aquellas que fueron marcadas con el estatus ACTA CASILLA no tuvieran variaciones entre el PREP y el cómputo distrital. Sin embargo no es así. Dichas variaciones se muestran en las siguientes tablas para las tres elecciones, segmentadas por estatus de la casilla y candidato.

PRESIDENTE

Estatus Acta	Casillas	EPN	AMLO	JVM	GQD	NO_REGISTRADOS	NULOS	TOTAL_VOTOS	LISTA_NOMINAL
Acta casilla	62,541	-2,752	-2,405	1,051	-91	-1,729	-4,529	-10,455	0
Acta consejo	335	5	31	-143	-9	-59	-99	-274	0
Candidata a recuento	4	-284	-177	-166	-8	0	-37	672	0
Grupo de recuento	65,415	-52,379	-36,441	8,860	-5,213	-20,198	-1,026	124,117	0
Otros	1	0	0	0	0	0	0	0	0
Reservada para el consejo	8,585	-5,502	-5,730	1,085	-562	-3,590	-549	-17,018	0
Grand Total	**136,881**	**-60,912**	**-44,722**	**-9,203**	**-5,883**	**-25,576**	**-6,240**	**-152,536**	**0**

DIPUTADOS

Estatus Acta	Casillas	EPN	AMLO	JVM	GQD	NO_REGISTRADOS	NULOS	TOTAL_VOTOS	LISTA_NOMINAL
Acta casilla	59,853	-609	83	-2,475	-803	-3,033	-3,568	-10,521	0
Acta consejo	195	-56	-2	-358	-46	-352	-110	-924	0
Grupo de recuento	67,452	-27,517	-25,448	-9,183	927	-20,340	23,171	-58,390	0
Reservada para el consejo	9,169	-4,725	-484	-2,594	110	-2,576	3,306	-6,963	0
Grand Total	**136,669**	**-32,907**	**-26,017**	**-14,610**	**188**	**-26,301**	**22,799**	**-76,848**	**0**

SENADORES

Estatus Acta	Casillas	EPN	AMLO	JVM	GQD	NO_REGISTRADOS	NULOS	TOTAL_VOTOS	LISTA_NOMINAL
Acta casilla	58,883	-2,979	-406	491	243	-3,018	-2,676	8,345	0
Acta consejo	181	-152	95	80	35	-53	-191	-256	0
Grupo de recuento	73,621	-35,943	-30,019	-5,541	415	-27,496	45,467	-53,117	0
Reservada para el consejo	4,129	3,557	2,159	-724	302	-1,272	2,597	-4,813	0
Grand Total	**136,814**	**-42,631**	**-32,489**	**-5,694**	**925**	**-31,839**	**45,197**	**-66,531**	**0**

Corregir o empeorar, he ahí el dilema

Ahora bien, partiendo de la suposición de que todos los votantes reciben boleta para votar por presidente, diputado federal y senador federal en una casilla, excepto en las especiales, propongo el término de CASILLA CUADRADA para aquellas casillas donde las votaciones totales efectivas (VTE) para presidente, diputados y senadores es la misma. Para aquellas casillas que no cuadran, presentando diferencias entre dos o tres de las VTEs, considero la diferencia mayor entre elecciones y la utilizo para medir el grado de inconsistencia en la casilla.

Suponiendo que dichas inconsistencias se solucionarían en el cómputo distrital, analicé las inconsistencias existentes en el PREP contra las inconsistencias que perduraran tras el recuento. Para ello clasifiqué las casillas en cuatro tipos:

1 CUADRADAS: las que cuadraban en el PREP y así permanecieron.

2 CORREGIDAS: las que no cuadraban en el PREP y que cuadraron en el cómputo distrital.

3 DESCUADRADAS: las que cuadraban en el PREP pero que en el cómputo distrital dejaron de cuadrar.

4 NO CORREGIDAS: las que no cuadraban en el PREP y siguieron sin cuadrar tras el cómputo distrital.

Y como se puede observar, efectivamente hubo correcciones, pero también se descuadraron algunas que estaban correctas.

Tipo	Casillas	%	Dif. En PREP	Dif. En Cómputos
Cuadradas	52,898	40%	0	0
Corregidas	14,009	11%	> 0	0
Descuadradas	20,455	15%	0	> 0
No corregidas	45,791	34%	> 0	> 0
Total	133,153	100%		

Esto es, 52,898 siguieron estando correctas (40%), 14,009 se corrigieron (11%), 20,455 se descuadraron (15%) y 45,791 (34%) no se corrigieron o la corrección que se hizo fue insuficiente para cuadrar las tres votaciones. En conclusión, el 51% de las casillas resultaron correctas tras el cómputo distrital, mientras que el 49% restante quedaron inconsistentes.

Ahora bien, para darnos una idea de la magnitud de las irregularidades que se solucionaron y las que se introdujeron con el cómputo distrital podemos ver la siguiente distribución de la diferencia máxima entre elecciones por casilla.

Las casillas no corregidas podemos dividirlas en tres grupos:

1. LAS QUE EMPEORARON: aquellas que tuvieron una diferencia máxima entre VTEs mayor en el cómputo distrital.

2. LAS QUE MEJORARON: aquellas que tuvieron una diferencia máxima entre VTEs menor en el cómputo distrital.

3. LAS INCORREGIBLES: aquellas cuya diferencia entre VTEs fue la misma tanto en el PREP como en el cómputo distrital.

Así tenemos que 12,302 empeoraron (17%), 14,971 mejoraron (33%) y 18,518 no se corrigieron (40%).

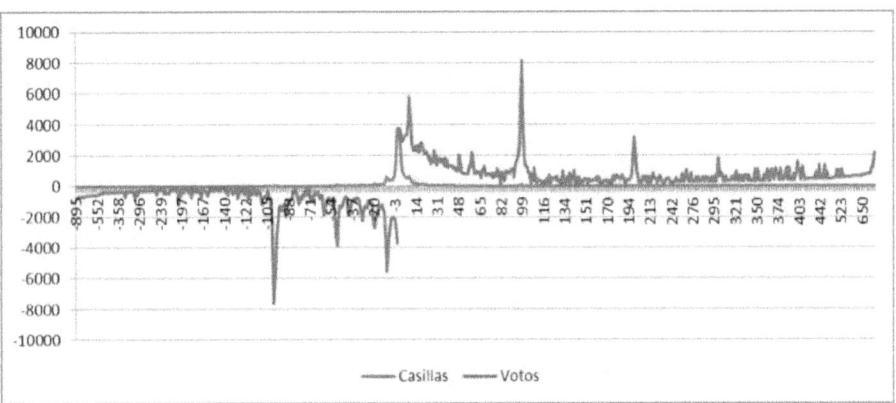

En la gráfica anterior se muestra la distribución de casillas y votos para dichas diferencias. Los números negativos corresponden a casillas que empeoraron, mientras que los positivos corresponden a casillas que mejoraron. Las casillas incorregibles no se muestran en la gráfica.

La distribución por rangos de diferencias máximas se ilustra en la siguiente tabla, tanto en el número de casillas inconsistentes como de votos producto de dichas diferencias.

Rango Diferencia Máxima entre VTEs	Casillas			Votos		
	Empeoraron	Incorregibles	Mejoraron	Empeoraron	Incorregibles	Mejoraron
1-3	5,724	16,052	6,338	-8,449	23,255	9,934
4-9	2,735	1,581	3,602	-18,100	8,634	22,898
10-11	576	334	674	-5,922	3,444	6,998
12-30	1,499	383	2,193	-29,363	6,970	41,578
31-50	665	66	721	-27,860	2,706	28,281
51-99	707	54	776	-54,992	3,667	59,486
100-101	93	24	60	-9,317	2,405	6,017
102-300	255	19	428	-39,653	2,931	74,765
301-2,142	48	5	179	-23,053	2,230	78,108
Total	12,302	18,518	14,971	-216,709	56,242	328,065

Las gráficas siguiente ilustran la información de la tabla anterior. Como puede observarse, los votos de las casillas incorregibles no representan mucha diferencia, mientras que los votos de las casillas que empeoraron y las que se corrigieron son más representativas.

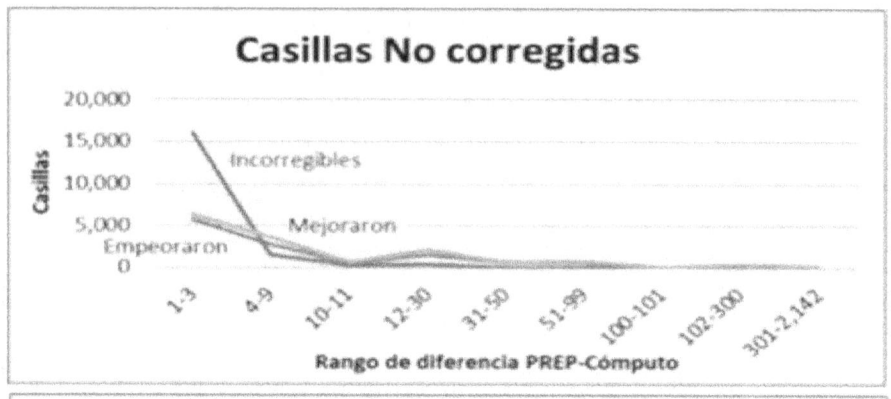

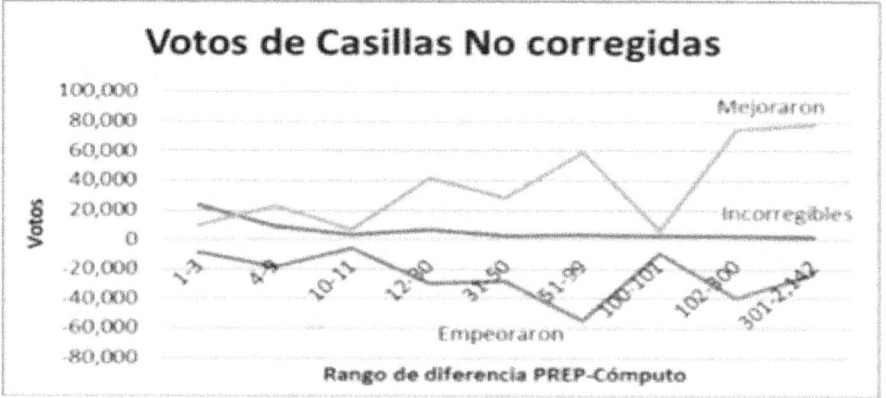

Como puede observarse, los votos de las casillas incorregibles no representan mucha diferencia, mientras que los votos de las casillas que empeoraron y las que se corrigieron son más representativas.

Por sección

Una probable razón de que los totales de las votaciones no cuadren en una casilla es que los votantes depositaran las boletas en una urna equivocada. Hay que recordar que una sección puede estar conformada por dos o más casillas, siendo la primera la básica y las siguientes denominadas contiguas 1, 2, ..., n. Para descartar estos posibles errores ahora presentamos la información por sección, esto es, sumando los votos de las tres elecciones para todas las casillas de la sección.

Las diferencias totales bajan en orden de magnitud del PREP al Cómputo distrital. Inclusive en esta ocasión aparecen más votos para Diputados que para Presidente (–110% de variación). En los dos casos, PREP y Cómputos, la impresión es la misma: el número de votos no corresponde en las tres elecciones. O salieron boletas de otra parte o no se hizo una limpieza a fondo en el cómputo distrital. Observe que la Diferencia máxima absoluta entre las tres elecciones sólo bajó un 7%, pasando de 652,302 a 579,957.

	Secciones	VTEP-VTED	VTEP-VTES	VTED-VTES	Sum(VTEs)	Dif. Max. Abs.
PREP	64,373	65,071	84,933	19,862	169,866	625,302
Cómputo	66,526	-6,241	4,278	10,519	8,556	579,957
Delta	3%	-110%	-95%	-47%	-95%	-7%

Para el cómputo distrital, el desglose por rangos de diferencias máximas absolutas por sección es el siguiente:

Rango Max. Dif. Abs.	Secciones	% Secciones	Votos	%Votos
0	26,044	39%	0	0%
1-3	22,492	34%	35,703	6%
4-9	6,516	10%	38,860	7%
10	1,856	3%	18,560	3%
11-30	5,296	8%	92,578	16%
31-50	1,484	2%	60,390	10%
51-99	1,404	2%	99,412	17%
100-101	427	1%	42,823	7%
102-300	868	1%	127,141	22%
301-1000	139	0%	64,490	11%
Total	66,526	100%	579,957	100%

Y como colofón podemos observar que aún hay 122 secciones con más del 100% de participación. La distribución de participación tras los cómputos distritales es la siguiente:

El 49% de las casillas resultaron inconsistentes tras el cómputo distrital

Conclusiones

En conclusión, la comparación entre los datos registrados en el PREP y aquellos capturados en el cómputo distrital demostró que existieron variaciones independientemente del tratamiento que se les dio a los paquetes electorales en el distrito.

El recuento distrital no se tradujo en mayor certidumbre en función de la suposición de que las votaciones totales efectivas para diputados, presidente y senadores debieran ser iguales. El 51% de las casillas resultaron consistentes tras el cómputo distrital, mientras que el 49% restante quedaron inconsistentes bajo este criterio.

Rango	Secciones	% Secciones
0%	10	0.02%
1% - 20%	42	0.06%
21% - 40%	765	1.15%
41% - 60%	21,963	33.01%
61% - 80%	41,671	62.64%
8% - 100%	1,953	2.94%
101% - 644%	122	0.18%
Total	**66,526**	**100%**

Y aun sumariando por sección se observan diferencias entre las tres elecciones, por lo que no se pueden atribuir todas las diferencias a errores involuntarios de los ciudadanos. La magnitud de las diferencias máximas absolutas que se observaron en el PREP es sólo un 7% menor que la observada en el cómputo distrital, pasando de 652,302 a 579,957 votos de más o de menos en alguna de las elecciones.

LUIS MOCHÁN DETECTA NUMÉRICAMENTE
A LOS MAPACHES ELECTORALES
Investigación de Luis Mochán
Reseña de Jorge A. López

Procedimiento

El análisis usado fue ideado por el Ing. Jesús Ibarra quien lo ha usado en elecciones anteriores y consiste en identificar y analizar casillas en las que las votaciones totales recibidas en las votaciones para presidente y diputados difieran entre sí.

En el primer paso se cuentan las diferencias entre votos recibidos para presidente y diputado en cada casilla; que pueden ser positivas, negativas o nulas. Luego se cuentan las casillas correspondientes a la misma diferencia. Así, contamos cuántas casillas tienen 1 voto de diferencia, 2 votos de diferencia, −1 voto de diferencia, etc., incluyendo los casos en que la diferencia es positiva así como negativa. Finalmente se gráfica el número de casillas versus la diferencia de votos que tuvieron.

Como ejemplo, se encontraron 87,720 casillas en las que no hubo diferencia de votos para presidente y para diputados, es decir, en que la diferencia de votos fue 0. Asimismo hubo entre 300 y 400 casillas donde la diferencia consistió en 9 votos de menos o de más, aproximadamente 1000 con 10 o − 10 votos de diferencia, etc.

Resultados

Dado que la diferencia de votos en una casilla entre la elección para presidente y para diputados toma valores que cubren un amplio rango que va desde −780 hasta 688, los resultados se aprecian mejor si son presentados de manera gráfica. La siguiente figura muestra el número de casillas en función de la diferencia encontrada entre los votos para presidente y para diputados en cada casilla.

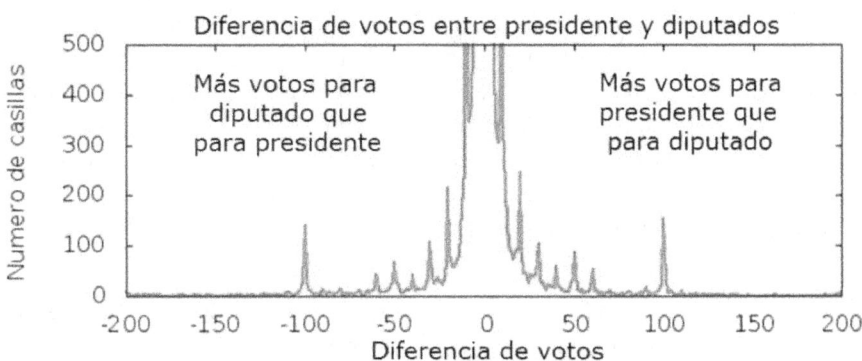

El eje horizontal es el número total de votos en la elección de presidente menos el número total de votos en la elección de diputados de la misma casilla. Puntos a la derecha del cero corresponde a casos donde hubo más votos para presidente que para diputado, y viceversa para los puntos negativos. El eje vertical es el número de casillas donde se observa la diferencia indicada por el eje horizontal.

La gráfica no muestra los puntos con diferencia 0 pues corresponden a 87,720 casillas y están fuera de la escala de la gráfica. Asimismo la gráfica tan sólo muestra diferencias entre −200 y 200 votos aunque, como se mencionó anteriormente, se encontraron casillas con diferencias que llegan hasta −780 y 688.

Repitiendo el procedimiento para las diferencias entre presidente y senadores, se obtiene la gráfica siguiente.

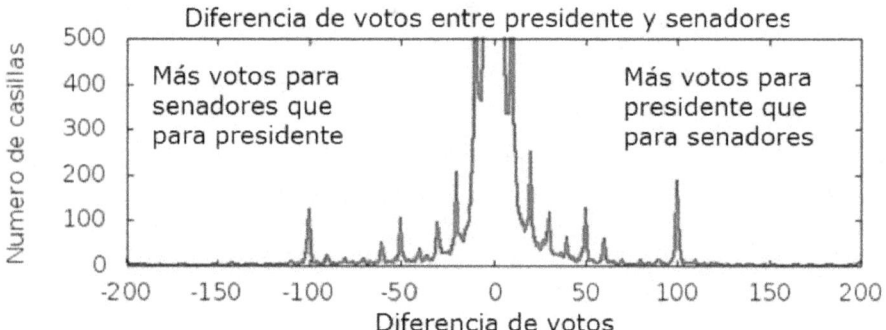

En este caso, el pico central (de cero votos de diferencia) se extiende hasta 86,597 casillas y está fuera de la escala. En este caso se encontraron discrepancias que van desde −999 hasta 634 votos de diferencia entre los votos para presidente y senadores.

Análisis

El número de casillas con errores pequeños de unos cuantos votos es muy grande (fuera de escala) y la curva decrece rápidamente conforme el error crece. Esto es de esperarse pues cada ciudadano reciben una boleta para cada una de estas elecciones referidas y está obligado a depositar cada una en la urna correspondiente, por lo cual en principio no debería haber diferencia alguna (esta premisa se viola en las casillas especiales para ciudadanos que estuviesen lejos de su hogar, y en las casillas para votos provenientes del extranjero, por lo cual los datos correspondientes fueron eliminados de este análisis).

Sin embargo, de manera inesperada, el número de casillas con errores de exactamente −10 y 10 votos de diferencia abandona la tendencia decreciente y sube hasta un valor cercano a las 1,000 casillas (fuera de escala de nuevo).

Como se indica en la gráfica siguiente, estos crecimientos corresponden a los primero picos enseguida del pico central de 0, etiquetados en la gráfica como "10" y "−10".

Curiosamente el fenómeno se repite al llegar a −20 o 20 votos donde el número de casillas sube de los 70 y 100 que hay con −19 o 19, hasta valores entre los 200 y 250; ver picos indicados por "−20" y "20" en la gráfica.

Como se muestra vívidamente en la gráfica, este fenómeno se repite subsecuentemente cada vez que la discrepancia aumenta en exactamente 10 votos, correspondiendo el pico más notable corresponde a diferencias de −100 y 100 votos, donde el número de casillas brinca de los valores de 2 o 3 casillas con diferencias entre 91 y 99 votos hasta un máximo de entre 120 y 180 casillas en los 20 o −20 votos de diferencia, ¡un aumento de 40 y 100 veces mayor!

> **La única diferencia que tengo con Mochán es sobre cómo se realiza el fraude. No son mapaches que introducen o sacan boletas electorales; el fraude se realiza agregando dígitos directamente en las actas.**
>
> **Jesús Ibarra**

¿Qué puede producir estos picos periódicamente ordenados?

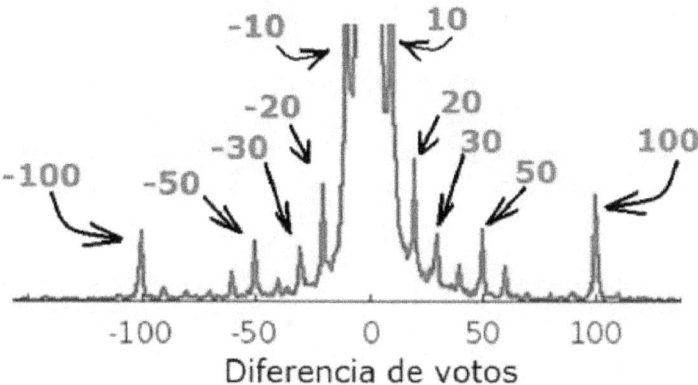

Diferencia de votos

Antes de responder hay que aclarar que estas estadísticas incluyen votaciones totales finales del Conteo Distrital, con casillas de todo el país. Cabe mencionar que las diferencias máximas encontradas son extremadamente altas y que sobrevivieron a los Cómputos Distritales, lo cual muestra la calidad de dichos cómputos y su capacidad de corregir errores.

Volviendo a la pregunta, la única explicación que viene a la mente es la de un ejército de mapaches, cada uno con la consigna de sustraer o de añadir ilegalmente 10 votos a las urnas de, digamos, la elección presidencial. A algunas casillas no llegó ninguno de éstos, a muchos llegaron dos, a otras tres, etc., y por ello, aparece una distribución anormal con picos en 10, 20, 30,... y –10, –20, –30...

Las conclusiones se dejan al criterio del lector.

Comentarios en www.colloqui.org

Update on 2012-07-24 21:12 by Jorge A. López

Luis, como 'lunch entertainment' hoy presenté tus resultados a los del grupo de teoría nuclear de aquí del Lawrence Berkeley Lab y los comentarios, dudas, sugerencias que surgieron fueron:

1. ¿Existe la periodicidad entre senadores y diputados?

2. ¿Se eliminaron los votos nulos en el conteo de las diferencias?

3. ¿Revisaste bien el código?

Update on 2012-07-25 14:32 by Luis Mochán

Hola Jorge,

Sí hay periodicidad entre diputados y senadores, de forma que la explicación más viable es que en las tres elecciones se cometieron errores de cambiar (accidentalmente o a propósito) algunos dígitos. Las modificaciones de dígitos en la posición de las decenas o centenas equivale a la suma de múltiplos de 10 a alguna elección. Chequé que la distribución de dígitos menos significativos entre las actas con errores es razonablemente uniforme; no hay huella clara de cambiar 1's por 4's o 7's, o de cambiar 3's por 8's, etc. Lo que enoja es que los cómputos distritales debieron haber corregido esta clase de errores obvios y no lo hicieron, lo cual hace dudar, ¿para qué sirvieron?

Saludos.

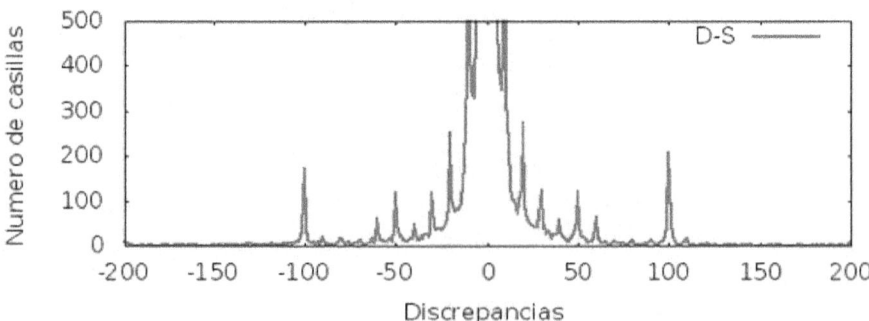

Update on 2012-07-27 11:13 by Jesús Ibarra:

La única diferencia que tengo con Mochán es sobre la explicación del cómo es que se realiza el fraude. No son mapaches que introducen o sacan de la urna boletas electorales (aunque en algunos casos pueden ocurrir); el fraude se realiza agregando dígitos o modificándolos directamente en las actas, al anotar las votaciones y en las casillas en que tal acción es posible.

Si un partido obtiene 25 votos, el dos puede convertirse en 3, cuatro o más y con ello se agregan 10, 20 o 30 votos; si la votación es de 25, basta agregar, antes del 2 un dígito, 1, 2 o 3 y con ellos se agregan 100, 200 o 300 votos a tal partido. Eso en las actas, que pueden verse si se detectan las alteraciones en los resultados que el IFE publica; otra forma de las alteraciones de votos ocurren en el propio sistema de cómputo del IFE, durante el PREP o durante los Cómputos Distritales, en lo que se ha llamado "algoritmo" o "fraude digital" Pero ese es otro punto que requiere más texto.

Jesús Ibarra Salazar
http://defensadelvoto.mx
Desde Monterrey, N. L., para México.

1.2 MILLONES DE VOTOS ROBADOS O AGREGADOS: INCONSISTENCIAS ENTRE VOTOS PARA PRESIDENTE Y DIPUTADOS
Investigación: César García Bojórquez
Redacción: Jorge A. López

Antecedentes

Usando el análisis ideado por el Ing. Jesús Ibarra, el Dr. Luis Mochán identificó casillas en las que las votaciones totales recibidas en las votaciones para presidente y diputados son diferentes entre sí. Clasificando las diferencias entre los votos recibidos para presidente y diputado y para presidente y senador se observó que había un número grande de casillas en las que las diferencias eran un múltiplo de 10, lo que indica una intervención humana probablemente por medio de una modificación de las cantidades de los votos tanto en las actas o cibernéticamente en los totales.

Con esto en mente, el presente estudio usa el mismo método para tratar de medir la magnitud de estas discrepancias y examinar en que estados se dieron mayormente estas inconsistencias, y a qué candidato beneficia o perjudica.

Procedimiento

En casillas rurales con inconsistencias EPN obtiene 5.78% más que en las urbanas.

En este trabajo se juntaron las bases de datos del PREP (2/Jul/2012 20:00 Hrs) para Presidente, Diputados y Senadores. Se eliminaron casillas "Especial" y "Extranjero", y las "No identificada", y se rellenaron a cero las "vacía", "Sin dato", e "ilegible". La base de datos resultante es de 426,690 registros que representan a 142,230 casillas, tanto para Presidente, como para Diputados y Senadores.

Se ordenan todos los registros por "ESTADO", "DISTRITO" ... "TIPO DE ACTA" y "ELECCIÓN", donde "ELECCIÓN" toma los valores de A - para Presidente, D - para Diputados y S - para Senadores. En cada paquete de tres casillas se le resta al total de votos para Diputados el total de votos para Presidente.

Resultado

Se encontraron 52,869 casillas con discrepancias, equivalente al 37.2% de las 142,230 casillas examinadas. Las diferencias entre el total de votos recibidos para presidente y diputados variaron principalmente entre −500 y 500, aunque algunos casos excedieron los −1,500 y 2,000 votos de diferencia, lo cual es notable ya que el tope máximo de votos permitidos por casilla es de 760.

DIFERENCIA DIPUTADOS - PRESIDENTE

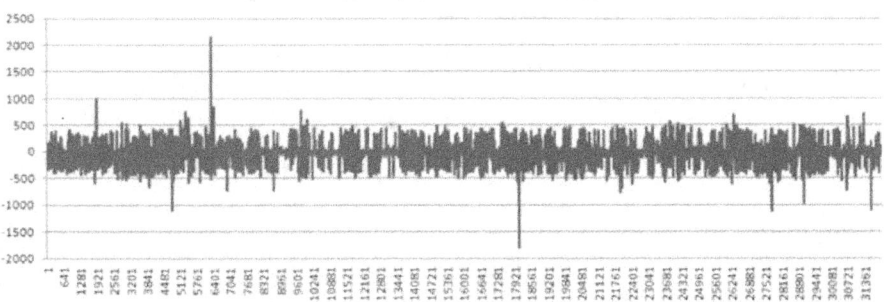

La gráfica presenta estos resultados visualmente para las primeras 32,000 casillas enumeradas en orden de aparición en los datos del IFE. El eje vertical indica el número de votos que había de más para presidente que para diputados (parte positiva) o viceversa (parte negativa), y el eje horizontal enumera las casillas. Haciendo el análisis por estado la Tabla muestra el número de casillas "sospechosas" por estado y su porcentaje respecto al total. En total se encontraron 52,869 casillas con este tipo de discrepancias, las concentraciones mayores ocurrieron en el Distrito Federal (10.91%) y en el Estado de México (15.08%).

ESTADO	CASILLAS SOSPECHOSAS	%	ESTADO	CASILLAS SOSPECHOSAS	%
COLIMA	244	0.46			
BAJA CALIFORNIA SUR	321	0.61	SINALOA	1388	2.63
AGUASCALIENTES	358	0.68	CHIHUAHUA	1497	2.83
CAMPECHE	450	0.85	SONORA	1707	3.23
NAYARIT	464	0.88	PUEBLA	1714	3.24
TLAXCALA	502	0.95	TAMAULIPAS	1736	3.28
QUINTANA ROO	546	1.03	GUERRERO	1779	3.36
DURANGO	642	1.21	MICHOACÁN	1802	3.41
YUCATÁN	696	1.32	CHIAPAS	2001	3.78
ZACATECAS	708	1.34	BAJA CALIFORNIA	2011	3.8
MORELOS	863	1.63	NUEVO LEÓN	2127	4.02
TABASCO	936	1.77	GUANAJUATO	2590	4.9
QUERÉTARO	941	1.78	VERACRUZ	2987	5.65
HIDALGO	1030	1.95	JALISCO	3480	6.58
COAHUILA	1173	2.22	DISTRITO FEDERAL	5770	10.91
SAN LUIS POTOSÍ	1212	2.29	EDO. MÉXICO	7973	15.08
OAXACA	1221	2.31	**TOTALES**	**52,869**	**100**

Las 52,869 casillas con discrepancias se distribuyeron así:

• URBANAS: 68.60% ... Con rango de datos que van de −500 a 500, preponderantemente. EPN gana en el 56% de ellas con un porcentaje promedio de 35.73% (AMLO obtiene 34.5%)

• RURALES: 31.40% ... Con rango de datos que van de −350 a 350, preponderantemente. EPN gana en el 76% de ellas con un porcentaje promedio que sube a 41.51% (AMLO baja a 25.49%)

Finalmente, se encontró una cantidad muy grande de pares antagónicos (positivo y negativo) para el 1, 2, 3, 4, 5, 6, 7, 8, ... etc.

Resumen

Este estudio, en el que se compararon las votaciones para presidente con las de diputado, se encontró que

• Las casillas con discrepancias fueron 52,869 casillas que corresponden a un 37.2% del total de las casillas instaladas, computadas y contabilizadas. •

• Las discrepancias pueden ser debidas a errores humanos, robo de votos, "embarazo de urnas", "taqueo" o "mapacheo".

• Las discrepancias fueron detectadas de manera sistemática en todos los estados pero principalmente en el D.F. y en el Edo. De México.

• En el 62.8% del total de casillas instaladas, computadas y contabilizadas, no se detectó la anomalía de la que trata este artículo. ¿Insuperable eficacia de los funcionarios de esas casillas y de los capturistas del IFE en turno?

• EPN gana en, aproximadamente, 33,000 casillas equivalente al 62% del total de casillas con discrepancias.

• En las casillas rurales con inconsistencias EPN obtiene un porcentaje promedio 5.78% mayor que en las urbanas.

• En las casillas rurales con inconsistencias AMLO obtiene un porcentaje promedio 9.01% menor que en las urbanas. [Nota: estos resultados están en concordancia con la "predicción No. 4" del artículo "Predicciones" de Colloqui del 28 de junio del 2012.]

• Después del Conteo Distrital, se corrigieron las casillas con inconsistencias (54.8%) "apareciendo" 1'235,707 votos. El presente trabajo arroja inconsistencias en un total de 1'231,325 votos, casi la misma cantidad de las correcciones del Conteo Distrital.

Este estudio no incluyó discrepancias entre votos para presidente y para senador. Las conclusiones se dejan al criterio del lector.

Referencias

Luis Mochán detecta numéricamente a los mapaches electorales.
http://computos2012.ife.org.mx/reportes/presidente/distritalPresidenteEF.html
http://www.colloqui.org/colloqui/2012/6/28/predicciones. html

PRUEBAS DOCUMENTALES
SOBRE EL FRAUDE ELECTORAL
Jesús Ibarra

Con información de los cómputos distritales, en esta presentación veremos cómo los votos registrados en el sistema informático no corresponden a las votaciones asentadas en las actas de casilla, sin recuento y consecuentemente alteradas fuera de la casilla, hecho que los consejeros y consejeras del Consejo General del Instituto Federal Electoral deberán explicar (http://defensadelvoto.mx).

Información del Instituto Federal Electoral: Cómputo Distrital

Elección: Presidente, Estado: Chiapas, Distrito: 10, Sección: 87, Casilla: Básica

Partidos	NULOS	NR	VTE	PAN	PRI	PRD	PVEM	PT	MC	PANAL	PRIV	PRDPTMC	PRDPT	PRD_MC	PTMC	LN
Votos	17	0	659	275	44	36	246	2	0	13	21	3	2	0	0	735

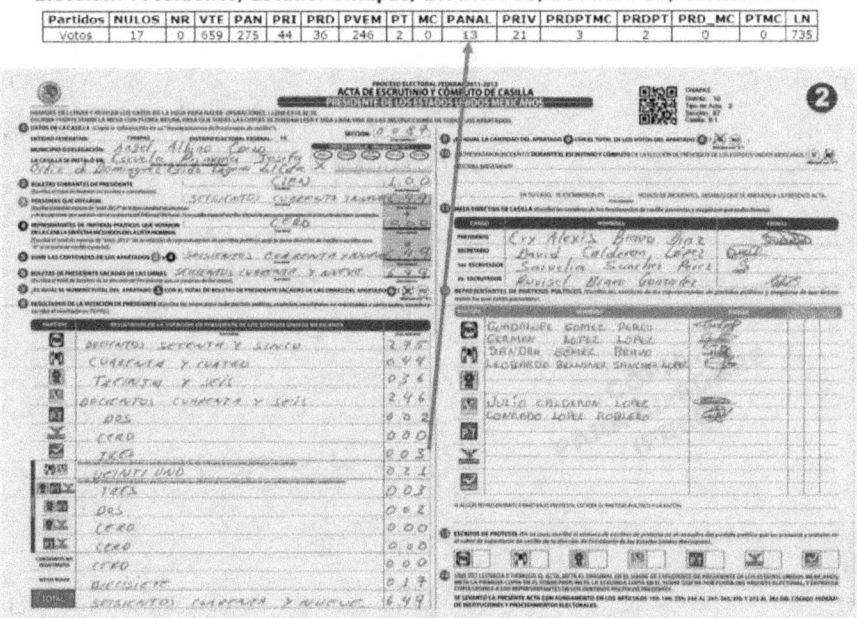

En nuestro país, los ciudadanos que representan a nuestro pueblo, deben ser los actores principales de la democracia y, por ello, deben ser el centro en los procesos electorales, en ejercicio pleno de sus derechos políticos y, entre otros, el de afilarse a un partido político.

La defensa del voto corresponde, así, a los ciudadanos.

Información del Instituto Federal Electoral: Cómputo Distrital

Elección: Presidente, Estado: Chiapas, Distrito: 10, Sección: 1865, Casilla: Especial

Partidos	EC	NULOS	NR	VTE	PAN	PRI	PRD	PVEM	PT	MC	PANAL	PRIV	PRDPTMC	PRDPT	PRD_MC	PTMC	LN
Votos	00	16	0	668	104	86	147	42	117	12	9	52	65	14	4	0	0

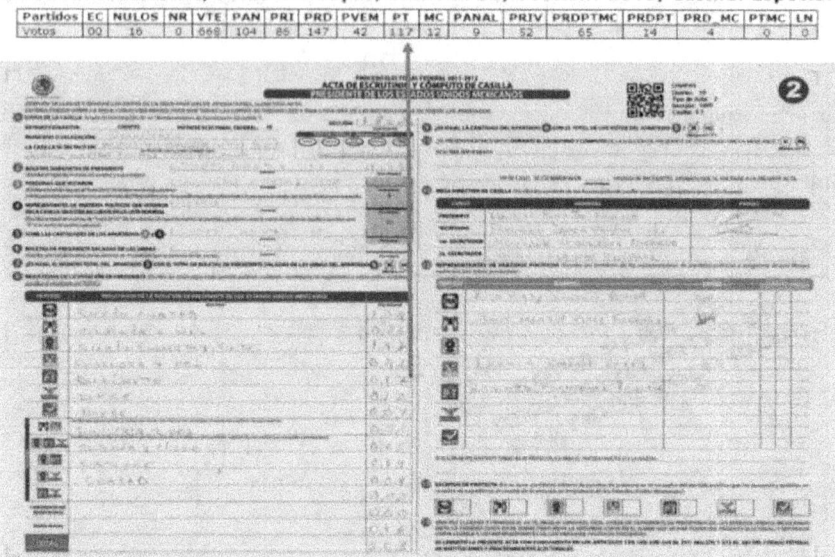

Información del Instituto Federal Electoral: Cómputo Distrital

Elección: Presidente, Estado: DF, Distrito: 20, Sección: 2019, Casilla: Contigua 1

Partidos	NULOS	NR	VTE	PAN	PRI	PRD	PVEM	PT	MC	PANAL	PRIV	PRDPTMC	PRDPT	PRD_MC	PTMC	LN
Votos	6	1	814	51	76	86	5	16	3	8	30	525	5	0	2	525

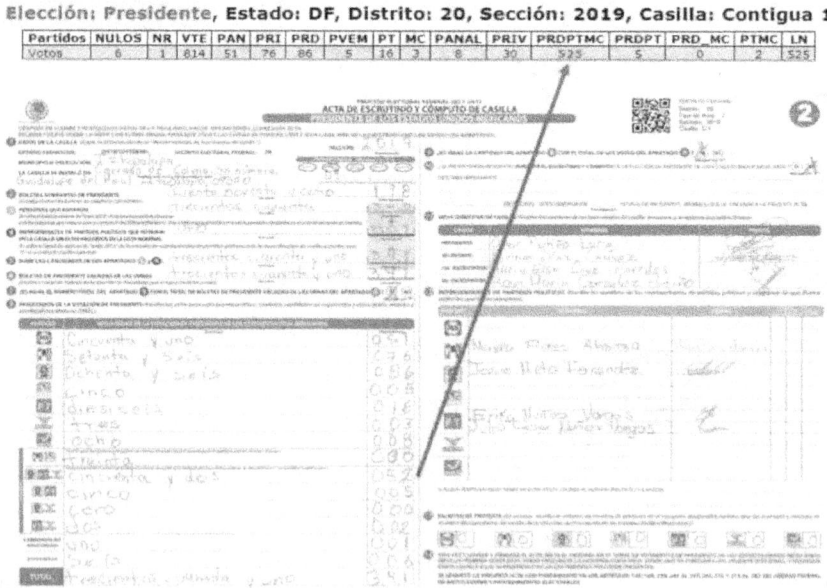

Información del Instituto Federal Electoral: Cómputo Distrital

Elección: Presidente, Estado: Jalisco, Distrito: 12, Sección: 2462, Casilla: Especial

Partidos	NULOS	NR	VTE	PAN	PRI	PRD	PVEM	PT	MC	PANAL	PRIV	PRDPTMC	PRDPT	PRD_MC	PTMC	LN
Votos	5	1	710	290	110	151	12	14	32	12	26	48	2	4	2	0

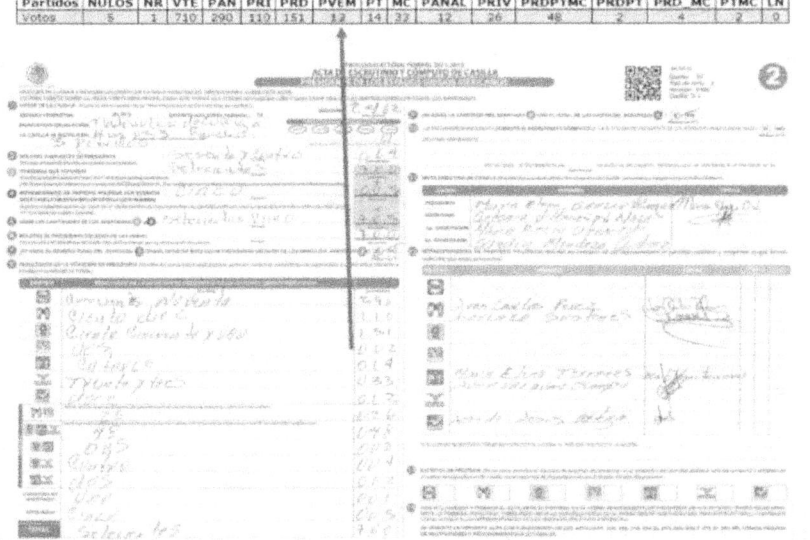

Información del Instituto Federal Electoral: Cómputo Distrital

Elección: Presidente, Estado: Michoacán, Distrito: 7, Sección: 1443, Casilla: Contigua 1

Partidos	NULOS	NR	VTE	PAN	PRI	PRD	PVEM	PT	MC	PANAL	PRIV	PRDPTMC	PRDPT	PRD_MC	PTMC	LN
Votos	7	0	837	454	127	168	5	2	6	11	25	25	4	3	0	617

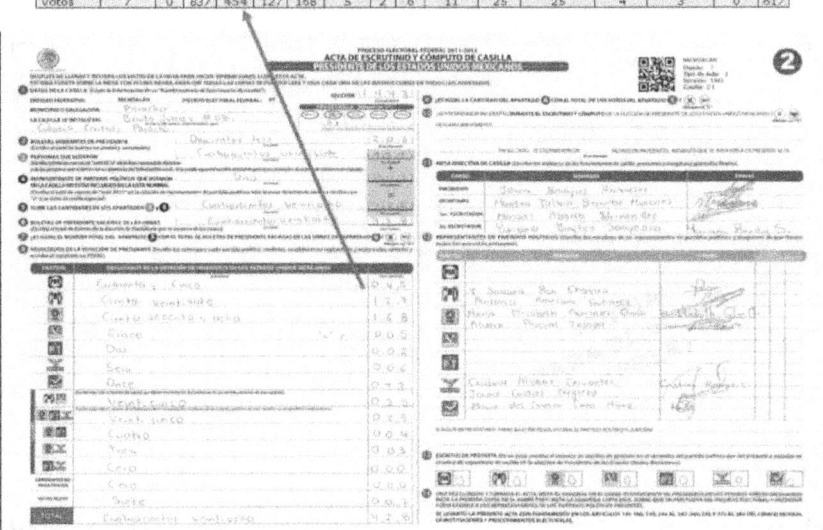

Información del Instituto Federal Electoral: Cómputo Distrital

Elección: Presidente, Estado: Puebla, Distrito: 1, Sección: 2214, Casilla: Básica

Partidos	NULOS	NR	VTE	PAN	PRI	PRD	PVEM	PT	MC	PANAL	PRIV	PRDPTMC	PRDPT	PRD_MC	PTMC	LN
Votos	4	0	747	155	488	32	4	9	0	4	39	8	3	0	0	584

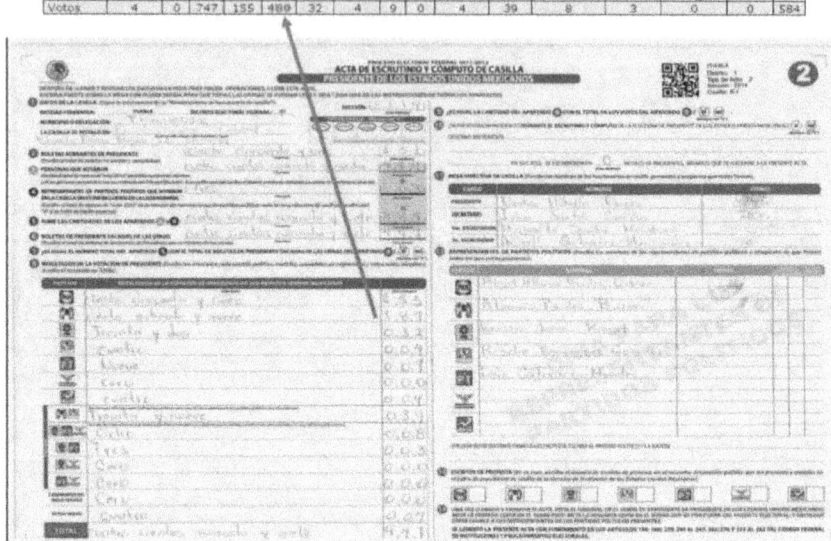

Información del Instituto Federal Electoral: Cómputo Distrital

Elección: Presidente, Estado: Querétaro, Distrito: 4, Sección: 712, Casilla: Básica

Partidos	NULOS	NR	VTE	PAN	PRI	PRD	PVEM	PT	MC	PANAL	PRIV	PRDPTMC	PRDPT	PRD_MC	PTMC	LN
Votos	10	0	922	717	75	62	1	5	6	7	20	14	0	4	1	522

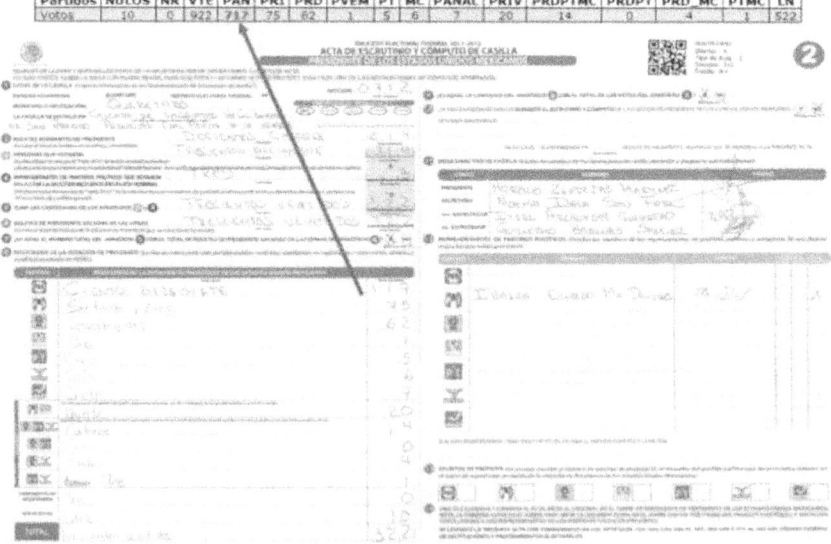

UNA PARTICIPACIÓN CIUDADANA MUY ALTA EN LOS COMICIOS DEL 2012, SU INCONSISTENCIA CON LOS DATOS DEL INEGI Y SU BENEFICIO AL PRI-PVEM
Víctor M. Romero

De acuerdo al IFE, en 2006 la Lista Nominal era de 71.3 millones de votantes. De acuerdo al INEGI (Documento 1) en 2006 la población total mayor de 18 años era de 66.5 millones de personas: **En 2006 la Lista Nominal del IFE tenía un excedente de 4.8 millones de votantes registrados con respecto al número de personas mayores de 18 años.**

En 2012, la Lista Nominal es de 79.5 millones de votantes, mientras que la población del 2012 es de 75.5 millones (Documento 2). Aún con la depuración realizada recientemente, **en 2012 la Lista Nominal tiene un excedente de 4 millones de votantes registrados con respecto al número de personas mayores de 18 años.**

El IFE reconoce tal diferencia en el Documento 3 y la explica indicando que la Lista Nominal incluye a personas que han emigrado fuera del país y porque no todos los fallecimientos son reportados. Nos dice el IFE también que el censo es como una "fotografía" del país. Es decir, **el censo nos dice el número de personas que se encuentran en el país en ese momento.**

La Lista Nominal es esencial para organizar la elección porque indica, entre otras cosas, la cantidad y localización de las casillas, así como las boletas que se deben imprimir. Sin embargo, por lo que el Censo del 2012 indica, se sabe de **antemano** que existen al menos 4 millones de personas que no votarán.

Por lo tanto, para propósitos del cálculo de **la participación ciudadana real** debe usarse el número de habitantes mayores de 18 años con credencial del IFE y que estén en el país. El IFE nos dice en el Documento 3 que casi el 95% de las personas mayores de 18 años están empadronadas. El 95% de 75.5 millones de habitantes mayores de 18 años en 2012 es 71.7 millones. Por lo tanto, para el cálculo de la participación ciudadana real debe usarse 71.7 millones y no los 79.5 millones de la Lista Nominal.

En la elección del 1 de julio de 2012, de acuerdo al IFE, emitieron su voto 50.3 millones de personas. Debido a que en las Casillas Especiales sólo votaron 570 mill personas, 49.6 millones votaron en el lugar donde se registraron. Este número no lo afecta la migración interna del pais.

Entonces, si usamos la Lista Nominal, el porcentaje de participación ciudadana fue de 63.3%, como lo reporta el IFE. Sin embargo, si usamos la población real en 2012 de 71.7 millones, **la participacíon ciudadana real sube a 70.1%, un porcentaje altísimo para las condiciones mexicanas.**

Afirmamos que este alto porcentaje refleja coacción y compra de votos de ciudadanos que de otra manera no votarían.

Creemos que el porcentaje de participación real de 2012 no debería ser diferente al de 2006, si no hubiera habido coacción y compra de votos. El porcentaje real de 2006 lo calculamos igual: la población votante real es el 95% del número de personas mayores de 18 años en 2006, que fue de 66.5 millones. Esto da 63.2 millones como población real con credencial del IFE. En 2006 votaron 41.7 millones, lo que da 66% como porcentaje de participación ciudadana real en 2006. Si suponemos que la participación ciudadana real en 2012 fuera el 66% real de 71.7 millones (el número de votantes reales en 2012), hallamos que el número de votantes debería ser 47.3 millones, es decir 3 millones menos de votantes que de 50.3 millones.

Conclusiones

El porcentaje de participación ciudadana es muy alto debido a la coacción y compra de votos. Esto nos permite estimar que, al menos, 3 millones de votantes no hubieran votado.

El argumento anterior se refuerza si hacemos notar que la Lista Nominal de 2012 subió en 8.2 millones de la Lista

... estos números están fuera de la realidad ... existen 2,201 casillas en Chiapas con porcentajes mayores al 70% de Participación Ciudadana equivalentes a 1.1 millones de votos.

Nominal de 2006. De estos, 7 millones se incrementaron en votantes de casillas NO URBANAS, mientras que sólo 1 millón en votantes de casillas URBANAS. Este aumento está en contradicción con las tendencias de los censos del INEGI, en dos aspectos:

1. De acuerdo al INEGI, en 2000 la población urbana era el 75% y la rural 25%. En 2010, el censo arroja 78% urbano, 22% rural. Es decir, de acuerdo al INEGI, la población del país es cada vez más urbana y menos rural. La Lista Nominal del IFE en 2006 tenía 70% de casillas urbanas y 30% de casillas no urbanas. En 2012 el porcentaje es ahora 64% urbana y 36% no urbana. En conclusión, según el IFE, los votantes son cada vez menos urbanos y mas no urbanos.

2. Los datos mencionados indican que la población de mayores de 18 años subió en 9 millones de personas. De estas se empadronan el 95%, por lo tanto, la Lista Nominal debe subir en 8.6 millones de votantes. Eso debería dar 6.4 millones de votantes urbanos y 2.2 de no urbanos, aproximadamente. El IFE da 1 millón de urbanos y 7 de no urbanos. Imposible de cuadrar.

En la Grafica 1, mostramos el incremento de Lista Nominal por estado. Notamos que, con excepción del Distrito Federal, todos lo estados incrementaron su lista nominal. En algunos casos, Estado de México, Chiapas, Guanajuato, Jalisco, Nuevo León, Puebla y Veracruz, el aumento es mayor a 400 mil votantes (en el Estado de México es mayor a 1.2 millones), y prácticamente todos en casillas no urbanas.

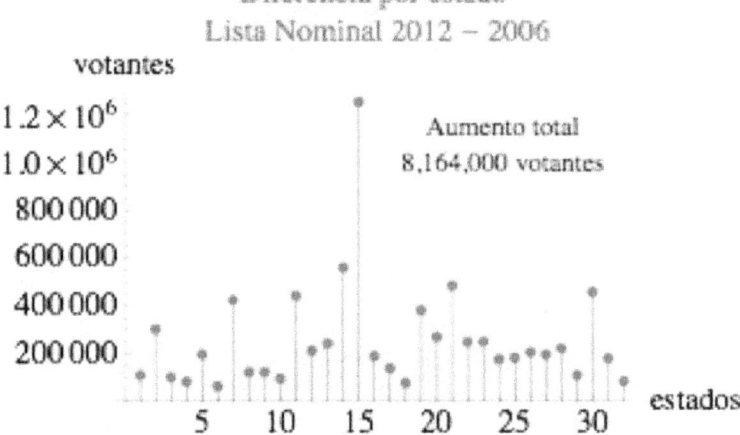

GRAFICA 1. Se muestra la diferencia, en votantes, de la Lista Nominal del 2012 menos la Lista Nominal del 2006. El total es un aumento de 8,164,000 de votantes. La clave de los estados es: 1. Aguascalientes; 2. Baja California; 3. Baja California Sur; 4. Campeche; 5. Coahuila; 6. Colima; 7. Chiapas; 8. Chihuahua; 9. Distrito Federal; 10. Durango; 11. Guanajuato; 12. Guerrero; 13. Hidalgo; 14. Jalisco; 15. México; 16. Michoacán; 17. Morelos; 18. Nayarit; 19. Nuevo León; 20. Oaxaca; 21. Puebla; 22. Querétaro; 23. Quintana Roo; 24. San Luis Potosí; 25. Sinaloa; 26. Sonora; 27. Tabasco; 28. Tamaulipas; 29. Tlaxcala; 30. Veracruz; 31. Yucatán; 32. Zacatecas.

Lo anterior tiene un claro impacto en la elección. Veámos la Grafica 2, donde se muestra el incremento de votos totales de PRI+PVEM+PRI-PVEM. En todos los estados, con excepción de Tabasco, los votos se incrementaron con respecto al 2006, y con excepción del Distrito Federal, el incremento de votos va esencialmente proporcional al incremento de la Lista Nominal.

Conclusión

El incremento en la Lista Nominal es esencialmente en las casillas no urbanas y coincide en un incremento de votos para PRI-PV en los estados donde más aumentó dicha lista.

Chiapas como un ejemplo:

La discrepancia mencionada entre la Lista Nominal y los datos del INEGI es común esencialmente a todas las Entidades Federativas. Para ejemplificarlo, consideremos el caso del estado de Chiapas.

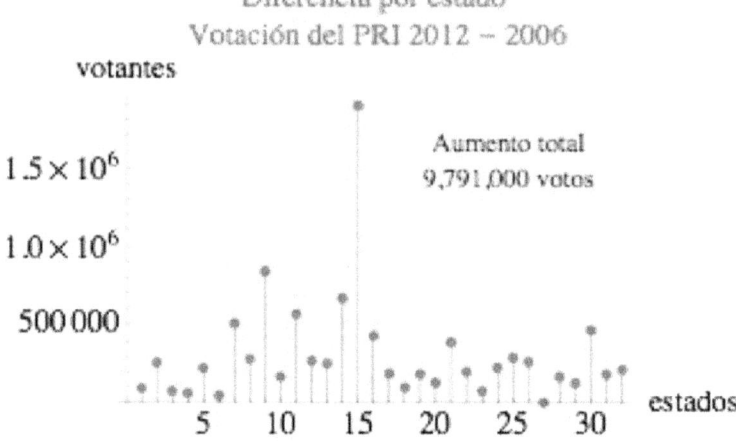

GRAFICA 2. Se muestra la diferencia de los votos recibidos por el PRI en la elección del 2012 menos los votos recibidos en 2006. El Incremento total es de 9,791,000 votos. Se muestra también el incremento estado por estado. Note la enorme similitud, estado por estado, con el incremento en la Lista Nominal (Gráfica 2) y con el incremento en la Participación Ciudadana. Grafica 5 en: https://static.squarespace.com/static/5002caa4e4b074756d7a4d88/51f5dfb5e4b00230707e9c95/51f5dfcae4b00230707e9f0a/1344165743523/Eleccion2012vs2006.pdf).

El IFE reporta Lista Nominal de Chiapas en 2006 de 2.6 millones y de 3.0 Millones en 2012. El incremento es de 400 mil votantes. El INEGI reporta 2.5 millones de personas mayores de 18 años en 2006 y 2.8 en 2012. El incremento de personas mayores de 18 años en Chiapas es de 300 mil personas, es decir, 100 mil personas menos que el incremento de la Lista Nominal.

Mas aún, la participación ciudadana de Chiapas es de 2.1 Millones en 2012 mientras que fue de 1.3 en 2006, es decir, se incrementó en cerca de 800 mil votos: no sólo más alta que el incremento de la lista nominal del IFE, sino que es varias veces el incremento de número de personas mayores de 18 años, de acuerdo al INEGI. La participación ciudadana con la lista del IFE pasa de 50% a 68%. Si usamos la población del INEGI, es de 52% a 75%.

De nuevo, estos números están fuera de la realidad. Cabe señalar que existen 2,201 casillas en Chiapas con porcentajes mayores al 70% de Participación Ciudadana, equivalentes a 1.1 millones de votos. Recalcamos que en este estado PRI-PVEM incremento su votación de 2012 en 500 mil votos con respecto a 2006.

Referencias

Documento 1: Censo del 2005 del INEGI.

http://www.inegi.org.mx/lib/Olap/consulta/general_ver4/MDXQueryDatos.asp?proy=cpv05_pt

Documento 2: Censo del 2010 del INEGI.

http://www.inegi.org.mx/lib/olap/consulta/general_ver4/MDXQueryDatos.asp?proy=cpv10_pt

Se usa un crecimiento del 1.5% anual de población para estimar la población en 2006 y 2012.

Documento 3: Informe sobre el estado de Padrón Electoral y la Lista Nominal de Electores en respuesta a la solicitud formulada por el Partido Revolucionario Institucional (Atención a las observaciones y resultados de los programas de revisión y verificación) Abril, 2012. Instituto Federal Electoral.

¿CUÁNTOS VOTARON?
Jorge A. López

Le preguntaba un chavo del #Yosoy132, estudiante de física, a un politólo-co defensor de la oficialidad:

A ver dime, ¿cuánta gente puede votar y cuántos lo hicieron?

La respuesta a la primera pregunta es fácil: pueden votar todos aquellos que se empadronaron a tiempo para la elección, y ese número nos lo da la Lista Nominal del IFE: en 2012, la Lista contenía 79.5 millones de votantes.

Oye, pero todos los que votan deben ser mayores de 18 años, y el INEGI nos dice que la población de adultos en el 2012 es de 75.5 millones, ¿a poco hay más votantes que adul-tos?

No, claro que no. El IFE explica la diferencia indicando que la Lista Nomi-nal incluye a personas que han emigrado fuera del país y porque no todos los fallecimientos son reportados.

¿Mmmm... cuatro millones de muertos y emigrados?

Sí, de acuerdo al INEGI hay 1.5 millones de mexicanos radicados en el ex-tranjero y se muere como medio millón al año.

Bueno, podría ser, pero ¿y el millón de chavos que se hace adulto al año no cuenta?

Mira, mejor vamos a la siguiente pregunta. ¿Cuántos votaron?

'pérate, obviamente si están muertos o emigrados, ese exceso de 4 millones no vota, ¿o sí?

Algunos votan desde el extranjero.

Sí, pero el voto del extranjero fue de menos de 50,000. Está claro que esas 4 millones de personas no votaron, ¿verdad?

Mira, deja eso. Volvamos a la pregunta. El IFE reportó 50.3 millones de votantes equivalente al 63.3% del total.

'pera, ¿de cuál total, del con muertos migrantes o sin muertos que migran?

Pues del oficial, claro, del de 79.5 millones, claro.

Entonces los muertos votaron, o si no ¿por qué los cuentas?

Ah cómo das lata! ¿Por qué insistes en eso, cuál es la diferencia si usas un total o el otro?

Por qué con uno da un 63.3% de participación ciudadana y con el otro sube a más de 70%.

¿70%, de dónde sacas ese porcentaje? No, claro que no, 70% sería un reco-rd histórico en México.

Pues mira, si el INEGI nos dice que hay 75.5 millones de adultos y que el 95% está empadronado, entonces podrían votar 71.7 millones, y como votaron 50.3 millones eso corresponde al 70.1%. Los mexicanos somos buenos ciudadanos, ¿no?

Bueno sí, si te gusta ver las cosas de esa manera, así lo dejamos - con tal de que seas feliz.

Pues el que deberías estar feliz deberías ser tú, acabas de descubrir que México tiene uno de los porcentajes más altos de votación del mundo. Cosa que deberías de saber, ¿qué no eres politóloco?

Bien, me tengo que ir. Qué bueno que te resolví tus dudas.

No, 'pérate. Ahora explícame porqué subió tanto el porcentaje de votación del 2006 al 2012.

¿Cuál tanto? Subió del 58.55% al 63.3%, eso no es mucho. Con Fox votó el 64%.

¿'Pos no te acabo de explicar que sobrepasó al 70%? Ya te dije cómo calcular esos porcentajes, va de nuevo a ver si aprendes: en el 2006 había 66.5 millones de adultos en el país y el 95% estaba empadronado, es decir 63.2 millones, si votaron 41.7 millones entonces votó el 66%. ¿Cómo que el 70.1% del 2012 se empieza a ver menos creíble, no?

Pues no le veo nada de malo, ¿tú sí?

Pues yo sí, 50.3 millones de votos es un poco exagerado. Mira, en el 200 votaron 37.6 millones, en el 2006 aumentó a 41.8 millones, es decir aumentó en casi 4.2 millones. Si me dices que en el 2012 votaron 50.3, me estás diciendo que aumentó en 8.5 millones de votantes, casi el doble que el aumento anterior ¿no se te hace mucho?

No, eso está de acuerdo con las cifras del IFE, la Lista Nominal subió de 71.3 millones de votantes en el 2006 a 79.5 millones en el 2012, de ahí vienen tu 8 millones extras.

Eso si le crees al IFE, como yo no le creo me voy con el INEGI: 63.2 millones empadronados en el 2006 de los cuales 41.7 millones votaron, y 71.7 millones empadronados en el 2012 de los cuales no creo que hayan votado el 70.1%

Entonces según tú ¿cuántos votaron?

Pa' mí que el porcentaje de votación debió andar igual que el 2000 y 2006, en un sesenta y tantos por ciento. Si suponemos que el porcentaje fue igual que en el 2006, 66%, la cantidad de votos debió haber sido 47.3 millones, un aumento de unos 5 millones más que en el 2006

Lo cual sí es creíble, no?

Y entonces ¿los otros 3 millones de votos que reporta el IFE, de dónde vienen? Eso es lo que quiero que me expliques, ¿qué no es eso lo que estudias tú?

La verdad es que yo no creo en tus cuentas.

Sí, se nota, pero sí crees en los cuentos del IFE. Esos tres millonsucos, o son los comprados con las tarjetas de Soriana, monederos Monex, y con todo eso, o fueron inventados en las computadoras del IFE.

Según tú . . .

¡Ah, estos doctores en ciencias políticas!, tan lejos de la ciencia y tan cerca de la política.

Escrito basado en la investigación del Dr. Víctor Romero Rochín: Una participación ciudadana muy alta en los comicios del 2012, su inconsistencia con los datos del INEGI y su beneficio al PRI-PVEM.

TEORÍA ESTADÍSTICA DE ERRORES APLICADA AL ANÁLISIS DE LOS RESULTADOS DE LA ELECCIÓN PRESIDENCIAL DEL AÑO 2006 EN MÉXICO
Lúar Móreno Álvarez

I. Introducción

Aunque existen avances importantes en la construcción de modelos de los mecanismos sociales generadores de la conducta estadística de los resultados en elecciones proporcionales, así como fuertes evidencias empíricas de su universalidad geográfica y temporal [1], hay relativamente poco consenso acerca de lo que ocurre en los procesos de selección de gobernantes en los países con votaciones absolutas. En el caso particular de las elecciones presidenciales de México en el año 2006, el estrecho margen porcentual de votación con que el candidato ganador fue determinado por el Tribunal Electoral de la Federación [2] ha dado origen a un extenso debate en la comunidad científica del país sobre la certidumbre y confiabilidad de los resultados electorales que se mantiene hasta el día de hoy. Ya sea que se mencione explícitamente o no en los trabajos que estudian el tema, el centro de este debate es la demostración de la existencia [3-5] o inexistencia [6-8] de un posible fraude electoral a partir del análisis estadístico del flujo de datos en el Programa de Resultados Electorales Preliminares (PREP) o de la información asentada en las actas de escrutinio y cómputo de la votación en cada casilla [9]. Sin embargo, la falta de un marco teórico general sobre la dinámica de este tipo de procesos electorales fomenta el uso, en ocasiones inadecuado, de las más diversas metodologías para demostrar las opiniones particulares de cada investigador, lo cual genera confusiones que impiden llegar a un acuerdo sobre la "legalidad" matemática de dicha elección. Por ese motivo, en este trabajo presentamos una propuesta de aproximación al problema de detección de resultados inverosímiles en los cómputos electorales de la elección presidencial mexicana del 2006, aplicando el análisis estadístico de los errores aleatorios de medición desarrollado por DeMoivre, Laplace y Gauss en el siglo XIX a los errores aritméticos encontrados en las actas de los resultados de la elección [10].

II. Errores Aritméticos en los Rubros de Votación de las Actas

De acuerdo con la legislación electoral vigente en el año 2006, las actas de escrutinio y cómputo de las casillas electorales contenían dos rubros de referencia: el número de boletas recibidas (BR) y el número de boletas sobrantes (BS), cuyo efecto conjunto puede incluirse en un rubro virtual que no aparece explícitamente en las actas, y al que llamaremos el rubro de las boletas entregadas (BE=BR-BS); además de tres rubros fundamentales que dan cuenta de la votación total emitida en la casilla: el número de ciudadanos que votaron (CV), el número de boletas depositadas en la urna (BD), y la votación total contabilizada como la suma de los votos de todos los partidos (VT) [11].

En una casilla donde el conteo se efectúa sin errores debe cumplirse que BE=CV=BD=VT, de manera que si hay alguna diferencia en cualquiera de estos rubros, ésta constituirá un error aritmético cometido en esa casilla. Un análisis de la base de datos del PREP (que fue la única en la que aparecieron detallados estos rubros) indica que cerca de la mitad de las casillas presentaron errores aritméticos en estos rubros de sus actas de escrutinio y cómputo. Algunos autores señalan de manera equivocada que la magnitud del error absoluto promedio por casilla y la similitud del valor correspondiente en las casillas ganadas por uno u otro de los candidatos punteros es evidencia de que los errores están distribuidos de manera uniforme, y por tanto aleatoria, entre todas las casillas [6,8,12]. En realidad, la distribución probabilística que deben seguir los errores aleatorios está determinada por la teoría estadística del error, cuya fortaleza matemática y su universalidad son la base del tratamiento de las mediciones experimentales en todas las ciencias duras desde hace más de un siglo. En las secciones siguientes recordaremos las ecuaciones y conceptos elementales de esta teoría, y mostraremos cómo puede utilizarse para describir la aparición de errores al azar en el proceso de conteo de votos. Empleando esta teoría efectuaremos una simulación computacional que generará errores al azar en los rubros de cada una de las casillas de la base de datos analizada, pero manteniendo constante la votación para cada uno de los partidos políticos y, por tanto, el resultado final de la elección, a fin de comparar los resultados de dicha simulación con los de la elección real para verificar su aleatoriedad a través de las conductas estadísticas particulares que ésta exhiba.

III. Modelo Estadístico de Errores al Azar

Los errores aleatorios son intrínsecos a los aparatos de medición y ocurren invariablemente durante cualquier proceso de medida [10], ya sea que se trate de la determinación de una cierta cantidad física mediante un equipo de laboratorio sofisticado, o de la de las preferencias electorales de los ciudadanos asistentes a una cierta casilla a través del conteo de los votos emitidos para cada candidato.

Así, si la cantidad medida x tiene un valor real X, y cualquier error sistemático (o bias) se lleva a un nivel despreciable frente a cualquiera de las n fuentes de error aleatorio asociadas con la medida (que pueden incluir por ejemplo efectos de paralaje, tiempos de reacción, o conteos equivocados o un mal registro de los datos durante el proceso electoral), y que producen cada una de ellas un error de magnitud fija ε, de modo que el valor real X se encontrará dentro del intervalo [X–nε, X+nε], entonces si hay ν errores positivos con probabilidad de ocurrencia p, y n–ν errores negativos con probabilidad 1–p, entonces x = X + (2ν – n) ε, y la probabilidad B(n,ν) de obtener este resultado en particular está dada por la distribución binomial [10,13]:

$$B(n,\nu) = {}_nC_\nu p\nu(1-p)n-\nu$$

donde $_nC_\nu$ es el coeficiente binomial de n en ν. En el caso particular cuando p = 1 – p = 1/2, tras ser escalada por el factor (1/2ε), en el límite cuando ε→0 y n→∞ de modo que la desviación estandar $\sigma_x = 2\varepsilon\sigma_\nu = \varepsilon n-1/2$ permanezca constante, B(n,ν) tiende a la distribución normal con centro en X y anchura σx:

$$G(X,\sigma_x,x) = (2\pi\sigma_x^2)^{-1/2} \, Exp[-(x-X)^2/(2\sigma_x^2)]$$

Esto es, la distribución de los errores aleatorios en una medición siempre se aproximará a una curva gaussiana como la descrita por la ecuación (2), a menos que otros factores ajenos al mero azar estén involucrados en la aparición de estos errores. Si se efectúan los cambios de variable z = (x–X)/σ_x y (0,1) = σ_x G(X,σ_x,x), la ecuación (2) se transforma en la distribución normal canónica con centro en 0 y desviación estándar 1 [14].

En el caso de un conteo electoral se espera que la magnitud del error mínimo cometido sea ε = 1 ya que cada voto puede ser contado de más o de menos con la misma probabilidad. Como cada voto es una fuente de error, entonces n = X representará a la votación total VT reportada para la casilla, mientras que x será el valor asentado en alguno de los rubros CV o BD, o el calculado para el rubro virtual BE. Puesto que no hay en la base de datos analizada ninguna casilla en la que la suma de los votos para cada partido sea distinta al valor VT reportado, la selección de VT como rubro de referencia resulta natural al no tener un error asociado en su determinación (lo que implica un cálculo computacional y no humano en la misma). El error e = 2ν – VT para los rubros BE, CV o BD podrá tomar cualquier valor entre –VT y VT, lo cual considera los casos en que alguno de los rubros es dejado en blanco o reportado como 0 en el acta, o el caso extremo en que cada uno de los votos es contado de más una vez (que podría ser cometido por ejemplo al efectuar el conteo con mucha prisa por un funcionario de casilla impaciente). De esta forma, la simulación computacional de los errores de cada casilla puede efectuarse generando 3 números al azar que sigan la distribución binomial (1) con los parámetros pertinentes.

En teoría, la distribución de los histogramas de errores para cada rubro de todas las casillas con la misma votación VT deberían seguir la distribución gaussiana (2) o su forma canónica después de efectuar las normalizaciones correspondientes. Sin embargo, el esmero con que muchos funcionarios de casilla realizaron la contabilidad de los votos consiguiendo que todos los rubros de sus actas de escrutinio y cómputo coincidieran constituye en sí mismo una fuente de alteración sistemática de la distribución que no se ve reflejada en un bias efectivo sobre la coordenada normalizada z, sino en la de la densidad de probabilidad canónica (0,1), como puede verse en la simulación de la figura 1 para los errores de las 455 casillas con VT = 350.

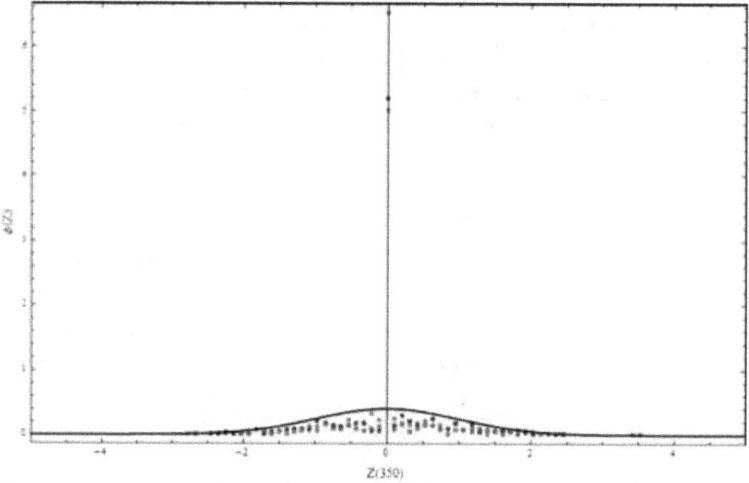

Figura 1. Histogramas de errores normalizados a las variables canónicas de la distribución normal de probabilidades. Los puntos por encima del valor máximo de 0.3989 de la distribución normal canónica graficada corresponden al bias generado por evitar sistemáticamente durante la simulación la aparición de errores al azar en las casillas bien contadas para alguno de los rubros en el acta. Verde–BE, Azul–CV, Rojo–BD.

Esta normalización a la distribución canónica nos permite comparar los resultados de todas las casillas en función de su desviación estándar normalizada, esperando como lo establece la estadística que el 99.8% de los errores se encuentre dentro del intervalo [−4,4]. De esta forma, los errores sistemáticos con un bias efectivo sobre la coordenada normalizada z se verán claramente reflejados al aparecer fuera de este intervalo de confianza.

IV. Resultados

A. Simulación de elección con errores aleatorios

Debido a que un número considerable de los rubros de las actas fue dejado en blanco, para descartar el sesgo del error debido a estas omisiones consideramos únicamente las 91,570 actas sin registros vacíos ni rubros con valores 0 o mayores a 760 (el número máximo de boletas permitidas por casilla). Ya que la determinación de los errores depende solamente del número de votos totales de la casilla, y a que suponemos que la aparición de dichos errores no depende de la localización geográfica -o geopolítica- de las mismas ni de su votación partidista particular (que mantenemos idéntica a la de la elección real), verificamos que la muestra de actas empleada fuera representativa de la distribución de VT de las 130,788 casillas contabilizadas en la elección, así como del número de personas en las listas nominales y en la votación por cada partido, encontrando desviaciones porcentuales menores a 0.06% en las casillas con menos de 600 votos, y sin desviaciones aparentes en la distribución para casillas de mayor votación. La figura 2 muestra la comparación de los errores por parejas de rubros, exhibiendo una conducta normal en dos dimensiones para los 3 grupos, mientras que la figura 3 presenta la relación entre los errores en BE, CV y BD y la votación total de la casilla VT, encontrándose como era de esperarse un mayor número de casillas bien contadas para las casillas de menor votación, y una mayor dispersión de los errores en la región de votación que concentra el mayor número de casillas, alrededor de VT = 350. La franja en el extremo derecho de la gráfica corresponde a las casillas especiales con VT cercana a 750.

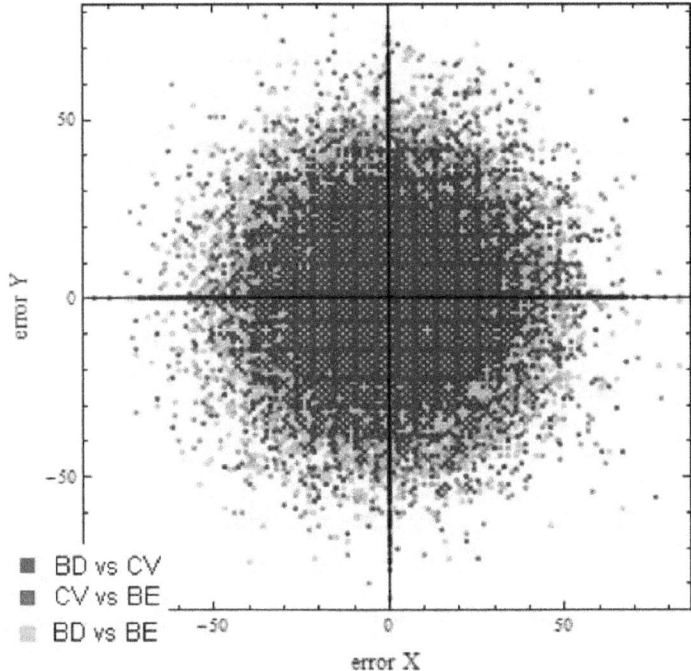

Figura 2. Errores simulados por parejas de rubros, exhibiendo una conducta normal centrada en cero en la región [-50,50] de cada eje.

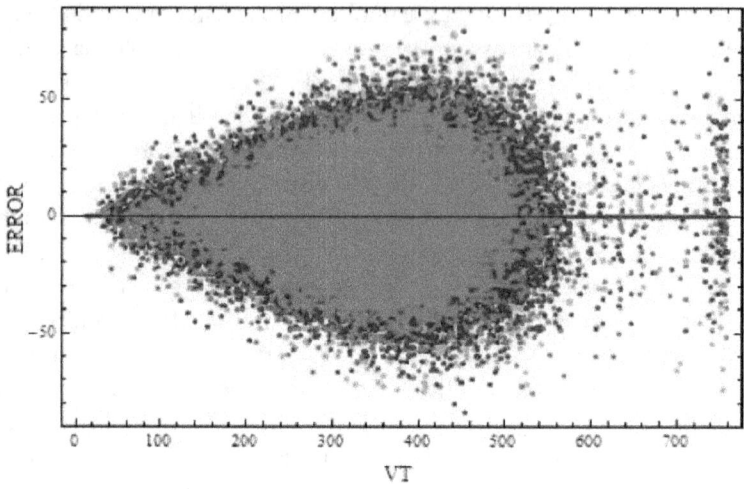

Figura 3. Errores en los rubros BE (verde), CV (azul) y BD (rojo) respecto de la votación total por casilla VT.

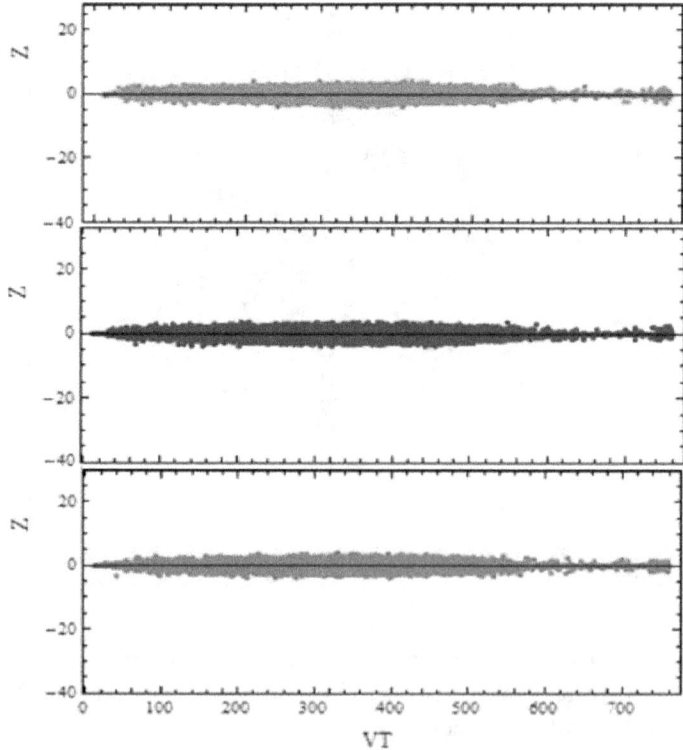

Figura 4. Errores en los rubros BE (arriba), CV (centro) y BD (abajo) normalizados a sus desviaciones estándar canónicas para cada conjunto de casillas con la misma VT.

En la figura 4 se presentan los errores de los distintos rubros para cada conjunto de casillas con la misma votación VT que se muestran en la figura 3, pero normalizados a sus desviaciones estándar canónicas. En ella puede notarse claramente la propiedad estadística de que para las votaciones totales consideradas es prácticamente imposible encontrar algún error aleatorio fuera de la banda de confianza de las 5 desviaciones estándar canónicas.

Para determinar al ganador en una elección con errores al azar, es evidente que al aparecer sin ninguna predisposición entre las casillas con distintas VT, los conjuntos de casillas que comparten la misma magnitud del error en los distintos rubros constituyen muestras aleatorias del conjunto total de casillas, por lo que se espera que los histogramas (en realidad, polígonos de frecuencias) porcentuales de la votación para cada partido en función del número de errores reflejen aproximadamente los mismos porcentajes de votación de la elección. La figura 5 muestra estos histogramas para los errores aleatorios (arriba) y para sus expresiones normalizadas canónicamente (abajo) para el rubro CV. Ambas gráficas muestran como era de esperarse un comportamiento uniforme de los porcentajes de votación por partido respecto del resultado de la elección. La normalización canónica con cajas de tamaño 1 centradas en los valores enteros de Z tiene el efecto de suavizar aún más los histogramas.

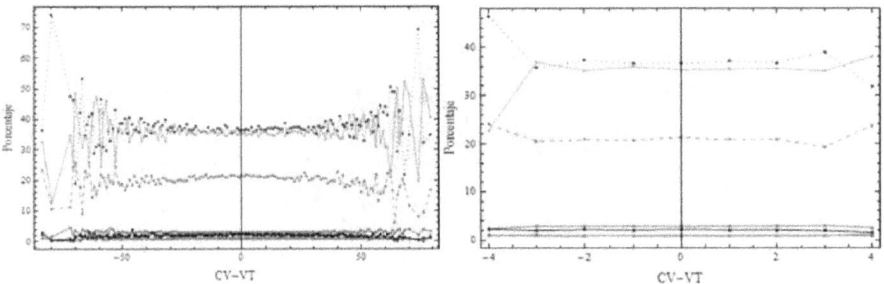

Figura 5. Histogramas (polígonos de frecuencias) porcentuales de la votación por partido respecto de los errores en los rubros CV (arriba) y su normalización canónica (abajo), mostrando claramente el ordenamiento uniforme siguiendo el resultado de la elección.

B. Análisis de los errores de la elección de 2006

Las figuras 6 a 9 muestran los mismos análisis realizados para la elección con errores aleatorios simulados presentados respectivamente en las figuras 2 a 5. Los gráficos en las figuras 6 y 7 muestran conductas muy distintas a las esperadas para una elección con errores aleatorios. La figura 7 en particular exhibe una conducta extremadamente regular por fuera de la banda de confianza de ±50 votos esperada de una conducta aleatoria.

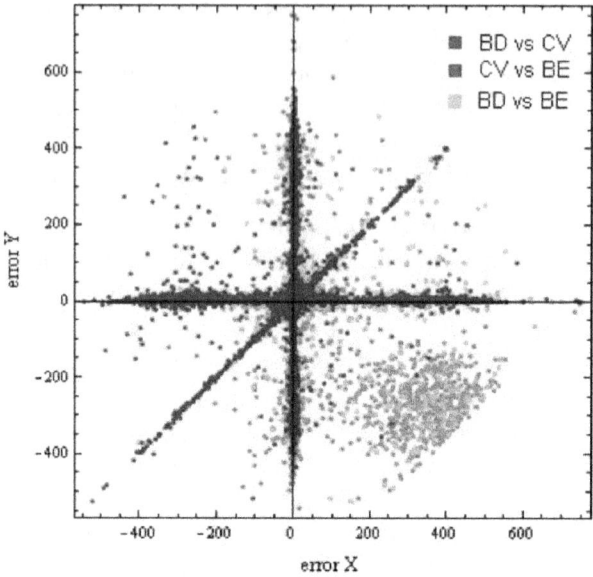

Figura 6. Errores por parejas de rubros de la elección de 2006, exhibiendo la conducta esperada sólo en algunos puntos centrados en cero en la región [–50,50] de cada eje.

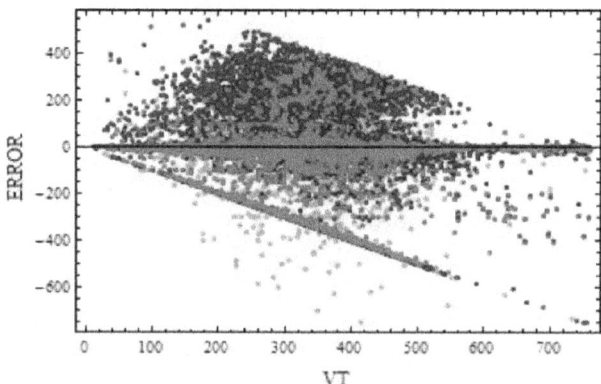

Figura 7. Errores en los rubros BE (verde), CV (azul) y BD (rojo) respecto de la votación total por casilla VT para la elección de 2006.

A diferencia de lo que se señala en varios trabajos [6,8,12] estas conductas no pueden considerarse como errores de omisión ya que en principio la muestra estadística analizada no contiene actas que presenten estos inconvenientes, además de que el modelo binomial de la teoría estadística de errores aleatorios considera este tipo de situaciones como parte de las posibilidades halladas en una casilla. La figura 8 respalda este argumento al probar que esos errores sistemáticos de alta regularidad se encuentran por fuera de la banda de confianza de ±5 desviaciones estándar, donde es muy poco probable encontrar 3 puntos en 10,000,000.

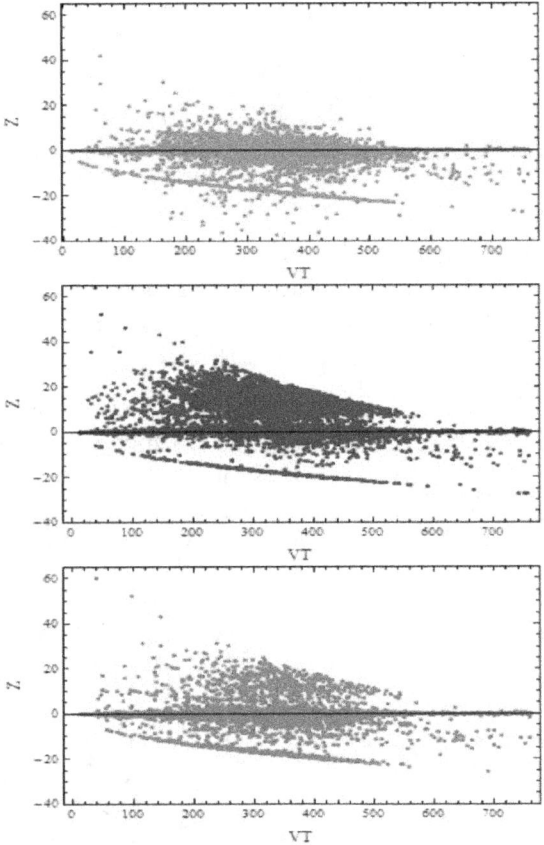

Figura 8. Errores en los rubros BE (arriba), CV (centro) y BD (abajo) normalizados a sus desviaciones estándar canónicas para cada conjunto de casillas con la misma VT en la elección de 2006.

Puesto que hay 3 rubros por cada una de las 91,570 actas en la muestra considerada, están graficados 274,710 puntos en cada imagen, por lo que resulta prácticamente imposible encontrar uno solo de ellos fuera de las 5 desviaciones entandar en una elección con errores aleatorios. Así mismo, las líneas regulares en función de la votación de la casilla que se muestran en las figuras 7 y 8 no son producto de ningún proceso aleatorio.

Los resultados para los polígonos de frecuencias porcentuales de la votación para cada partido en función de los errores en los rubros (arriba) y su normalización canónica (abajo), sobre todo en las bandas de confianza, revelan dos posibilidades igualmente preocupantes: al candidato en el segundo sitio fue al que más le perjudicaron los errores, o bien fue quien realmente ganó la elección.

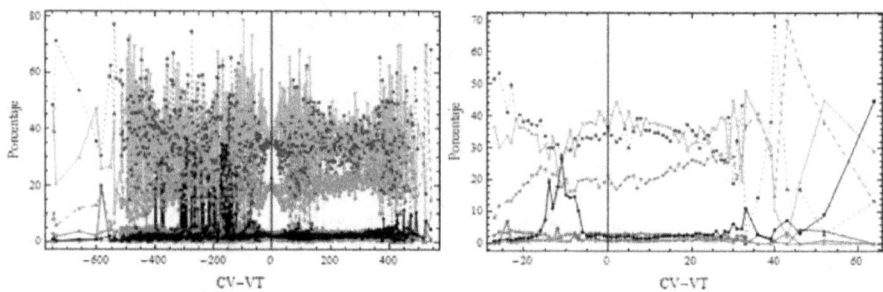

Figura 9. Histogramas (polígonos de frecuencias) porcentuales de la votación por partido respecto de los errores en los rubros CV (arriba) y su normalización canónica (abajo), mostrando un ordenamiento diferente al del resultado oficial de la elección.

Finalmente, el histograma del porcentaje de votación por partido respecto de la votación total de la casilla muestra otra inconsistencia: a pesar de la diferencia tan estrecha entre las votaciones de los candidatos punteros, el candidato en segundo lugar siempre lo estuvo en todos los grupos de casillas con el mismo número de votos totales VT, lo cual es extremadamente improbable.

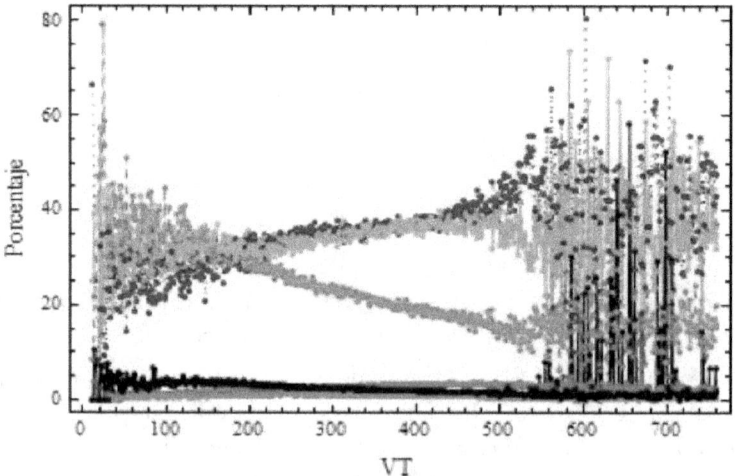

Figura 10. Histogramas (polígonos de frecuencias) porcentuales de la votación por partido en las casillas con la misma votación total VT, mostrando que el candidato en segundo lugar siempre se mantuvo en ese puesto respecto del rubro VT.

Conclusión

El análisis comparativo de la elección presidencial de México en el año 2006 con una simulación de errores aleatorios demuestra que los errores en la elección no fueron producto del azar, y que el partido afectado por dichos errores fue el designado oficialmente en el segundo puesto. Los resultados implican la aparición sistemática de errores para mantener a este candidato en el segundo lugar en función de la votación total aparente de la casilla, por lo que es necesario estudiar la naturaleza del proceso de aparición y el efecto específico de los mismos.

Agradecimientos

A Liz, Deb, Dany y Beto por su aliento para concluir este trabajo.

... Los errores en la elección no fueron producto del azar y el partido afectado fue el designado oficialmente en el segundo puesto.

Referencias

1. S.Fortunato, C.Castellano; Scaling and Universality in proportional elections. PRL 99, 138701, 1-4, (2007).

2. Dictamen relativo al Cómputo Final de la Elección de Presidente de los Estados Unidos Mexicanos, declaración de validez de la Elección y de Presidente Electo. Documento en Línea, revisado el 28/Junio/2012: http://dof.gob.mx/nota_detalle.php?codigo=4930964&fecha=08/09/2006

3. J.A. López Gallardo, 2006 ¿Fraude Electoral?: Estudio de las Anomalías de la Elección Presidencial, Doble Hélice, México 2009.

4. Elecciones Presidenciales México 2006: ¿Anomalías en el PREP y el CD? Página Web y documentos internos de la misma. Revisada el 29/Junio/2012: http://em.fis.unam.mx/~mochan/elecciones.

5. Análisis Forense de Procesos Electorales. Página Web y documentos internos. Revisada el 29/Junio/ 2012: http://www.fisica.unam.mx/octavio/

6. J. Aparicio, Análisis estadístico de la elección presidencial de 2006 ¿fraude o errores aleatorios? Política y Gobierno, Vol. Temático 2009, 225-243 (2009).

7. G. Castañeda, I. Ibarra; Detección de fraude con modelos basados en agentes: las elecciones mexicanas de 2006. Perfiles Latinoamericanos 36, 43-69 (2010).

8. F. Pliego, El mito del fraude electoral, Pax, México 2007.

9. Base de Datos del Programa de Resultados Electorales Preliminares. Última revisión: Abril 2012.

http://www.ife.org.mx/documentos/proceso_20052006/prep2006/bd_prep2006/bd_prep2006.htm.

10. J.R. Taylor; An introduction to error analysis, University Science Books, 1997.

11. J.A. Crespo; 2006: hablan las actas: Las debilidades de la autoridad electoral mexicana, Debate-Random House Mondadori, México 2008.

12. Informe sobre errores aritméticos de las actas de escrutinio y cómputo encargado por el IFE a la empresa AC Nielsen, 2006. Diciembre 2011 http://www.ife.org.mx/docs/Internet/Docs_estaticos/Proceso2005_2006 /informes_prep/errores_aritmeticos.pdf.

13. F. Reif; Fundamentals of Statistical and Thermal Physics, McGraw-Hill, 1965.

14. E. Kreyszig; Introductory Mathematical Statistics: Principles and Methods, John Wiley & Sons, USA 1970.

LOS VOTOS DE EPN ESTÁN
INFLADOS EN ALREDEDOR DE 40%
Ángel Zambrano García

Resumen

Independientemente de la acumulación de evidencias jurídicas sobre un posible fraude en la elección presidencial y del veredicto que emita el Tribunal Electoral del Poder Judicial de la Federación (TEPJF), un análisis de los resultados distritales con técnicas comunes de análisis exploratorio de datos (básicamente correlación y regresión simple entre variables) permite estimar que los votos de Enrique Peña Nieto (EPN) están inflados en 40% en promedio, con un margen de error entre 32 y 48%. En números redondos esto se traduce en 7.7 ± 1.5 millones de votos artificiales a favor de este candidato; es decir, el doble de la diferencia entre el primer y segundo lugar reconocida por el Instituto Federal Electoral (IFE).

Este cálculo parte de la relación positiva y altamente significativa entre los votos distritales de este candidato y la serie de los votos anulados por distrito (0.4, $p < 0.00$, a partir de regresión), que en teoría debería ser cero, como de hecho lo es para Josefina Vázquez Mota (JVM) y Gabriel Quadri de la Torre (GQT). En el caso de Andrés Manuel López Obrador (AMLO), esta relación también es cercana a cero, pero significativamente negativa (-0.20, $p < 0.02$) e implica que hay un faltante de votos a su favor en los datos oficiales, cercano a 3.2 millones.

La punta de la madeja de estos cálculos se encuentra en los descuidados datos oficiales, aparentemente no sometidos a un proceso riguroso de validación numérica antes de declarar a un ganador, y particularmente en el peculiar patrón de votación distrital de EPN. Este patrón se caracteriza por: 1) un ascenso sistemático de su número de votos distritales en relación con la anulación y 2) una variabilidad relativa pequeña en sus votos distritales (coeficiente de variación, CV = 24%) en comparación con la de los otros candidatos (CV, 43-46%), casi el doble. Estas dos características de la votación de EPN son un fuerte indicador de una participación electoral tramposa por parte de la coalición PRI-PVEM y sus patrocinadores. La primera de ellas permite estimar el monto de la adición artificial de votos a favor de EPN por una o más vías ajenas al voto libre y secreto (Artículo 41 constitucional). La segunda apunta hacia un proceso electoral tan insolentemente controlado a favor de este candidato que terminó arruinando la variación aleatoria de su votación, la cual podría haberle dado un matiz de credibilidad a la suma oficial de sus votos.

Introducción

Se analizan los patrones de votación distrital de los candidatos presidenciales y se estima la cantidad de votos no libres ni secretos añadidos a EPN, presunto ganador de la contienda presidencial de 2012. Las Figuras 1 y 2 ilustran en lo general los tipos de patrones de votación encontrados al relacionar los votos de los candidatos con los votos anulados en los 300 distritos electorales del país. En la Figura 1 es visible el crecimiento de EPN con los niveles de anulación, mientras que AMLO disminuye y a JVM le suben y le bajan los votos sin conexión aparente con los votos nulos.

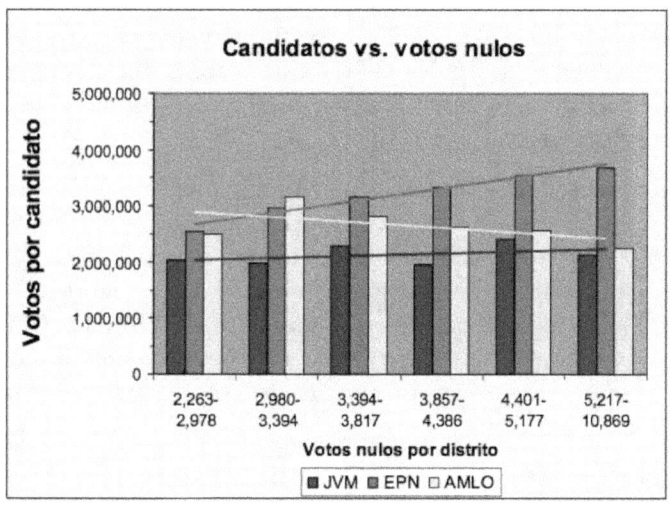

Figura 1. Variación de los votos de los principales candidatos presidenciales en relación con los niveles de anulación por distrito. Los 300 distritos están organizados en grupos de 50, de menor a mayor anulación. Los votos de los candidatos son la suma obtenida en cada grupo.

La Figura 2 despliega los 300 distritos y se observa que la línea de tendencia sólo asciende para EPN. Pero en este tipo de gráficas, esta no es la tendencia natural de un ganador, aunque así pudiera parecerle a alguien no familiarizado con estos análisis. Tampoco las tendencias planas de JVM y GQT ni la descendente (AMLO) son propias de perdedores. En realidad, como se explica más adelante, estas tendencias son planas cuando se cumple el principio de neutralidad de los votos nulos, tal como se observa en los patrones de JVM, Quadri y, en menor medida, en el de AMLO. Este patrón es independiente del total de votos obtenido, como lo confirma la semejanza entre estos tres candidatos, a pesar de que sus diferencias en votación total son de varios millones.

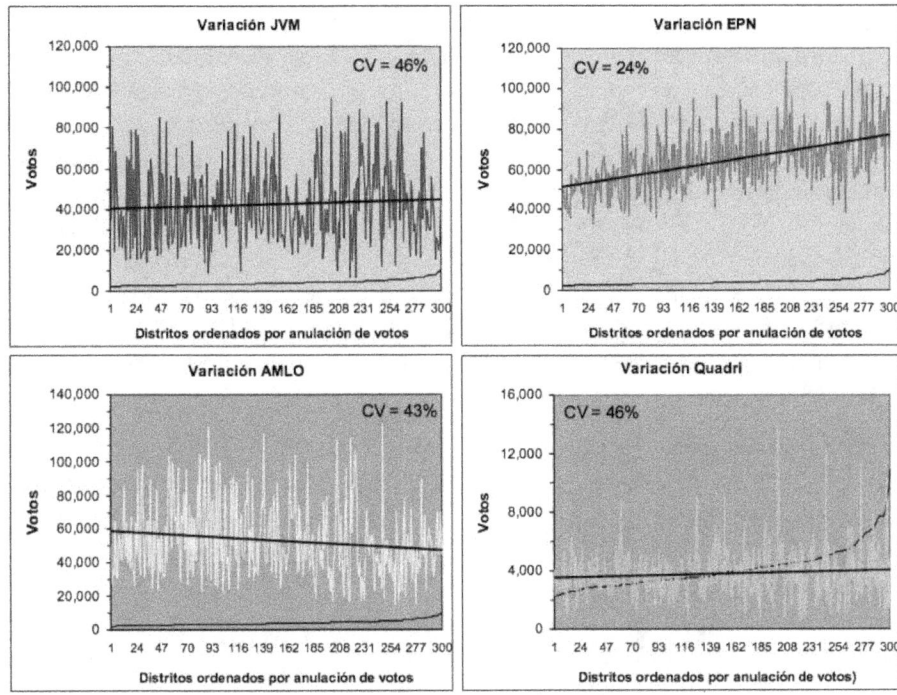

Figura 2. Variación distrital de los votos por candidato (líneas en color) vs. anulación de votos. Los distritos están ordenados de menor a mayor número de votos anulados. Las líneas negras gruesas representan la tendencia distrital promedio de los candidatos. La línea negra delgada en la base de las figuras es la cantidad de votos anulados.

El patrón de votación de EPN es radicalmente distinto al de los otros candidatos. Se distingue por dos características con plena significación estadística: 1) una fuerte tendencia ascendente de su votación distrital en relación con los votos anulados, que no aparece en los otros candidatos, y 2) una variación interdistrital muy baja (24%), casi la mitad de la que presentan los demás candidatos (43 – 46%).

Aquí se analiza lo ilustrado en las Figuras 1 y 2 y su posible su impacto numérico en los resultados de esta elección. Los datos analizados fueron los distritales publicados por el IFE en su página de Internet el 7 de julio del 2012: http://computos2012.ife.org.mx/reportes/presidente/distritalPresidenteEF.html

Volviendo a la Figura 2, como los votos se anulan por razones técnicas, según el artículo 274 del COFIPE, en principio no deben favorecer ni perjudicar a ningún candidato. Si esto se cumple, la votación promedio de cada candidato en este tipo de gráficas debe ser constante; es decir, independiente del nivel de anulación. Así se observa en los casos de JVM y Quadri, cuyas líneas de tendencia son planas. Pero no fue el caso de AMLO, a quien los votos le disminuyeron con la anulación. Su línea de tendencia comienza con un promedio cercano a los 60 mil votos y termina con alrededor de 47 mil. En cambio, la tendencia de EPN empieza con un promedio cercano a 52 mil votos y termina con alrededor de 77 mil, una diferencia sustancial, aproximadamente de 25 mil votos entre los distritos con más y con menos anulación; Así, EPN fue el único candidato a quien le crecieron significativamente los votos con la anulación. Un segundo aspecto a destacar en estos patrones de votación es la baja variación de los votos de EPN alrededor de su promedio, con un coeficiente de variación (CV, inserto en las gráficas) que es casi de la mitad que el de los otros candidatos (24% vs. 43 – 46%).

El razonamiento

Según el COFIPE, Artículo 274, un voto se anula cuando la boleta se depositó en blanco o fue marcada incorrectamente por el elector. Se trata de dos criterios puramente técnicos que

EPN fue el único candidato a quien le crecieron significativamente los votos con la anulación.

se pueden asumir como políticamente neutrales. Por lo tanto, el número de votos anulados en las casillas o en compartimentos electorales superiores no debe guardar relación significativa, ni positiva ni negativa, con la votación de los candidatos. Si no fuese así, se puede afirmar que la anulación de votos no ha sido neutral o que algún otro factor relacionado con ella terminó beneficiando o perjudicando a algún candidato. Esto se puede verificar con una prueba hipótesis aplicada a los datos oficiales de cada candidato.

Una forma práctica de poner a prueba esta hipótesis de neutralidad de los votos nulos es evaluar si los votos de los candidatos no tienen alguna relación estadística significativa con ellos. Según esta hipótesis, los votos de cada candidato pueden ser altos o muy altos en algunos distritos o bajos y muy bajos en otros, pero sin conexión con los niveles de anulación. La correlación resultante debe ser cero o no significativamente diferente de cero. Alternativamente, si se observa que los votos de algún candidato aumentan o disminuyen en función de la anulación, se someten a una prueba estadística para determinar si hay evidencia suficiente para rechazar la hipótesis de neutralidad. Se utilizó la correlación de Pearson para detectar posibles asociaciones entre votos de candidatos y nulos; posteriormente, regresión lineal simple para determinar la significancia, sentido y fuerza de las relaciones encontradas. Por razones de disponibilidad de datos en forma procesable y de tamaño de muestra, esta hipótesis se puso a prueba con los datos distritales del IFE. Los cálculos y figuras que ilustran este trabajo se hicieron con Excel y Statistica, versión 7.

¿Por qué es importante analizar los votos anulados?

Entre las variables de la elección proporcionadas por el IFE junto con los votos de los candidatos, como son los tipos y números de casillas instaladas, votos totales emitidos, votos por candidatos no registrados y anulados, éstos últimos tienen características especiales. Los votos totales permiten calcular, por ejemplo, el nivel de participación ciudadana respecto a los votantes potenciales (padrón), pero los votos anulados contienen información adicional sobre el electorado, los partidos contendientes y la jornada electoral. Por ejemplo, estos votos ponen números a la capacidad de los electores de una casilla, sección, distrito o país para expresar adecuadamente sus preferencias en la boleta. Son también una expresión numérica, al parecer todavía no cuantificada, de un sector de la población que deliberadamente anula su voto emitiéndolo en blanco o escribiendo leyendas en la boleta.

El numero y la variación de los votos anulados también puede depender de otros factores, como la aplicación correcta o incorrecta por parte de los funcionarios de casilla y los representantes partidarios de los criterios previstos al respecto en el COFIPE. Los partidos pueden deliberadamente maximizar la anulación de votos del candidato contrario y minimizar la propia durante los conteos al desplegar las boletas y tomar decisiones sobre si un voto es válido o debe ser anulado. Sus representantes de casilla pueden perjudicar eficientemente a los candidatos contrarios exigiendo obsesiva y firmemente la anulación de toda boleta marcada claramente a su favor por el más pequeño indicio de marcado incorrecto, como podría ser algún ligero toque de crayón al logotipo de otro partido. Con la misma vehemencia también pueden ser muy eficientes en evitar que se le anulen votos a su candidato, aunque las boletas estén marcadas incorrectamente. Estas y otras acciones se pueden repetir miles y miles de veces en todo el país durante el conteo en las casillas y llegar a afectar a favor o en contra a uno o más candidatos. Por consiguiente, la serie de los votos anulados son una representación viva, a escala, de la jornada electoral. Las acciones extracasilla de los partidos antes, durante y quizá posteriores a la jornada electoral pueden quedar involuntariamente grabadas en la variación de estos votos, aunque no necesariamente en sus montos totales o subtotales.

En esta elección se anularon 2.5% de los votos presidenciales a nivel nacional, una cantidad menor a la diferencia entre el primer y segundo lugar oficiales. Pero este trabajo no pretende, desde luego, determinar si unos cuantos de esos votos eran legítimos para uno u otro candidato. Importa analizar si esos votos significaron algo más en el proceso electoral y el resultado oficial. Recientemente Héctor Aguilar Camín se refirió de manera cruda y pedagógica a este tipo de votos en el contexto de la discusión sobre el llamado voto nulo (Milenio, 24 de abril 2012). Dijo: "En el fondo es una forma indirecta de votar por el ganador, al que el abstencionismo y los votos anulados le mejoran automáticamente el valor porcentual de los votos que sí consigue. Los votos efectivamente conseguidos por el ganador valen más si el total de los votos válidos es menor. Diez votos efectivos de cien, valen 10 por ciento. Los mismos diez votos efectivos de 50, valen 20 por ciento. Los mismos 10 votos efectivos de 20, valen 50%.". Existe, pues, plena conciencia del potencial de la anulación de votos para ganar o perder una elección. Pero la variación de estos votos puede revelar, además de los movimientos porcentuales mencionados por ese escritor, cambios en los votos absolutos que vale la pena averiguar.

¿Hubo relación entre votos anulados y resultados de la elección?

La respuesta es sí, independientemente de su cuantía.

Como primera aproximación a este asunto, la Figura 3 ilustra que EPN amplió su ventaja en votos absolutos sobre AMLO a nivel estatal cuando aumentaron los votos anulados. Cada punto en esta figura representa uno de los 32 estados del país. En el eje Y hay números positivos y negativos. Los primeros representan los estados donde EPN tuvo más votos que AMLO; los negativos son los estados donde AMLO aventajó. El punto amarillo y grande en la parte baja del gráfico corresponde al DF, un caso completamente atípico en el contexto nacional por el contundente apoyo recibido por AMLO, quien aquí obtuvo más de 1.3 millones de votos sobre EPN. El punto negro arriba a la derecha de la gráfica, donde termina la línea roja de tendencia, es el Estado de México. Ahí EPN tuvo casi 627 mil votos más que AMLO. Como una curiosidad estatal, la mayor diferencia en votos absolutos de EPN sobre AMLO se dio en Guanajuato (636 mil votos), no en el Estado de México como podría haberse esperado. El tercer lugar en este aspecto fue Jalisco, con poco más de 596 mil. La línea roja en esta figura representa la tendencia favorable a EPN. La línea se trazó sin incluir al DF por ser un dato muy alejado de la tendencia general. La inclinación o pendiente de esta recta es el coeficiente de 3.9 en la ecuación inserta en la figura; significa que por cada voto anulado a nivel estatal hubo 3.9 votos a favor de EPN sobre AMLO. El número 4,333.8 es la llamada ordenada al origen y es irrelevante en este caso. El valor de R^2 significa que 34% de la variación de la diferencia de votos entre estos candidatos se explica por la variabilidad de los votos nulos.

Por varios detalles, esta gráfica no calificaría como ejemplo de libro de texto. No se profundizó en ella hasta conseguir un mejor ajuste porque el número de estados es bajo y hay enormes diferencias poblacionales entre ellos, lo que produce un gran error estadístico. No obstante, su propósito es introducir algunos conceptos básicos de este análisis.

La Figura 4 es una sección de la Figura 3 que se construyó únicamente con los estados donde la votación de EPN fue mayor que la de AMLO. Básicamente se intensifica la tendencia favorable a EPN observada en la Figura 3.

La pendiente en esta figura indica que en los estados ganados por este candidato hubo cinco votos a su favor por cada voto anulado y que la variación de la diferencia EPN-AMLO explicada por la anulación aumentó de 34 a 51%. La dispersión de los puntos alrededor de la línea de tendencia permite hipotetizar que la operación a favor de EPN fue controlada con más o menos éxito a nivel estatal, dependiendo quizá también de la densidad de la población y la fuerza de AMLO en esas entidades.

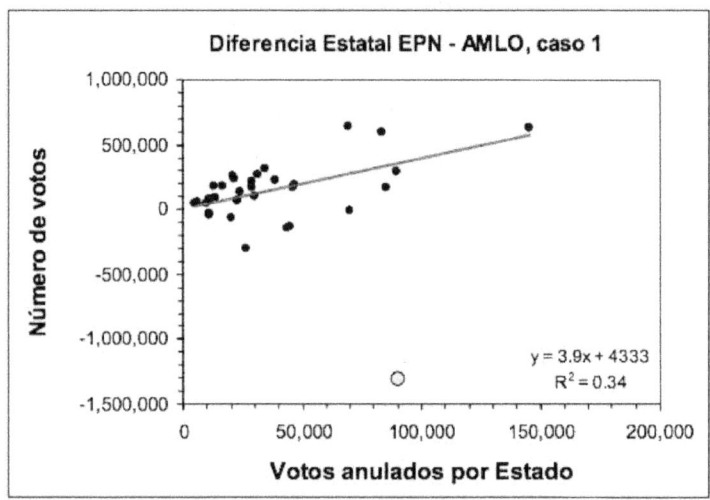

Figura 3. Tendencia estatal de la ventaja de EPN sobre AMLO respecto a los votos anulados, expresada como la diferencia de votos entre EPN y AMLO. La línea roja es un ajuste por mínimos cuadrados sin tomar en cuenta al DF (punto amarillo) por ser este un dato muy extremo y alejado de la tendencia general.

Estadísticas de los votos nulos

La Tabla 1 resume los votos anulados por estados y distritos. Se anuló 2.5% de la votación nacional. Hubo un aumento de cuatro décimas porcentuales respecto a los anulados en la elección del 2000 (2.1%) y de tres décimas en comparación con las del 2006 (2.2%), según datos de Nacif (2009). Las diferencias en los niveles de anulación promedio y mediana entre estados y distritos simplemente reflejan las diferencias en tamaño de poblacional y número de electores entre estas subdivisiones geográfico-políticas. En ambos casos la anulación promedio fue mayor que la mediana, lo cual indica que la distribución de frecuencias de votos anulados es asimétrica y sesgada hacia la derecha. En estos casos, el promedio geométrico representa mejor los datos que el promedio común. El mínimo y máximo de anulación distrital se presentaron en Tijuana (Distrito BC5) y Tamazunchale (distrito SLP7), respectivamente. La diferencia entre estos distritos fue de 8,606 votos nulos, un intervalo relativamente amplio para poder contrastar los patrones de votación de los candidatos en relación con esta variable. La variabilidad estatal de los nulos, expresada como coeficiente de variación (CV), fue 1.5 veces mayor que la distrital. Esto implica que hubo más homogeneidad en los datos distritales que en los estatales. Si se recuerdan los coeficientes de variación de los candidatos en la Figura 2, la variación de 33% en los distritos se acerca a un promedio entre el bajo CV de EPN (24%) y los de los otros candidatos (43 y 46%). Así, la baja variación de EPN tuvo un efecto cuantitativo en toda la elección.

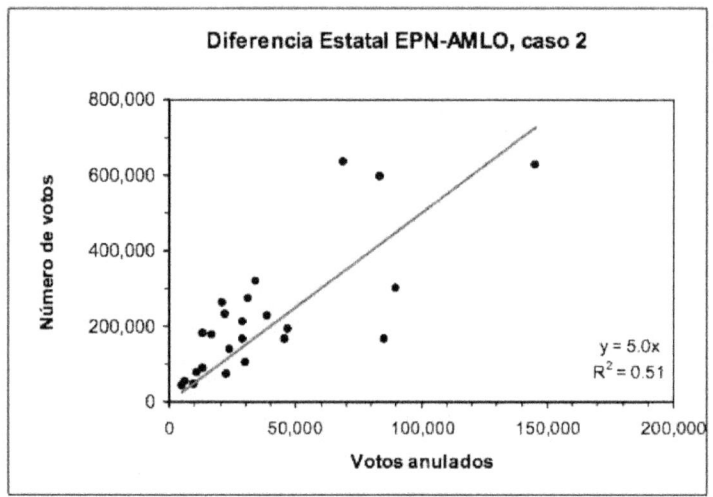

Figura 4. Mismos datos de la Figura 3 pero sólo con estados donde EPN superó a AMLO. La curva fue ajustada a través del origen.

Dado que el total de votos nulos en esta elección es considerablemente menor que la diferencia oficial al 7 de julio entre EPN y AMLO (3.33 millones de votos), es necesario subrayar que no es propósito de este análisis determinar si alguna porción de esos votos corresponden en realidad a algún candidato, sino encontrar signos cuantitativos de una operación electoral a gran escala reflejados en ellos. Todo parece indicar que así fue y que es posible hacer una estimación razonable del monto total de esa operación en votos absolutos.

La cantidad resultante, como se verá en la sección de regresión, es mucho mayor que la de votos anulados en sí y que la diferencia entre EPN y AMLO.

Análisis de correlación
El examen de los datos distritales empezó con una revisión de las distribuciones de frecuencia y la dispersión de las variables proporcionadas por el

IFE. Se utilizaron gráficas y pruebas de rutina para evaluar la normalidad de los datos (Kolmogorov-Smirnof y de Lilliefor), se calcularon sus parámetros de centralidad y dispersión y se aplicaron técnicas gráficas para visualizar las correlaciones entre los tipos de votos, entre los candidatos y los votos. Se produjeron más materiales de estas pruebas, pero se presentan las más relevantes. Están disponibles para el interesado en revisar la veracidad de lo aquí expuesto o la corrección o incorrección de las técnicas aplicadas.

	Estados (32)	Distritos (300)
Total	1,241,154	1,241,154
Promedio	38,786	4,137
Promedio geométrico	28,352	3,952
Mediana	29,082	3,837
Minimo	5,180, BCS	2,263, BC5, Tijuana
Máximo	145,605, EdoMex	10,869, SLP7, Tamazunchale
CV (%)	83	33

Tabla 1. Comparación de votos anulados entre Estados y distritos en la elección presidencial de julio 2012. Cifras y cálculos a partir de base de datos del IFE obtenida de su página de Internet el 7 de julio, 2012.

Las Figuras 5, 6 y 7 dan cuenta de lo anterior. La Figura 5 muestra las correlaciones de los tipos de votos entre sí (totales, válidos y nulos). En los diagramas de barras de esta figura se aprecia los votos totales y los válidos tienen una distribución aproximadamente normal, que se expresa en su forma de campana. Los votos nulos se distribuyeron de una manera diferente: la mayoría de los distritos presentaron niveles bajos de anulación (entre 2 y 4 mil votos) y unos pocos con anulación alta (8 y 9 mil) o muy alta (>10 mil). La distribución lognormal se aproxima a la de estos votos. Las gráficas de puntos en esta figura son de correlación y los números insertos en ellas son el índice de correlación de Pearson (r). Todas estas correlaciones fueron significativos ($p < 0.05$). La alta correlación entre válidos y totales ($r = 0.999$) no sorprende; significa que la cantidad de votos válidos por distrito dependió directamente de los votos emitidos. Sin embargo, esta relación casi perfecta disminuyó dramáticamente al correlacionar los totales y los válidos con los anulados, $r = 0.21$ y 0.16, respectivamente. Esta disminución de r se visualiza en las muy dispersas nubes de puntos azules en las gráficas de los nulos. Este es un primer indicio de que la variación de estos votos tuvo características muy diferentes a los otros votos. Este fue el hilo seguido para adentrarse en el posible papel de la variabilidad de estos votos en los resultados electorales. El siguiente paso fue analizar la correlación de estos votos con cada candidato.

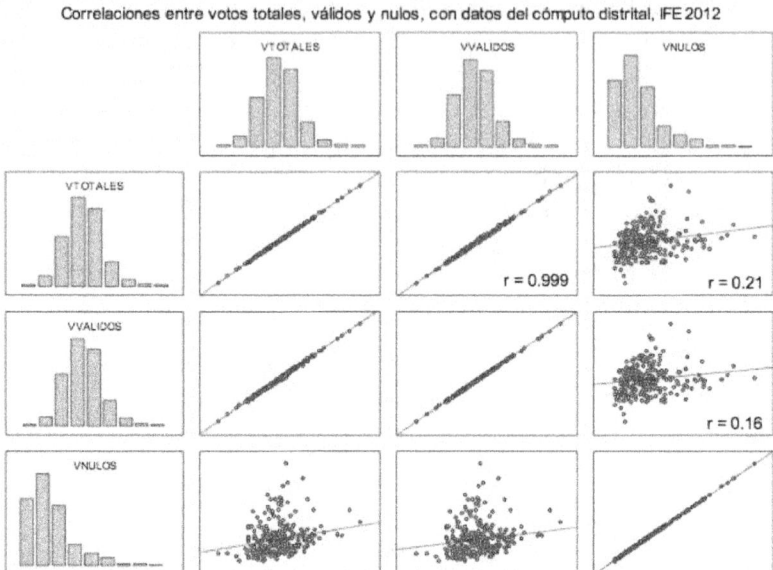

Correlaciones entre votos totales, válidos y nulos, con datos del cómputo distrital, IFE 2012

Figura 5. Correlaciones distritales entre votos totales emitidos (VTOTALES); votos válidos VVALIDOS, que se calcularon como la diferencia entre totales y nulos (VNULOS). Los números en las gráficas son el índice de correlación de Pearson. Todos son significativos (p < 0.05).

Figura 6 muestra las correlaciones entre los candidatos y entre ellos con los votos nulos. La primera característica notable en esta figura es que la distribución de los votos de los candidatos no es normal y que es más o menos similar a la de los nulos. Más adelante se retoma este punto porque obligó a una transformación de los datos originales al aplicar un modelo de regresión. El segundo aspecto es la forma de las nubes de puntos en cada correlación y el índice que las resume (r de Pearson). Si la nube es circular, como aproximadamente se observa en la relación entre JVM con los nulos (indica que no hay correlación, que r = 0 o no significativamente de diferente de cero). En este caso particular, r fue igual a –0.03. Si la nube es alargada y consistentemente ascendente hacia la derecha, la correlación es positiva); si es alargada descendente, negativa. Las líneas rojas en medio de las nubes de puntos representan la tendencia promedio, son una versión simplificada de estas nubes y facilitan visualizar si las correlaciones son de un tipo u otro, o si no existen. Todo es expresado por el índice de correlación de Pearson, que resume en un solo número la fuerza y sentido de cada correlación. Como se sabe, este índice varía entre –1 (relación completamente negativa) y +1 (correlación completamente positiva). No obstante, siempre es recomendable visualizar las relaciones entre variables con gráficas de este tipo para una mejor interpretación del índice r.

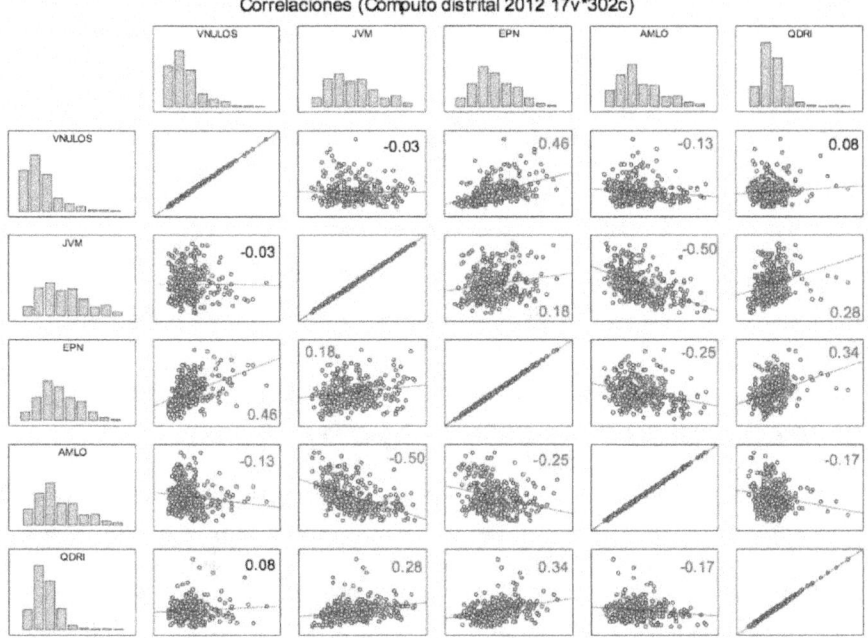

Figura 6. Correlaciones distritales entre candidatos y votos nulos. Los números dentro de las gráficas son el índice de correlación de Pearson (en rojo, significativos, p < 0.05; en negro, no significativos).

La apariencia complicada de las correlaciones en la Figura 6 se puede resumir en las siguientes observaciones:

• Ni la votación de JVM (r = –0.03) ni la de GQT (r = 0.08) tuvieron relación significativa con los votos anulados. Esto se manifiesta en sus líneas de tendencia planas e índices de correlación con los votos nulos cercanos a cero. En otras palabras, la anulación no les afectó ni para bien ni para mal y mantuvieron su preferencia general entre el electorado independientemente de la anulación distrital. Son dos casos interesantes, especialmente el de JVM, porque remiten a la racionalidad y pertinencia de poner a prueba la hipótesis de neutralidad de los votos anulados.

• El caso de AMLO es parecido al de JVM y GQT, aunque su línea de tendencia tiene una caída significativa con el incremento de la anulación (r = – 0.13, p < 0.05). Esto significa que la anulación no fue neutral con AMLO y que este candidato perdió votos con la anulación. Este punto se retoma en la siguiente sección para determinar su posible monto.

• Las correlaciones muestran que EPN fue el único de los candidatos con una relación positiva relativamente alta con los niveles de anulación (r =

0.46; p < 0.05). La neutralidad de votos los nulos también falló con él, pero en el sentido de favorecerlo. Este punto también se retoma en la siguiente sección para determinar su posible monto.

• Es llamativo el la Figura 6 que todas las correlaciones entre JVM, EPN y Quadri fueron, con más o menos fuerza, positivas y significativas. Implica que sus votos, en general, crecieron y disminuyeron juntos. Pero todos ellos tuvieron correlaciones negativas con AMLO. Cuando a este candidato le aumentó la votación, a ellos les disminuyó y viceversa. La correlación más negativa entre dos candidatos fue entre JVM y AMLO (r = –0.50; p < 0.05), un indicador de que las posturas políticas de sus electores están bien definidas y son muy contrapuestas entre sí.

La Figura 7 es una representación más sencilla de las relaciones entre los candidatos y votos nulos. Esta especie de árbol genealógico se elaboró con la conocida técnica de análisis de grupos o cúmulos (Cluster analysis) y con los índices de correlación de Pearson como criterio de agrupación. AMLO, quien como se acaba de ver tuvo índices de correlación negativos con todos los candidatos y con los votos anulados, aparece aquí como una rama separada de los otros candidatos. Esto es consistente con el planteamiento que él mencionó en repetidas ocasiones en su campaña: que en estas elecciones había sólo dos opciones diferentes, la representada por él y la de los demás candidatos. Quadri también llegó a externar esta idea.

En esta misma figura se destaca con un círculo rojo la estrecha asociación entre EPN y los votos nulos. Esta relación de EPN fue más fuerte que con los otros candidatos y con los votos totales. Este es un indicio claro de que la coalición PRI-PVEM jugó la carta de la anulación como una de las vías para ganar la elección. Pero lo hizo con tal fuerza y desparpajo con otros mecanismos de agenciarse votos que su accionar quedó irremediablemente grabado en la variación de los votos nulos. En otras palabras, la variación distrital de los votos nulos es una representación a escala de la operación del PRI-PVEM a nivel de distritos.

En aquellos donde hubo más votos anulados, operó con más fuerza la maquinaria de esta coalición e incrementó su promedio de votos. Donde hubo menos votos anulados, EPN tuvo sus niveles de votación más bajos. Ninguno de los otros contendientes parece haber actuado así, al menos con tal intensidad.

Análisis de regresión

Se hizo un ajuste lineal mediante regresión simple a los votos de los candidatos como función de los votos anulados. Esta técnica de análisis define con más exactitud y precisión la correlación entre dos variables, posibilita estimar el error de sus dos parámetros principales y permite estimar votos adicionados o descontados a partir de la ecuación resultante. Se utilizó el modelo clásico de regresión simple basado en la ecuación de la línea recta. Intentos preliminares de aplicación de este modelo a los datos originales (votos sin transformar) o transformando sólo una de las variables produjeron resultados inaceptables por no cumplir con los supuestos del modelo, básicamente la normalidad de datos y de los residuos del ajuste, así como la homogeneidad de la varianza.

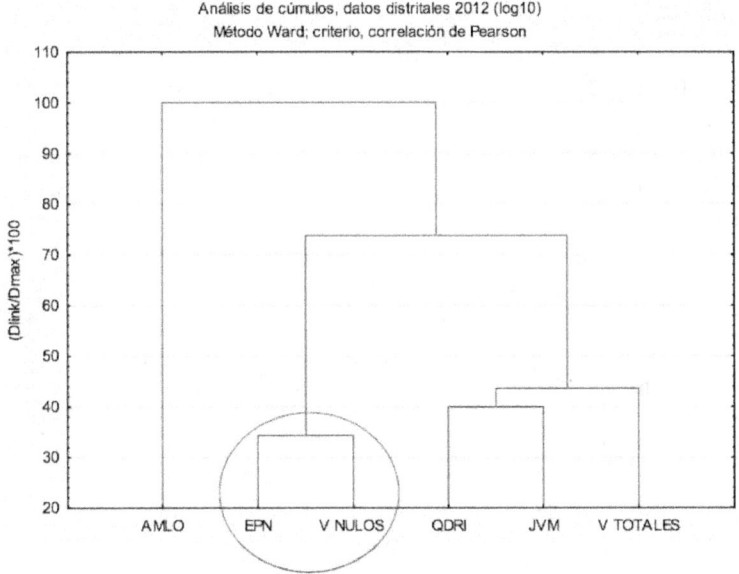

Figura 7. Relaciones entre candidatos y tipos principales de votos. Árbol hecho a partir de sus correlaciones con los datos logarítmicos y análisis de grupos.

El modelo se aplicó finalmente a los datos transformados a escala logarítmica, lo que produjo ajustes lineales más satisfactorios. El modelo se sintetiza así:

$$Y = \beta_0 + \beta_1 x$$

Donde Y representa los votos de cada candidato, β_0 es la ordenada al origen o el número de votos obtenido cuando los nulos son cero (lo cual no ocurrió a nivel distrital) o uno en este caso, por la transformación logarítmica. En condiciones de neutralidad absoluta de los votos nulos la ordenada correspondería al promedio de votación distrital de los candidatos. Como se verá más adelante, los votos de JVM y los de Quadri se aproximaron a esto. El parámetro β_1 es la pendiente de la recta, que define el incremento de votos de los candidatos en función de los nulos. Este es el parámetro clave para decidir si la hipótesis de neutralidad de los votos nulos se cumple o no, así como para determinar el ritmo de una posible ganancia o pérdida de votos. Esta hipótesis establece que los votos de los candidatos no aumentan ni disminuyen significativamente en relación con los votos nulos. En un sentido más formal, la hipótesis puesta a prueba fue:

$$\beta_1 JVM = \beta_1 EPN = \beta_1 AMLO = \beta_1 QDRI = 0$$

Los resultados principales de este análisis se resumen en las Tablas 3 y 4. En la primera de estas se presentan las pruebas de las sumas de cuadrados de este análisis por candidato y se añaden los parámetros β_0 y β_1 de las curvas de ajuste de cada candidato con sus respectivos intervalos de confianza del 95%. El modelo fue significativo sólo para EPN y AMLO ($p = 0.00$ y 0.02, respectivamente); es decir, $\beta_1 \neq 0$ (Figura 8). Por lo tanto, para estos candidatos se rechaza la hipótesis de neutralidad de los votos nulos. En cambio, la hipótesis se sostiene para JVM y Quadri, a quienes la anulación no los afectó ni para bien ni para mal.

CANDIDATO	GL	SC modelo	SC residuos	F	p	R^2 múltiple	β_0	β_1
JVM	298	0.005	0.048	0.10	0.75	0.00	4.47±0.706	0.03±0.196
EPN	298	0.768	0.008	97.04	**0.00**	0.25	3.37±0.285	0.40±0.079
AMLO	298	0.192	0.036	5.39	**0.02**	0.02	5.40±0.605	-0.20±0.168
QDRI	298	0.004	0.043	0.09	0.77	0.00	3.44±0.664	0.03±0.184

Tabla 3. Resumen de las pruebas de la suma de cuadrados (SC) del modelo vs. la SC de los residuos de la regresión de los votos distritales de los candidatos vs. los votos anulados. Este análisis se hizo a los datos transformados logarítmicamente (log10). Se añaden aquí la ordenada (β_0) y la pendiente (β_1) de las curvas de ajuste ± sus intervalos de confianza del 95%. GL, grados de libertad.

El modelo utilizado se ajustó mejor a los datos de EPN ($R^2 = 0.25$) que a los de AMLO ($R^2 = 0.02$). El precio estadístico de esta situación se paga con un intervalo de confianza de la pendiente de AMLO del doble del tamaño de la de EPN (Figura 8). Llama la atención también que la varianza no explicada por el modelo (SC residuos) es de 4.5 a seis veces menor en EPN en comparación con sus contendientes. Esta diferencia es mucho más grande que la expresada por los coeficientes de variación obtenidos directamente de los datos reales (ver Figura 2). Esto ilustra la mejor resolución numérica de la técnica de regresión. La escasa variación interdistrital de EPN sugiere un que hubo un control sobre su serie de votos en la base de datos publicada por el IFE. Sin embargo, determinar en cuál o cuáles pasos del proceso electoral pudieron haber operado esos controles va mucho más allá de los alcances de este análisis.

La Tabla 4 muestra las ecuaciones producidas por el análisis de regresión en escala logarítmica y en la escala original de los datos (votos). Se incluyen las ecuaciones de JVM y Quadri, aunque no fueron significativas ($\beta1 = 0$).

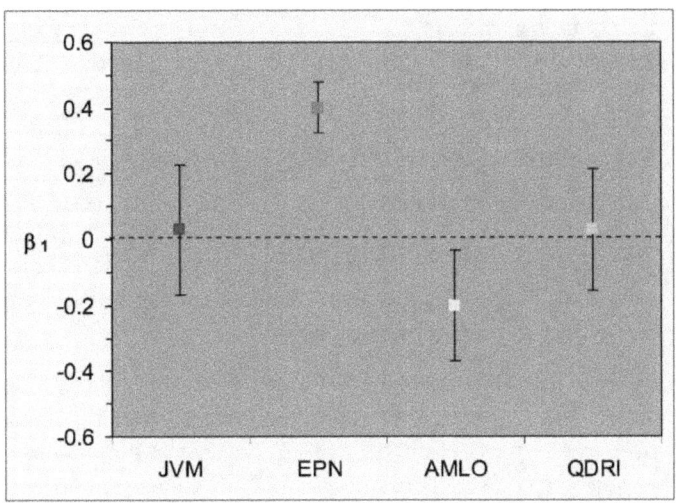

Figura 8. Valor e intervalo de confianza (IC95%) del parámetro β1 (pendiente) de las rectas de ajuste de los votos distritales de los candidatos vs. los votos nulos. Las pendientes cuyo IC95% incluye el valor cero (JVM y QDRI), no son significativamente diferentes de este valor. Esto significa que la anulación no los afectó. Para los otros dos candidatos, hay elementos para rechazar la hipótesis de neutralidad de los votos. A EPN, con pendiente positiva (0.40) la anulación lo benefició; a AMLO, con pendiente negativa (–0.20), lo perjudicó. De manera interesante, el IC95% de EPN es la mitad del de los otros candidatos; otra expresión del control sistemático ejercido sobre su votación.

La pendiente positiva de EPN (0.40) y la negativa de AMLO (–0.20) son la expresión cuantitativa del efecto de la anulación, y posiblemente de otros factores relacionados con ésta, en los votos distritales de estos candidatos. El tamaño de la pendiente de EPN es la medida de la adición artificial de votos a su favor: 40 ± 8%; mientras que a AMLO le significó una sustracción de votos del orden de 20 ± 17%. El significado en votos se puede calcular aplicando estos porcentajes a las sumas totales reportadas por el IFE (07-07-2012): EPN, 19,226,784 votos; AMLO, 15,896,999. Redondeando, EPN recibió 7.7 ± 1.5 millones de votos no libres ni (tan) secretos. A AMLO le faltan 3.2 ± 2.7 millones de votos. Como se observa, este margen de error es muy grande, va de 500 mil a 5.9 millones de votos y se debe a la alta variabilidad de la votación distrital de este candidato. Estos cálculos implican que la suma de votos limpios de EPN estaría entre 10 y 13 millones, con 11.5 millones en promedio, cifra menor a la de JVM (12.8 millones de votos). La de AMLO estaría, añadiendo el faltante entre 16.4 y 21.8 millones de votos, con un promedio de 19.1 millones de votos, cifra muy similar a la reconocida por el IFE a EPN.

Escala logarítmica	Escala real
Log_{10} (votos JVM) = **0.03**[log_{10}(votos nulos)] + 4.47	JVM = votos $\text{nulos}^{0.03}$ / 0.000034
Log_{10} (votos EPN) = **0.40**[log_{10}(votos nulos)] + 3.37	EPN = votos $\text{nulos}^{0.40}$ / 0.00043
Log_{10}(votos AMLO)= **−0.20**[log_{10}(votos nulos)] + 5.40	AMLO = votos $\text{nulos}^{-0.20}$ / 0.000004
Log_{10} (votos QDRI) = **0.03**[log_{10}(votos nulos)] + 3.44	QDRI = votos $\text{nulos}^{0.03}$ / 0.00036

Tabla 4. Ecuaciones del modelo de regresión aplicado con los datos en escala logarítmica. Las ecuaciones a escala real se obtuvieron por conversión antilogarítmica.

En un ensayo previo con el modelo de regresión lineal aplicado directamente a los datos (votos) en bruto, los resultados fueron muy parecidos y más fáciles de interpretar, pero el ajuste fue ligeramente menos satisfactorio en cuanto a las suposiciones del mismo (Tabla 5). Las pendientes de JVM y GQT tampoco difieren de cero y se concluye que no fueron afectados por la anulación. Las pendientes de EPN y AMLO también fueron diferentes de cero y se concluye que sus votos distritales fueron sensibles a la anulación. De acuerdo con estos resultados, a EPN, con β_1 = 5.05, se le suman cinco votos por cada voto anulado, mientras que a AMLO (β_1 = −2.1) se le descuentan 2.1 votos por cada anulado. Esto conduce a un incremento artificial de 32.6% (6,627,555 votos) a la cuenta total de EPN. Por consiguiente, sus votos limpios en total serían 12,959,229. Por el lado de AMLO, hay un descuento de 16.5% (2,618,721 votos) respecto al total que le reconoce el IFE, por lo que su total debiera ser de 18,515,720 votos. Aunque las cifras son menores, las conclusiones que se extraen de este ejercicio son las mismas que con el modelo logarítmico. En votos limpios, AMLO aventajó con 5,556,491 a EPN.

Candidato	β_0			β_1			Promedio distrital IFE
	-95%CI	Promedio	+95%CI	-95%CI	Promedio	+95%CI	
JVM	36,213	43,309	50,406	-1.80	-0.17	1.46	42,622
EPN	38,318	43,212	48,105	3.92	5.05	6.17	64,089
AMLO	53,546	61,737	69,927	-3.99	-2.11	-0.23	52,990
QDRI	2,744	3,385	4,027	-0.038	0.11	0.256	3,836

Tabla 5. Parámetros de las líneas de regresión simple aplicadas directamente a los datos distritales del IFE.

Es interesante observar en esta tabla que cuando se cumple la hipótesis de neutralidad de los votos nulos para un candidato, la ordenada al origen de su curva es muy similar su promedio distrital; por ejemplo, la ordenada para JVM es de 43,309 votos y su promedio distrital fue 42,622. En el caso de Quadri, la ordenada fue de 3,385 y su promedio distrital fue 3,836. Estas diferencias se deben a que sus pendientes no fueron exactamente iguales a cero. No obstante, los promedios reales de estos candidatos se encuentran dentro del intervalo de confianza cuantificado por la regresión. En contraste, cuando no hubo neutralidad de la anulación, la ordenada y el promedio de los candidatos son muy distintos y su diferencia expresa el sentido del efecto: el promedio distrital de EPN a partir de los datos oficiales (64,089 votos) es muy superior a su ordenada (43,212 votos, curiosamente casi igual a la de JVM) y se encuentra fuera y muy por arriba de su intervalo de confianza. En el caso de AMLO, su promedio distrital (52,990 votos) es inferior a su ordenada (61,737), y también queda fuera y debajo del intervalo de confianza de la ordenada. Estos son indicios estadísticos fuertes e irrebatibles de que la votación presidencial fue distorsionada a favor de EPN y en contra de AMLO.

Como un ejercicio adicional, si se asume que la ordenada de la ecuación de EPN representa su promedio real de votos limpios, se puede calcular su total de votos: 43,212 x 300 distritos = 12,963,300 votos. Para AMLO: 61,737 x 300 = 18,521,100 votos totales. Si el ejercicio se hace más conservadoramente con los límites superior de EPN e inferior de AMLO, el resultado es 14,431,500 votos para EPN y 16,063,800 para AMLO; es decir, este candidato volvería a ganarle a EPN con poco más de 1.6 millones de votos.

La Figura 9 muestra dos representaciones gráficas de los modelos ajustados a los datos electorales de los dos candidatos afectados por la anulación. Se destacan las tendencias positiva de EPN y negativa de AMLO con sus respectivos intervalos de confianza. De acuerdo con ellas, la derrota de EPN y el triunfo de AMLO parecen estadísticamente imposibles, como si hubieran sido fijados de antemano.

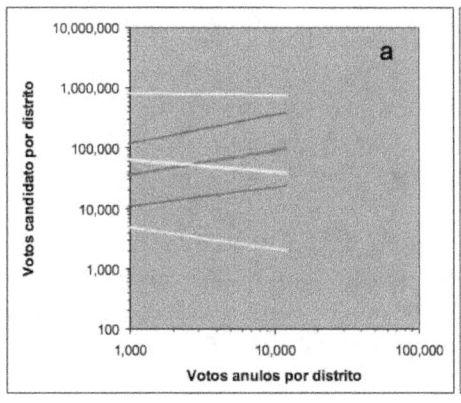 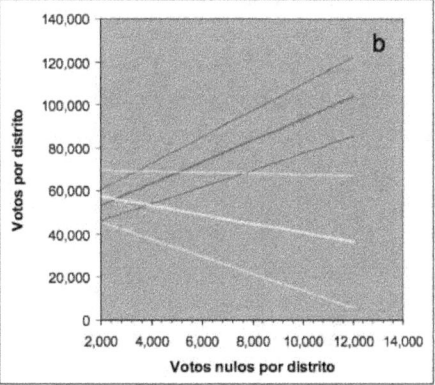

Figura 9. Representación del modelo de regresión aplicado a los datos distritales de EPN y AMLO: a) versión logarítmica; b) versión con datos sin transformar.

Sin embargo, los resultados de este trabajo muestran que ambas tendencias contienen fuertes indicios de haber sido inducidas artificialmente, a fuerza de adicionar a EPN votos ajenos a las definiciones del artículo 41 constitucional y de restarle votos a AMLO. La adición artificial de votos a EPN fue de tal magnitud que terminó por deformar la naturalidad de su variación. Esto dejó en la base oficial de datos un rastro clave para cuantificarla.

Sobre la base de estos análisis se puede considerar que los patrones de variación de JVM, AMLO y Quadri derivaron básicamente del proselitismo de sus campañas. Esto se puede afirmar a pesar de que localizadamente alguno de ellos haya tenido prácticas desleales. Por ejemplo, se observa que Quadri tuvo niveles de votación extremadamente alta con respecto a su tendencia general en distritos de Aguascalientes, Chiapas, Chihuahua, Hidalgo, Nuevo León y Tamaulipas, entre otros. No obstante, estos eventos no lograron impactar significativamente su patrón de votación. En el caso de EPN se trata de un operativo de adquisición de votos a gran escala, abarcando todo el país aunque con mayor intensidad en algunos distritos identificables.

Estos resultados muestran que es posible estimar la cantidad de votos añadidos artificialmente mediante una prueba de hipótesis, la cual reveló aspectos de la estructura de los datos oficiales que no son fácilmente distinguidos ni entendidos por el ciudadano común al

La suma oficial de votos de EPN está potencialmente inflada en alrededor de 40%, casi 7.7 millones de votos.

que se debe servir con honestidad. El rechazo de la hipótesis de neutralidad de los votos nulos para los dos principales contendientes significa que el proceso de elección no transcurrió de acuerdo con las especificaciones del COFIPE en cuanto a los criterios para anular votos y que esta falta afectó significativamente el resultado oficial al intercambiar los lugares de los dos principales candidatos. Este tipo de pruebas pueden ser instrumento importante de validación de votos en procesos electorales futuros. La otra gran ventaja de esta prueba es que permite no sólo identificar el sentido del efecto de la anulación (a favor o en contra) sino cuantificarlo en votos. Esto no implica que la anulación de votos sea la única causa, ni mucho menos la principal, de lo que parecen votos en exceso para el candidato del PRI. Varios otros factores como los que se han mencionado en los medios pueden haber contribuido a ello. En cierto sentido, todos estos quedaron reflejados en la variación de los votos nulos: a más anulados en un distrito, más intervención del PRI-PVEM en sus diferentes manifestaciones y más votos para EPN; a menos anulados, quizá por más vigilancia de los contrincantes, menos votos para el presunto ganador. Este fue un rasgo principal de esta elección.

Es lamentable que el IFE, con todos los recursos humanos y materiales de que dispone, no haya hecho, como parece, un análisis numérico a fondo de los datos distritales antes de declarar un presunto ganador. Pasó como buenas sumas de votos a partir de datos estructuralmente cuestionables, especialmente los de EPN. México se ahorraría inmensos problemas de falta de transparencia electoral, gastos multimillonarios innecesarios y tensión política si se institucionalizaran prácticas de validación de datos. Con las herramientas modernas de cómputo y algo de claridad sobre cómo proceder, sería posible hacer estos análisis en cuestión de minutos, antes de sorprender al país los primeros domingos de Julio de cada seis años por la noche con resultados increíbles.

Conclusiones

1. La votación de EPN es la única con indicadores de distorsión a su favor.

2. La suma oficial de votos de EPN está potencialmente inflada en alrededor de 40%, casi 7.7 millones de votos con error de 6.2 a 9.2 millones.

3. IFE avaló votación de EPN sin revisión de sus características numéricas.

4. Hay evidencia numérica de que a AMLO le desaparecieron alrededor de 3.2 millones de votos. Es enteramente posible señalar cuáles fueron los distritos más probables donde se hizo esta sustracción.

5. El próximo fallo del Tribunal Electoral del Poder Judicial de la Federación (TEPJF) no debería sustentarse en datos estadísticamente dudosos.

6. La demanda de anulación de toda la elección presidencial es exagerada, porque sólo un candidato tiene el patrón de votación anómalo, EPN. Por consiguiente, la demanda y el veredicto justos serían la descalificación del presunto ganador.

7. En contraste, la votación de los demás candidatos, aunque no se pasa por alto que hubo distritos con votación extrañamente alta para algunos de ellos, fue en términos generales consistentemente aleatoria; es decir, con una variación propia de votos obtenidos por proselitismo partidario y que refleja genuinamente las preferencias del electorado.

8. Estos resultados se añaden a las evidencias documentales y argumentos que ponen en duda el resultado de la elección presidencial. Sobre esta base numérica y las previstas en la ley electoral y la constitución, es enteramente razonable exigir que la autoridad resuelva a favor de una revisión minuciosa de todo el proceso electoral tocante a la elección presidencial.

Referencias

Nacif H. B. 2009. Haz valer tu voto, no lo anules.
http://pac2009.ife.org.mx/boletin07_n1.html
COFIPE - Artículo 274

ANÁLISIS DE LAS ESTIMACIONES DE LAS CASAS ENCUESTADORAS VS LOS CÓMPUTOS DISTRITALES EN LA ELECCIÓN DE 2012

Macario Hernández

Algunos principios que satisfacen las encuestas probabilísticas

Con el fin de ilustrar algunos principios estadísticos básicos que cumplen las estimaciones de preferencia electoral, obtenidas mediante encuestas probabilísticas, se realizó una simulación computacional de la estimación de la preferencia electoral de un candidato mediante una encuesta. Se asumió que la preferencia electoral es de 38.21%. La estimación de la preferencia electoral simulando una encuesta se repitió 3,000 ocasiones. Para efectos de ilustración, se hicieron corridas de 30 estimaciones, y estas corridas de 30 estimaciones se repitieron 100 veces, para dar el total de 3,000 estimaciones.

Como se verá, las estimaciones de una encuesta electoral tienen un comportamiento aleatorio, siguen ciertos principios estadísticos, éstas no tienen un comportamiento caótico, como nos quieren hacer creer los encuestadores "reconocidos".

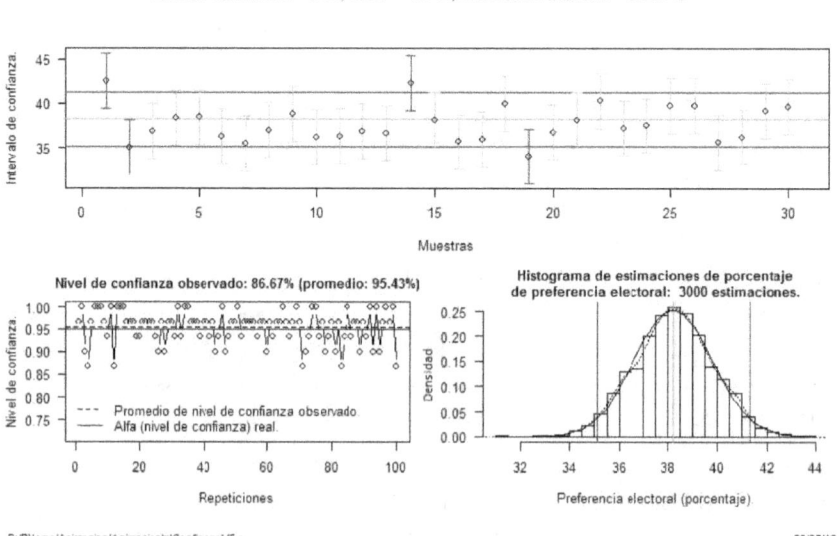

Figura 1. Simulación de estimaciones de preferencia electoral.

En el gráfico se tiene el histograma de las 3,000 estimaciones simuladas de la preferencia electoral del candidato. La línea verde corta en el eje x el valor de la preferencia electoral del candidato: 38.21%; la línea roja de la izquierda corta al eje x en Preferencia Electoral – Error = 38.21% – 3.1% = 35.11%;

de la misma forma la línea roja de la derecha corta el eje x en Preferencia Electoral + Error = 38.21% + 3.1 = 41.31%. Las estimaciones obtenidas por simulación que caigan entre estas dos líneas rojas son estimaciones que caen dentro de precisión, y por el contrario, las que caigan fuera de estas líneas rojas estarán fuera de precisión.

Del histograma anterior se tiene que las estimaciones de preferencia electoral, obtenidas mediante encuestas probabilísticas, cumplen tres principios:

1. Las desviaciones de las estimaciones respecto de la preferencia electoral tienen la misma probabilidad de ser tanto positivas como negativas, es decir, las estimaciones pueden ser mayores que la preferencia electoral, o menores que ésta con la misma probabilidad.

2. Es más probable ver desviaciones pequeñas que desviaciones grandes.

3. Las estimaciones tienen una distribución normal.

En la gráfica superior de la Figura 1, se tiene la última corrida de 30 estimaciones. Cada estimación está representada por un punto en el centro del intervalo de confianza. La línea central, de color verde, representa la estimación de la preferencia electoral del candidato, que es 38.21%. Las líneas rojas representan los límites de precisión (identificaremos a Error, Error Muestral y Precisión como el mismo concepto), la línea límite superior de precisión tiene el valor de: Preferencia Electoral + Error = 38.21% + 3.1% = 41.31%; mientras que la línea límite inferior de precisión tiene el valor de: Preferencia Electoral − Error = 38.21% − 3.1% = 35.11%.

En esta gráfica se puede observar como por la distribución normal de las estimaciones, es más probable observar estimaciones cerca de la preferencia electoral, que lejos de ésta. Las estimaciones que están fuera de precisión quedarán fuera de las líneas de color rojo, y cuando esto suceda, su intervalo de confianza correspondiente no contendrá al valor de la preferencia electoral, como se puede ver en esa gráfica. Esta gráfica superior tiene las estimaciones de la repetición 100, de las últimas 30 estimaciones, como se ve, hay cuatro estimaciones fuera de precisión y, por lo tanto, 26 estimaciones dentro de precisión, entonces la fracción de estimaciones dentro de precisión es 26/ 30 = 0.8666. Puesto en porcentaje, el 86.67% de las últimas 30 estimaciones están dentro de precisión, o bien, se puede decir que, el nivel de confianza observado de las últimas 30 estimaciones es de 86.67%.

En la gráfica de la parte inferior izquierda de la Figura 1, se muestran las confianzas observadas para cada una de las repeticiones de 30 estimaciones, la línea punteada negra representa el promedio del nivel de confianza observado en las 100 repeticiones de 30 estimaciones el cual es 95.43%, un valor bastante cercano al nivel de confianza teórico del 95%, representado por la línea azul en ese gráfico.

Con lo anterior se verifica lo antes comentado: las estimaciones de las preferencias electorales obtenidas mediante encuestas, tienen una variabilidad aleatoria que satisface principios estadísticos.

Primera aproximación a las estimaciones de las casas encuestadoras

En este análisis se revisará el conjunto de las últimas estimaciones de las casas encuestadoras para los candidatos a la presidencia en las elecciones de 2012 en México. La información de las Tablas 1 y 2, fue obtenida de internet, de los sitios de las propias casas encuestadoras o de los sitios de internet de los patrocinadores de las encuestas.

Tabla 1: Últimas estimaciones de las casas encuestadoras y sus patrocinadores oficiales.

Encuestador	Patrocinador	EPN	AMLO	JVM	Quadri	Otros	Distancia. Euclideana
1 Covarrubias	SDP Noticias	41.00	30.00	26.00	3.00	0.00	4.18
2 Reforma	Reforma	41.00	31.00	24.00	4.00	0.00	4.40
3 De las Heras	Uno TV	40.19	32.43	22.91	4.47	0.00	4.68
4 Ipsos-Bimsa	Ipsos-Bimsa	41.20	27.50	23.00	1.70	6.60	6.97
5 Consulta Mitofsky	Mitofsky	44.50	29.40	24.10	2.00	0.00	7.24
6 Parametría	El Sol de México	43.90	28.70	23.60	3.80	0.00	7.25
7 BGC	Excélsior	44.00	28.00	25.00	3.00	0.00	7.31
8 Con Estadística	Grupo Fórmula	44.40	26.70	24.70	4.20	0.00	8.53
9 Gea-Isa	Milenio	46.90	28.50	22.40	2.20	0.00	10.02
10 Indermerc-Harris	El Financiero	47.20	27.10	22.80	2.90	0.00	10.38
11 Buendía & Laredo	El Universal	41.20	23.80	20.60	2.70	11.7	13.32
	Promedio	43.27	28.47	23.55	3.09	1.66	
	Cómputo Distrital	38.21	31.59	25.41	2.29	2.51	
	Promedio-Cómputo Distrital	5.02	-3.12	-1.85	0.80	-0.85	

Fuente: Información obtenida de internet, del sitio de las casas encuestadoras o sus patrocinadores.
EPN: Enrique Peña Nieto. AMLO: Andrés Manuel López Obrador. JVM: Josefina Vázquez Mota. Quadri: Gabriel Quadri.
Otros: Candidatos No Registrados + Votos Nulos.

Tabla 2: Precisiones reportadas por las casas encuestadoras para los diferentes candidatos

Encuestador	EPN	AMLO	JVM	Quadri
1 Reforma	2.80	2.80	2.80	
2 Covarrubias	2.53	2.53	2.53	
3 De las Heras	2.60	2.60	2.60	
4 Ipsos-Bimsa	3.70	3.70	3.70	
5 Parametría	3.10	3.10	3.10	
6 Mitofsky	3.30	2.80	2.70	
7 BGC	2.90	2.90	2.90	
8 Con Estadística	2.90	2.90	2.90	
9 Buendía & Laredo	2.50	2.50	2.50	
10 Gea-Isa	3.00	3.00	3.00	
11 Indermerc-Harris	2.22	2.22	2.22	

Fuente: Información obtenida de internet, del sitio de las casas encuestadoras o sus patrocinadores.

De la Tabla 1 se tiene que, según reportes de Ipsos-Bimsa y Mitofsky, estas casas encuestadoras se auto-patrocinan, algo difícil de creer dado el costo de una encuesta nacional. También se tiene falta de aleatoriedad en algunas estimaciones, dados algunos empates inverosímiles para Peña Nieto: Covarrubias y Reforma: 41.0; Ipsos-Bimsa y El Universal: 41.20.

Otro aspecto importante a observar en la Tabla 1 es que la mayor parte de los encuestadores tienen 0% para Otros Candidatos, que normalmente correspondería a Candidatos No Registrados y Votos Nulos. Esto lo consiguen los encuestadores diseñando el cuestionario de la encuesta de tal forma que sólo preguntan por qué candidato de los registrados votarán, a sabiendas de que algunos ciudadanos votan por Candidatos No Registrados, o bien, anulan el voto por voluntad propia. Este no es un error de las casas encuestadoras, es una forma de tomar los puntos porcentuales correspondientes a Candidatos No Registrados y asignárselos algún candidato particular, el cual resultaría favorecido.

En la Figura 2, se muestran las estimaciones de las casas encuestadoras para los candidatos, así como los resultados de los cómputos distritales para cada candidato (mediante una línea roja continua). También se muestran los promedios de las estimaciones de las casas encuestadoras para cada candidato (mediante una línea roja punteada).

Se puede apreciar, en la misma Figura 2, como todas las casas encuestadoras, se "equivocaron" a favor del candidato que, presuntamente, más gastó en campaña. Es decir, todas las estimaciones para este candidato fueron mayores que el resultado del cómputo distrital; en otras palabras, cada casa encuestadora tuvo un sesgo positivo para este candidato. Otro aspecto importante es que las estimaciones para Peña Nieto muestran una estratificación, como se puede observar, se forman tres grupos de estimaciones.

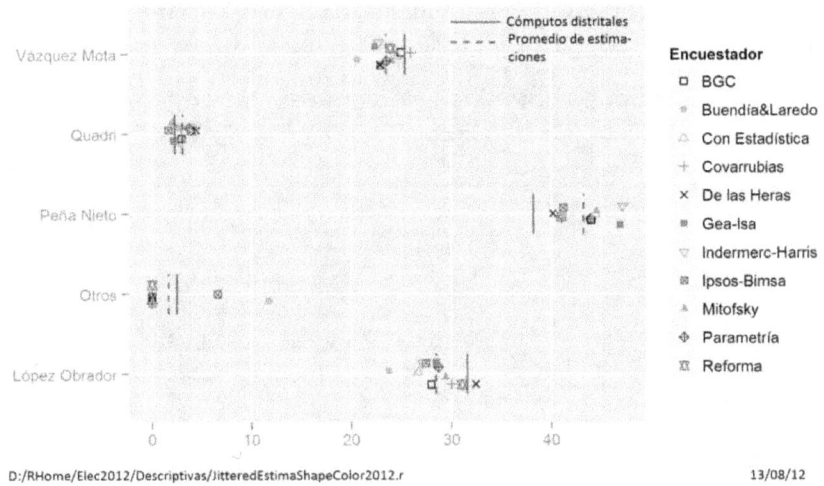

Figura 2. Estimaciones de encuestadores vs. resultados

Para tener una idea de la magnitud de los sesgos, si se realiza la diferencia

Promedio de Estimaciones menos el resultado del Cómputo Distrital para cada candidato (estos valores se encuentran en el último renglón de la Tabla 1) se tendría: Peña Nieto: 5.02; Quadri: 0.80; Otros Candidatos: –0.85; Vázquez Mota: –1.85 y López Obrador: –3.12. Es decir, las "equivocaciones" de las casas encuestadoras hicieron que el mayor beneficiado de ello fuera Peña Nieto con un sesgo a favor de 5.02, y el más perjudicado fuera López Obrador con un sesgo de –3.12.

Las estimaciones de las casas encuestadoras mostradas en la Figura 2 violan los principios estadísticos que antes se habían establecido, ya que estas deberían tener una distribución normal y, por lo tanto, las estimaciones deben distribuirse en forma simétrica alrededor del valor que están estimando, en este caso, el resultado del cómputo distrital; y violan también el principio de que es más probable observar desviaciones pequeñas de las estimaciones hacia el valor estimado -Cómputo Distrital- que observar desviaciones grandes.

Estimaciones obtenidas mediante simulación

Se generaron estimaciones mediante simulación asumiendo que las preferencias electorales de los candidatos son los resultados oficiales de los cómputos distritales, los cuales se muestran en el penúltimo renglón de la Tabla 1. No se generaron estimaciones para Quadri y Otros candidatos debido a que no se tienen errores muestrales o precisiones confiables ya que, en general, las casas encuestadoras no presentan errores asociados a las estimaciones de cada candidato, sino un error cota o límite cuyo valor, aseguran, no es rebasado por los errores de las estimaciones de los candidatos. Los errores de Quadri y Otros Candidatos, deben ser bastante menores que los tres candidatos con mayor preferencia electoral.

Tabla 3: Estimaciones obtenidas mediante simulación

Encuestador	EPN	AMLO	JVM	Distancia Euclideana
Con Estadística	37.72	31.34	25.51	0.56
Reforma	37.43	31.78	24.97	0.91
BGC	37.30	31.19	25.06	1.06
Gea-ISA	37.23	32.38	25.30	1.26
De las Heras	39.23	32.29	26.11	1.42
Mitofsky	39.04	29.47	24.68	2.39
El Universal	36.30	32.33	26.91	2.54
Indermerc-Harris	36.71	30.49	23.50	2.67
Parametría	38.84	29.51	23.75	2.73
Covarrubias	38.47	31.27	22.27	3.17
Ipsos-Bimsa	38.80	35.55	26.33	4.11
Cómputo distrital	38.21	31.59	25.41	
Promedio estimaciones	37.92	31.60	24.94	
Promedio - Cómputo Distrital	-0.29	0.01	-0.47	

En la Tabla 3 se muestran las estimaciones generadas mediante simulación. Se observa que no hay valores repetidos para ningún candidato. Además, el promedio de las estimaciones de cada candidato está muy cercano al valor respectivo del Cómputo Distrital, debido a que el promedio de las estimaciones es un buen estimador del parámetro que se está estimando: el resultado del Cómputo Distrital.

En la Figura 3 se muestran graficadas las estimaciones de las casas encuestadoras, obtenidas mediante simulación y cuyos valores numéricos se muestran en la Tabla 3. Se muestra la simetría de las estimaciones respecto al valor que están estimando, es decir hay desviaciones positivas y negativas, prácticamente con la misma probabilidad; las desviaciones extremas se observan menos que las desviaciones cercanas. Además, el promedio de las estimaciones de cada candidato es muy cercano al resultado del cómputo distrital. El promedio de las estimaciones para López Obrador prácticamente coincide con el resultado del cómputo distrital, hay una diferencia de sólo 0.01 puntos porcentuales.

Se tiene que las estimaciones obtenidas mediante simulación si satisfacen los principios estadísticos que antes fueron postulados, mientras que las estimaciones de las casas encuestadoras mostradas en la Figura 2 no los cumplen, se "equivocan" y con mucho a favor del candidato que más gastó en la campaña electoral de 2012.

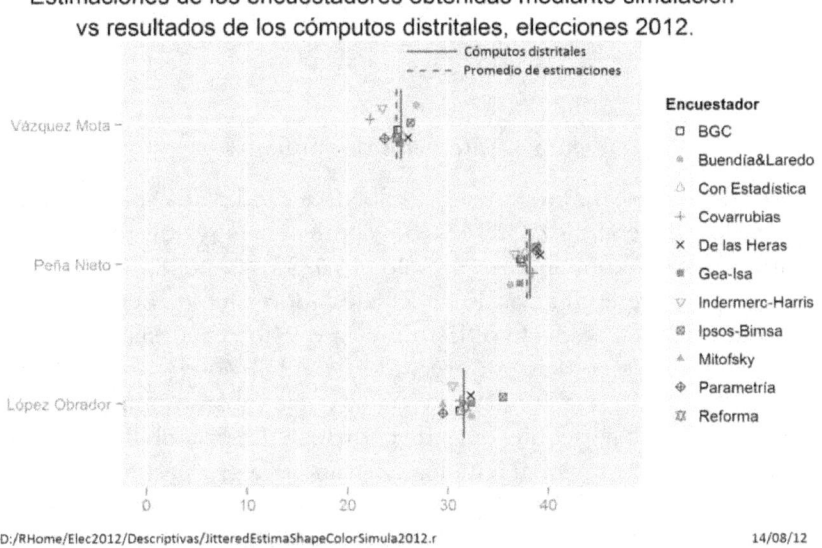

Figura 3. Estimaciones de las casas encuestadoras obtenidas por simulación..

Como se puede observar de la figura siguiente, la probabilidad de que solamente 3 de los 11 intervalos de confianza de las casas encuestadoras contengan el resultado del cómputo distrital –suponiendo que este es el resultado real- para Peña Nieto, es de 5.52605×10^{-9}: una posibilidad en 180.96 millones. La probabilidad de que ocurra el escenario para López Obrador -sólo 5 de los 11 intervalos de confianza contengan el resultado del cómputo distrital-, es de 5.58573×10^{-6}: una posibilidad en 179,027. La probabilidad de que ocurra el escenario de Vázquez Mota es de 0.01368: 1 posibilidad en 73. Como se puede observar, todas las estimaciones de los encuestadores tienen sesgo positivo para Peña Nieto; todas las estimaciones para López Obrador y Vázquez Mota, tienen sesgo negativo, con excepción de una sola estimación en cada caso.

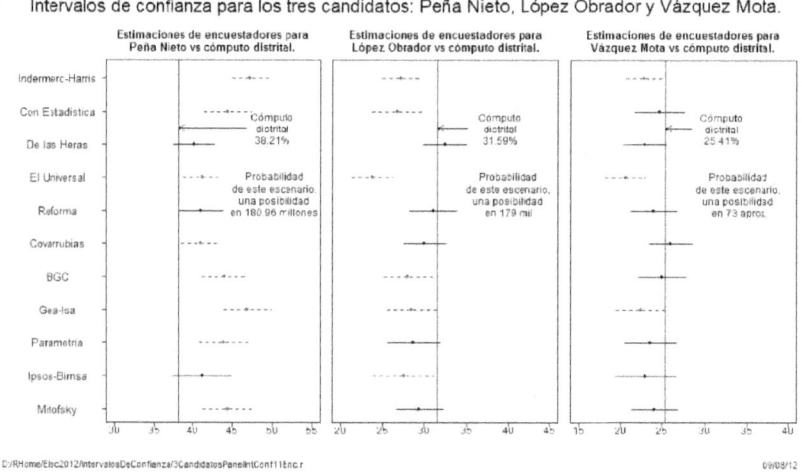

Figura 4. Intervalos de confianza.

Si se considera el escenario global, para los tres candidatos solamente 16 de los intervalos de confianza de los 33 contienen al valor respectivo del cómputo distrital, lo que indica que sólo el $16/33 = 0.4848$, sólo el 48.88% de los intervalos de confianza de los encuestadores, contienen el resultado del cómputo distrital respectivo. Esto indica que los encuestadores trabajaron con un nivel de confianza observado del 48.88% -el porcentaje de intervalos de confianza que contienen el valor que estaban estimando- cuando estos afirmaron trabajar con el 95% de confianza. La probabilidad de que se presente este escenario global para los tres candidatos, en estimaciones legales u honestas, es: 3.91801×10^{-14}. Un evento prácticamente imposible de ocurrir, por supuesto, con encuestadores honestos.

Viendo este conjunto de encuestadores como un sistema de medición, se tendría un sistema totalmente incapaz. Y más cuando se trata de encuestadores profesionales, algunos de los cuales tienen cerca de 25 años realizando encuestas, como es el caso de Ulises Beltrán, Roy Campos y Ricardo de la Peña.

En un artículo firmado por Tania Rosas y aparecido en el diario El Economista, titulado: Encuestador analiza denuncia contra AMLO, escribe:

Beltrán consideró que pese a las críticas de los partidos de izquierda a las encuestadoras, la credibilidad de estas empresas no está en crisis y destacó que todas las encuestas fueron precisas en cuanto a los lugares que ocupó cada uno de los candidatos a la Presidencia, aunque admitió que algunas tuvieron errores en cuanto a los puntajes.

No obstante, comentó que no le parece un error desmedido ni exagerado y precisó que las encuestas no son pronósticos, sólo miden las preferencias al momento.

Y añade:

¿Obligarnos a ser precisos?, pues no pierdan su tiempo. Éste es un método basado en principios de probabilidad y estadística que por su misma naturaleza tiene variación, tiene error y las restricciones legales las tenemos para publicar antes de la elección", precisó.

Ulises Beltrán es un viejo lobo de mar y se defiende como puede; sin embargo, un punto clave es que el hecho de que el muestreo estadístico esté basado en principios de probabilidad y estadística, no justifica el que se den escenarios tan improbables, y algunas veces prácticamente imposibles, como los mostrados en la Figura 4.

Puesto que el método de muestreo estadístico está basado en principios de probabilidad y estadística, debe satisfacer algunos principios estadísticos, algunos de los cuales ya se mencionaron. Cuando se presentan escenarios tan improbables -el de Peña Nieto casi imposible- como el de los candidatos anteriores, pudiera deberse a que:

...Las casas encuestadoras se equivocan en sus estimaciones ... pero extrañamente, estas "equivocaciones" han sido a favor del candidato que más gastó en la campaña electoral.

1. Los encuestadores involucrados son unos incompetentes.

2. Las estimaciones están manipuladas por los encuestadores, en cuyo caso se estaría ante una auténtica mafia o cártel de las casas encuestadoras.

La primera opción debe quedar descartada ya que éstos son encuestadores profesionales desde el punto de vista técnico, algunos de los cuales tienen casi 25 años haciendo encuestas.

La única opción viable es que las estimaciones de las casas encuestadoras estén manipuladas y, por lo tanto, muy probablemente hubo un acuerdo entre las mismas.

Un argumento usado en su defensa por algunos encuestadores es que un evento improbable o imposible puede ocurrir. Sin embargo, si se analizan las estimaciones de encuestas presidenciales anteriores, se verá que algunos escenarios planteados por éstos son, también, prácticamente imposibles de ocurrir, y el que estén ocurriendo en elección tras elección este tipo de escenarios en forma legal u honesta es imposible de suceder. Se estaría en un auténtico mundo al revés donde los escenarios improbables, o prácticamente imposibles, ocurren con mayor frecuencia que los probables.

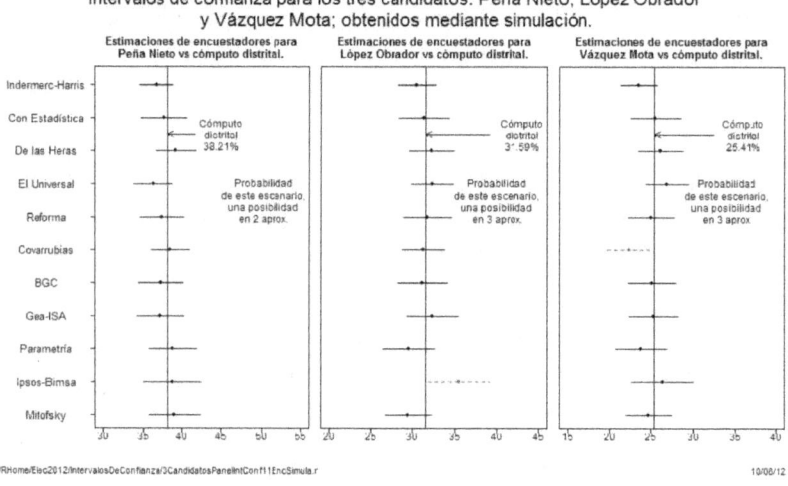

Figura 5. Intervalos de confianza obtenidas mediante simulación.

En la Figura 5, se muestran las estimaciones obtenidas mediante simulación para los tres candidatos principales -por su preferencia electoral- y asumiendo que las preferencias de los candidatos fueron los resultados oficiales del cómputo electoral, y su precisión fue la reportada por estas casas encuestadoras, y mostradas en la Tabla 2.

Como se puede apreciar de la Figura 5, las estimaciones de los tres candidatos son simétricas alrededor del resultado del cómputo distrital -el cual están estimando-, en el sentido de que, aproximadamente la mitad de estas son menores que el resultado del cómputo distrital respectivo, y la otra mitad son mayor. Se cumple también el principio de que es más probable obtener estimaciones cercanas al valor estimado -el resultado del cómputo distrital- que obtener estimaciones lejanas. Los dos anteriores principios derivados de que las estimaciones tienen una distribución normal, como antes se planteó.

En el escenario para Peña Nieto, con las estimaciones obtenidas mediante simulación; todos los intervalos de confianza contienen el valor asumido como real, el resultado del cómputo distrital. En tanto que para López Obrador y Vázquez Mota, ocurre el segundo escenario más probable, solamente uno de los intervalos de confianza, en cada caso, no contiene el valor asumido como real en la simulación, el valor del cómputo distrital para estos candidatos.

Conclusiones

1. Hemos visto que las estimaciones obtenidas mediante encuestas probabilísticas satisfacen algunos principios estadísticos, derivados del hecho de que estas estimaciones se distribuyen en forma normal.

2. Que las estimaciones de las casas encuestadoras en las elecciones del 2012 -sobre todo las mediáticas que se estuvieron difundiendo públicamente y, por lo tanto, tuvieron un impacto en la opinión pública-, no satisfacen los principios estadísticos que antes se ha señalado.

3. Que las casas encuestadoras se equivocan en sus estimaciones, como los mismos encuestadores lo han reconocido, pero que, extrañamente, estas "equivocaciones" han sido a favor del candidato que más gastó en la campaña electoral; y estas mismas "equivocaciones" perjudicaron al resto de los candidatos, con excepción de Gabriel Quadri. Recordemos que en las elecciones de 2006, las "equivocaciones" de GEA-ISA a favor de Felipe Calderón, fueron premiadas con la dirección de Pemex para Jesús Reyes Heroles, y la dirección del Cisen para Guillermo Valdés Castellanos, ambos de la empresa GEA.

4. Que los escenarios de las estimaciones de estas casas encuestadoras son demasiado improbables, o prácticamente imposibles de obtenerse con encuestadores profesionales y honestos.

5. Que los patrocinadores de la mayor parte de las casas encuestadoras son medios de comunicación -parte de los poderes fácticos-, lo cual pudiera indicar que estas "equivocaciones" no lo fueron tanto, sino fue parte de un esquema orquestado.

Agradecimientos y Notas

Agradecimientos: Agradezco la revisión y observaciones hechas a este documento por: Daniel González Sepúlveda, Jesús Ibarra Salazar y Jorge Gómez Báez.

Notas: Para los gráficos de este texto se utilizó el software R, el cual es un lenguaje computacional similar al lenguaje S desarrollado en Bell Laboratories. El software R fue escrito inicialmente por Ross Ihaka y Robert Gentleman a mediados de la década de 1990. Desde 1997, el proyecto R ha sido organizado y por the R Core Team. R está siendo desarrollado para las familias de sistemas operativos Unix, Macintosh y Windows. R es un software de código abierto y es parte del proyecto GNU. La página de internet de R (http://www.r-project.org) contiene más información acerca de R e instrucciones para bajar una copia.

Se utilizó también el software ggplot2, el cual es un software que es uno de los tantos paquetes de R y desarrollado por Hadley Wickham. La página de ggplot2, mantenida por Hadley Wickham, se encuentra en la siguiente dirección: http://had.co.nz/ggplot2/

El programa para la simulación que se muestra en la Figura 1, es un programa basado en un programa de Yihui Xie, el cual tiene un sitio de internet en http://yihui.name/en/. Al programa original de Yihui Xie, le agregué un histograma y le hice algunas otras modificaciones cosméticas.

EL SESGO DE LOS ENCUESTADORES, ¿PIE PARA ACCIÓN LEGAL?
Jorge A. López y Samuel Schmidt

El papel de la mayoría de las casas encuestadoras en la elección presidencial pasada fue muy discutido, Macario Hernández Garza en su artículo "Análisis de las estimaciones de las casas encuestadoras vs los cómputos distritales en la elección de 2012" pone en claro que muy pocas -si acaso alguna- de estas casas jugaron limpio. La pregunta ahora es si hay o no cabida para acción legal contra la casas engañadoras -er, perdón- encuestadoras y acción política para evitar una manipulación política futura como la de 2012.

Tomando una figura del estudio de Hernández Garza podemos ver (Figura 1) una comparación entre las predicciones promedio de varias casas encuestadoras y los resultados dados por el Cómputo Distrital. Todas las casas sobre-estimaron al PRI por porcentajes que oscilan entre aproximadamente 3% y 10%, siendo las más exageradas las de GEA-ISA e Indermerc-Harris.

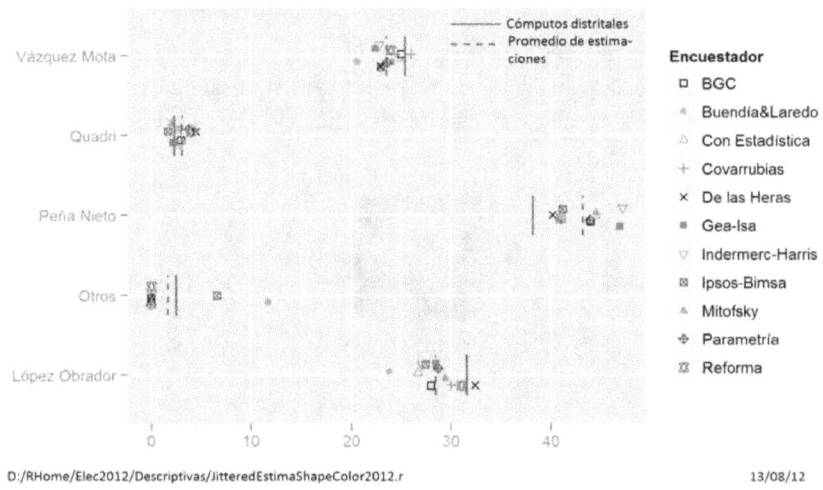

Estimaciones de los encuestadores vs resultados de los cómputos distritales, elecciones 2012.

D:/RHome/Elec2012/Descriptivas/JitteredEstimaShapeColor2012.r   13/08/12

Figura 1. Estimaciones de los encuestadores vs. resultados de los cómputos distritales

El efecto con JVM y AMLO fue exactamente el opuesto, las estimaciones estuvieron en promedio entre 2 y 4 untos porcentuales debajo de los resultados del Computo Distrital, aproximadamente. El análisis de Macario Hernández indica el tamaño promedio de los sesgos: Peña Nieto: 5.02; Vázquez Mota: −1.85 y López Obrador: −3.12, lo que muestra amplios márgenes. Como explica Hernández Garza, las "equivocaciones" de las casas encuestadoras beneficiaron a Peña Nieto en la opinión pública.

¿Acción legal y política?

La explicación de las encuestadoras de que cometieron errores metodológicos es inaceptable. Para un país que exige transparencia, se puede suponer que estas empresas engañaron abiertamente a la opinión pública y dado el impacto sistémico de sus actos tienen una responsabilidad social y política. No pueden aducir que son simplemente empresas que hacen negocio, porque su área de actividad tiene una influencia mayor, como se vio en la elección del 2012.

Las encuestadoras apostaron a crear un clima a favor de un candidato y desfavorable en contra de otro, influyendo de manera perversa sobre el comportamiento electoral. Esto es reprobable y debe tener alguna consecuencia.

Es cierto que las encuestadoras tienen la libertad de estudiar a la realidad y hasta de estudiarla mal, pero dado el impacto socio-político de su actividad, deben tener la obligación de hacer público el patrocinio de sus actividades. Como lo dice Macario, es dudable que una casa encuestadora financie encuestas nacionales solo por el deseo de hacerlo, especialmente cuando esa misma casa tiene acceso a ciertos medios de comunicación.

Es inaceptable que empresas distorsionen la conformación del sistema político a cambio de ganancias. El país necesita que sean sancionadas para que sus actos no pasen a la historia como una más de las perversidades que se cometen a diario.

DESPEJANDO LA INCERTIDUMBRE
Ernesto Ortiz

El domingo uno de julio se despejaron todas las incógnitas susceptibles de serlo. Aquellas que, por convención democrática y aritmética simple, hayan podido reflejarse en el estrecho marco de una boleta electoral. Aunque también, de manera un tanto más etérea, las que atañen al clima de opinión, la disposición ciudadana, el ánimo social. La mayor incertidumbre despejada en Guerrero, fue por fin el triunfo electoral de Luis Walton en la presidencia municipal de Acapulco.

Lo primero se resuelve en un nombre -sólo uno- y en las cifras, porcentajes y equilibrios que determinarán la complejidad del nuevo escenario: quién ocupará la Presidencia de la República y en qué condiciones buscará poner en marcha su programa de gobierno en los tres años de la legislatura de arranque. Lo segundo se desprende de aquello, pero se desliza por la vía sutil de la interpretación: las razones del voto y los secretos del mandato expresado en las urnas; los niveles de esperanza, resignación o desencanto en el cuerpo social; la correlación de fuerzas en el imaginario colectivo, el tejido comunitario y la esfera mediática; las múltiples dimensiones de la indiferencia, la impugnación o el antagonismo.

Algo de todo eso se encontraron respuestas en las papeletas del domingo. La combinación de datos duros y metafísica de las pasiones arrojó el producto y sus derivados, secuelas, consecuencias, repercusiones. Cuestión de leer más allá de los números y las apariencias. De atender al bulto sin perder los detalles. De calibrar en su justa medida la magnitud, profundidad, polivalencia del sufragio efectivo en una democracia. De no perder el juicio en el juego de espejos y espejismos ni ceder a la tentación del nuevo cuento edificante de la verdad oficiosa.

¿La justa democrática se agota en la verdad irrefutable de los números fríos y su traducción en espacios de poder? Desde una perspectiva realista, literal y pragmática, no hay la menor duda. El ganador recoge el pergamino que acredita su triunfo, la banda tricolor y las llaves del baño, toma posesión por la puerta trasera y asume el cargo por la delantera. Intenta gobernar como Dios manda y aconseja la fraternidad de los sumisos. El aparato se mueve por inercia, soporta la guerra de ocurrencias y el bombardeo de la ineptitud proliferante. Al final del sexenio México sigue en pie. La formalidad democrática luce gallarda, reluciente, sin mácula.

En efecto, la frialdad de los números resuelve el diferendo: en democracia se pierde y se gana por un millón de votos o por un suspiro de 0.56 por ciento. Sólo que la experiencia apunta hacia otro lado. No a la catástrofe de un cierre de gestión sobre 60 mil cadáveres y a la inminencia de la alternancia como cosecha amarga. Apunta a la memoria de otros días y años perdidos: Al gobierno de Fox y la incapacidad para entender el sentido de las transformaciones y responder con hechos, decisiones políticas y agenda reformista, a la energía civil desatada en las calles y las urnas.

La moraleja es simple y obliga a moderar las cuentas alegres de los nuevos pragmáticos. Los ejemplos de la historia reciente pueden servir, al menos, para relativizar la impronta inaugural de los números congelados en la cédula que certifica el triunfo o la derrota.

Nadie niega lo obvio. Nunca será lo mismo patalear en minoría desde Palacio -gobierno zombi- que marcar la pauta con una aplanadora armonizando en el Congreso. Pero tampoco, valga la suspicacia preventiva, procesar con solvencia democrática la irreversible pluralidad de la sociedad mexicana que ampararse en la

legitimidad electoral para ignorar el hervidero de la inconformidad social y el cuestionamiento civil por la degradación politiquera de nuestra vida pública.

¿Cheque en blanco o patente de corso en pos de la "eficacia", el ajuste arbitrario, el ejercicio discrecional del poder conferido? Sería posible pero no prudente. Sería factible pero no deseable. No en tiempos de penuria y turbulencias, de incertidumbre en el bolsillo y con el tejido social desgarrado por la violencia, la impunidad, la incompetencia.

NUEVA GEOGRAFÍA DEL PODER
Ernesto Ortiz

La aplanadora que se veía venir se atoró en algún paraje de la campaña. El trabuco priista se "desinfló" -todo es relativo- y el resultado en las urnas dista mucho del escenario que imaginaban los interesados (priistas, patrocinadores, apoyadores) y temían sus adversarios -incluidas franjas de la ciudadanía.

No hubo el equivalente del carro-completo ni mayoría absoluta en el Congreso que parecía "inevitable". Se mantiene el "gobierno dividido" que tanto molesta a un sector de la opinocracia y que el mismo Enrique Peña Nieto ubicó en su discurso como el principal obstáculo a la "democracia eficaz".

El priismo no arrolló en las elecciones concurrentes como celebraban con anticipación; perdió uno de los gobiernos en disputa -Tabasco- y no pudo arrebatar al panismo la otra gubernatura -Morelos- que parecía al alcance de la mano.

El efecto Peña no funcionó en el D.F. El priista obtuvo la mitad de los votos de López Obrador... Y en la contienda local, Beatriz Paredes logra una votación más baja que ella misma en el 2006 y que Jesús Silva-Herzog en el 2000.

Peña Nieto y su partido no pudieron pulverizar a sus adversarios; no a todos ni en todos lados; ni siquiera al más frágil y damnificado de ellos (PAN), cuyos casi 13 millones de sufragios, votaciones respetables en muchos estados y una segunda minoría en el Congreso - contando partidos, no bloques aliados- no pueden despreciarse.

Es justo decir, ahora que está de moda burlarse de los encuestadores, que los sondeos no fueron el único ingrediente en la guerra de percepciones que ubicó a Peña en los cuernos de la luna desde hace años.

Porque, en efecto, las encuestas iban acompañadas una tendencia real en el electorado: la racha ganadora del PRI en los comicios locales después del 2006 y la imponente victoria priista en las intermedias del 2009.

Esta imagen de potencia incontrastable, presagio charro de dominio "absoluto", fue la que alimentó la preocupación por una eventual "restauración" del viejo régimen y sus resortes autoritarios, corporativos, clientelares y corruptos. El viejo pri, con la cara "juvenil" de Peña, se instalaría de nuevo en la punta de la pirámide, monopolizaría la conducción político-administrativa desde el Ejecutivo y marcaría la pauta en el Legislativo.

La transición democrática, interrumpida o empantanada en los gobiernos del pan, podía tomar la ruta de retorno a los viejos usos del poder. Los riesgos o potencialidades del retroceso político eran claros: regresión en materia de transparencia, rendición de cuentas y combate a la corrupción; arbitrariedad y discrecional en un Ejecutivo sin contrapesos; partidización de la administración pública; sesgo electoral en programas sociales y subsidios a sectores sociales; subordinación al Ejecutivo de los organismos constitucionales autónomos (Banxico, CNDH, IFE, INEGI...); retroceso en materia de libertad de expresión, garantías individuales y derechos políticos...

Seguramente hay mucho de eso en la perspectiva de un pri de vuelta a Los Pinos y recuperando los hilos del poder... Pero la visión apocalíptica tendría que moderarse con varios elementos:

1. Los dinosaurios nunca se fueron; controlan las corporaciones y gobernando en una veintena de estados; muchos de ellos rindieron buenos servicios al panismo gobernante.

2. Los panistas no han cantado mal las rancheras, aunque en su propio estilo y con la debilidad que los caracteriza.

3. Los de "izquierda" tampoco pueden negar su cruz, el adn tricolor que los constituye.

Lo cierto es que el priismo encontrará muchas resistencias, mecanismos de equilibrio y control, oposición fuerte en el Congreso y medios acostumbrados a la libertad y la crítica.

En esa perspectiva, es muy buena noticia que el pri no haya logrado la mayoría absoluta en las cámaras, aunque redunde en la complejidad del "gobierno dividido". Porque ello obligará a los priistas a sujetarse a las normas democráticas. Por voluntad o a fuerza.

LA HORA DE LOS PARTIDOS
Ernesto Ortiz

No ganó la Presidencia pero el resultado de las urnas no fue desfavorable para el Movimiento Progresista, conformado por los partidos de la Revolución Democrática (PRD), el del Trabajo (PT) y Movimiento Ciudadano (MC).

Aunque su candidato presidencial, Andrés Manuel López Obrador, se ubicó en segundo sitio, con 3,329,785 votos menos que Enrique Peña Nieto, equivalentes a 6.62 puntos porcentuales, según los cómputos distritales, el Movimiento

1. Desmintió los escenarios delineados por los últimos sondeos que mostraban, en promedio, una diferencia de

13.5 puntos entre el primero y segundo lugares;

2. Tuvo más de 2 millones 242 mil sufragios más que los tres partidos juntos en la elección de senadores de mayoría relativa y más de 2 millones 367 mil sufragios que los partidos en la elección de diputados de representación proporcional -la derrota, como la victoria, es absoluta en la presidencial, pero es claro que López Obrador tiene mayor arrastre electoral que los membretes que lo postularon-; y

3. Ganó la elección en ocho estados: Distrito Federal, Tlaxcala, Oaxaca, Morelos, Guerrero, Tabasco, Quintana y Puebla. Amén de que tiene importantes incrementos en algunas entidades respecto a la experiencia del 2006: Baja California (77%), Quintana Roo (62), Nuevo León (60), Yucatán (59), y Chihuahua (53).

El empuje alcanza para que tanto el pt como mc obtengan sus más altos porcentajes de votación para una elección de diputados federales: 5% y 4%, respectivamente. En la sumatoria, el bloque se coloca como la segunda fuerza en la Cámara de Diputados, con 99 curules para el PRD, 19 para el pt y 16 para mc. Así como tercera en el Senado, con 22 escaños para el partido mayor, 4 para la organización de Alberto Anaya y 2 para la de Dante Delgado. No menos importantes resultan el carro completo en el Distrito Federal, más las conquistas de las gubernaturas en Morelos y Tabasco.

El triunfo en La Grande hubiese significado una diferencia radical, pero los saldos no son nada malos para, por un lado, un candidato al que muchos tildaban de "cartucho quemado" y, por el otro, para membretes apenas unidos para encarar la justa electoral, que tuvieron que recurrir a las encuestas como método de selección de sus candidatos ante su incapacidad de realizar procesos internos abiertos y limpios. Precaria, forzada y con algunas escisiones lamentables como en Jalisco, pero está claro que el apaciguamiento de las disputas internas puede explicar lo sucedido el uno de julio... Sin olvidar los apoyos directos de Cuauhtémoc Cárdenas, Marcelo Ebrard y algunos otros apuntados para conformar el eventual gabinete del tabasqueño, como Javier Jiménez Espriú, René Drucker y Rogelio Ramírez de la O, entre otros.

Concentrados como están en las impugnaciones ante tribunales -sobre todo las referentes a la elección presidencial-, en el bloque de la "izquierda" han postergado el balance electoral, el debate en torno a la relación político-legislativa frente al nuevo gobierno y la posible rearticulación organizacional.

Quizá no podría ser distinto: la judicialización de los comicios parecía obligada, no sólo por la derrota presidencial sino por las irregularidades, que se habían denunciado desde antes de la jornada. El capítulo de querellas, por lo pronto, amenaza con repetir la trama poselectoral de 2006... Aunque, al menos por ahora, existen pocos indicios de que al interior del perredismo o en el pejismo se apunte en esa dirección. Por un lado, tanto los dirigentes nacionales del sol azteca como todos los senadores y diputados electos del partido han hecho suya la petición de invalidar la elección presidencial y, al tiempo, han manifestado que acompañaran el Plan Nacional para la Defensa de la Democracia y la Dignidad de México, "que Andrés Manuel López Obrador propondrá en los próximos días." Por el otro, se ha deslindado tanto al partido como al ex candidato presidencial del boicot planeado contra Peña Nieto en la llamada Convención Nacional contra la Imposición -celebrada en Atenco por miembros del Frente de Pueblos en Defensa de la Tierra, el CNTE, el SME e integrantes del movimiento #YoSoy132- y, en reiteradas ocasiones, se ha remarcado el seguimiento de "las vías legales y pacíficas."

PAN: ¿ALMA EN PENA?
Ernesto Ortiz

El visible acto de contrición del Partido Acción Nacional es democrática-mente encomiable: el partido responde -o eso intenta- ante la severa repro-bación de los electores hacia sus colores, sus candidatos, sus gobiernos.

La auto-crítica puede ser un buen comienzo con miras a reinventarse. El repaso de sus principales yerros político-electorales parece saludable para presentarse de nuevo ante el ciudadano-elector luego del fin de su primera era en Los Pinos.

Como sea, resultan llamativas las confesiones de algunos panistas. Lorena Becerra, coordinadora de opinión pública de Presidencia de la República, y Rafael Giménez, otrora encuestador de cabecera de Calderón y ex coordi-nador general adjunto de la campaña de Josefina Vázquez Mota, no solo realizan un diagnóstico a contrapelo sino verdaderamente enconado hacia el presidente Calderón y su explicación simplista e insostenible respecto a que "los logros" de su administración no se tradujeron en votos debido a que la campaña de Vázquez Mota ofrecía ser "diferente".

El resultado de la pasada elección se explica por muchos factores. El des-gaste natural que acompaña al ejercicio de gobierno. La mala comunicación del Ejecutivo federal respecto al por qué de sus acciones, cuáles eran sus objetivos y cuáles eran sus logros, especialmente en temas tan delicados y complejos como la lucha contra el narcotráfico y el crimen organizado. Las diversas malas gestiones panistas a nivel estados y municipios; algunas co-mo ejemplos emblemáticos de corrupción y clientelismo. Y efectivamente, una campaña con escasos recursos, una división profunda del pan, tanto nacional como local, que llevó a figuras máximas del partido, como el ex presidente Fox, a pedir el voto por el PRI, así como errores tácticos en la implementa

ción de la campaña... Y diferente o no, la gente no quiso al pan y no quiso al pan que tienen como referente más cercano el gobierno del presidente Cal-derón y a diversos gobiernos locales fallidos.

Incluso un hombre tan alineado con el (todavía) jefe real del partido como Javier Lozano, senador electo y ex secretario de Estado, expone una lectura dura, sin concesiones:

Nuestros procesos internos, supuestamente democráticos, están brutalmen-te viciados. Nos preocupamos más de las contiendas al interior del partido que por ganar las elecciones constitucionales. La lucha es más por un padrón interno de electores que por un patrón de conducta ejemplar... Hoy, desgraciadamente, hasta la representación y vigilancia de las casillas se venden al mejor postor. La ética política nos debe caracterizar. Tenemos la obligación de demostrar que, como políticos, somos mejores; más capaces, más honestos y más congruentes.

A no dudarlo: esos pecados merecen más que un "Padre nuestro", acaso más que una Comisión de Evaluación y Mejora... Acción Nacional debe sanarse... Sin embargo, lo que está en juego en esta coyuntura no es el diagnóstico sino los curanderos y sus roles.

Tanto en la reunión del Consejo Nacional como en la designación de los coordinadores legislativos traslucieron visos de esa puja abierta entre Felipe Calderón y sus huestes contra grupos antagónicos o agentes críticos hacia a su liderazgo...

URGE LA REFUNDACIÓN DE LOS PARTIDOS
Ernesto Ortiz

Nada es igual para los partidos políticos, organizaciones centrales del juego democrático, después del uno de julio. El decreto de las urnas les impone a los tres mayores del sistema retos diferenciados en torno a la revisión de sus postulados ante la ciudadanía, su estructura organizacional y su desarrollo político en el mediano plazo -al menos para el periodo 2012-2015.

El Revolucionario Institucional, sin renovarse en la derrota, fue el triunfador de la jornada. No arrolló como en los viejos tiempos ni obtuvo la mayoría en el Congreso de la Unión pero regresa al Gran Poder con Enrique Peña Nieto, quien se convertirá en el "primer priista del país" -como ha dicho Pedro Joaquín Coldwell-, sino que habrá de lidiar con la autonomía de los gobernadores, con el mantenimiento de la unidad interna y con dar forma al "nuevo" PRI -lo que sea que eso signifique.

El bloque de izquierda está llamado a ubicarse como oposición crítica frente al gobierno priista. Sin embargo, primero debe enfrentar sus propios demonios: no sólo aglutinar membretes y tribus sino, al igual que hace seis años, asimilar la derrota en la presidencial y encauzar su fuerza como movimiento social y como parte de la representación legislativa y gubernamental.

Acción Nacional, el gran derrotado de la jornada, quizá enfrenta el panorama más dramático. El propio Calderón, aún jefe real del partido, puso el dedo sobre la llaga: "Yo afirmo y creo que hay que refundar al PAN, hay que reconstruirlo desde los cimientos hasta la cúpula, piedra por piedra."

Precisamente, con Acción Nacional iniciamos una aproximación sobre las rutas que les esperan a los partidos luego del uno de julio.

En el corto plazo, empero, todo indica que el blanquiazul buscará jugar el papel de bisagra en el Legislativo para impulsar una agenda reformista. Así, que no deja de impugnar la elección presidencial, pero sin acompañar de lleno al PRD, acaso para ganar municiones para la negociación política.

Más allá de la coyuntura, la "reflexión profunda" al interior de Acción Nacional está en marcha, y tendrá su punto culminante, según Gustavo Madero, el próximo 11 de agosto, cuando se reúna el Consejo Nacional del partido para discutir y, en su caso, aprobar una reforma interna y, muy probablemente, para definir también el destino del propio chihuahuense.

Refundación, rediseño, reajuste, llámese como sea, el Partido de la Buenas Conciencias enfrenta uno de los mayores retos en su longeva historia.

¿QUÉ PASARÁ EN MÉXICO?
Samuel F. Velarde

Después de las elecciones presidenciales y de un proceso viciado y lleno de dudas, la incertidumbre política se vuelve apoderar de este país. La elites políticas del PRI se vanaglorian de su triunfo y sus huestes (y no electores honestos) pareciera ser, se encuentran en un estado de espera, tal vez diseñando una estrategia para legitimar vía movilización-manipulación una elección que a todas luces ha mostrado una serie de irregularidades. Por otro lado, un candidato de las izquierdas dispuesto a llegar hasta las últimas consecuencias legales, para demostrar que la elección tuvo errores y malos manejos, aunque el IFE diga lo contrario.

Más allá de la retórica legal institucional tanto del PRI como del IFE, a lo largo y ancho del país efectivamente se registraron miles de irregularidades, que como dijo el presidente de Acción Nacional Gustavo Madero, son difíciles de comprobar, aunque esto no significa que no sucedieron. Para muestra basta un botón, en Ciudad Juárez en la colonia popular de Anapra, caracterizada por su marginación urbana, se detectó una casa como centro de operación para el fraude, incluso a personas tatuadas y con un estereotipo violento, comprando el voto o amedrentando a los habitantes de la zona en favor del PRI. Esto se denunció a la FEPADE pero jamás acudieron al llamado. Es decir, se pudieran citar miles de ejemplos en este sentido, pero a los representantes del IFE pareciera ser no interesarles.

¿Será tanta la obsesión por recuperar el poder más que el construir una verdadera democracia?

Sin embargo, el descontento social comienza a palparse no solamente en los partidos que se ven dañados por los hechos, sino también en las organizaciones sociales que como yo soy132 y otras, comienzan a dialogar sobre futuras acciones y movilizaciones sociales. Ante esta situación uno se pregunta ¿qué pensará la cúpula priista al respecto? Si el fin justifica los medios para llegar al poder, ¿no se habrá pensado en el riesgo político? ¿Será tanta la obsesión por recuperar el poder más que el construir una verdadera democracia? ¿Le habrán apostado a lo que sea? Si es así, entonces debemos temer las consecuencias que tendrá esto en el proceso democrático mexicano, que a todas luces ha detenido su marcha e incluso, ha sido regresiva.

La moral política del PRI se ha visto más que trastocada, se ha comprobado que no tuvieron el patriotismo, si es que se puede aplicar este concepto, para contender con honestidad o al menos sin tanta frialdad y cinismo de por medio, sin embargo cometieron un error político que a la larga les surtirá un efecto más que negativo, han demostrado su falta de asepsia política y su ambición de volver a controlar a un país a su estilo, que indudablemente no es el mismo donde ellos dejaron de gobernar hace 12 años. Habrá que esperar, ojalá la cordura y la racionalidad políticas, fecunden en una solución que no empañe la historia del país en este siglo XXI, de otra manera hay riesgo de polarización social y de incertidumbre, ante un futuro con escasas posibilidades de una verdadera democracia.

EL MÉXICO QUE DEBIÓ DE MORIR
Samuel F. Velarde

José Saramago escribió las intermitencias de la muerte, novela donde de manera irónica muestra lo que sucede en un país, donde la muerte deja de funcionar, es decir donde ya nadie muere. En México de repente da la impresión de que la muerte sistémica, es decir, lo que debió de morir en términos de sistema o estructura, parece ser aún está vivo.

Y esta reflexión es a propósito de que al ganar Vicente Fox la presidencia de la república el 2000, se pudo haber diseñado una democracia si no plena, si más efectiva y profunda, aprovechando la tibieza con la que un PRI derrotado actuaba, o por decirlo de otra forma, aprovechando su derrota moral. El país en doce años, pudo haber tenido la oportunidad de ver morir los vestigios de un México desigual y cruel en muchos sentidos, ese país del caciquismo, pobreza, corrupción, ignorancia e insalubridad. Por desgracia no fue así y sobrevive en buena medida.

Si bien es cierto y siendo justos con el México que debió de morir, hubo avances en materia de salud, educación, infraestructura y diplomacia por decir algunos, también se gestaron enormes desencantos en relación a la democracia y sobre todo, respecto a los derechos humanos, hay que recordar regímenes como el de Díaz Ordaz donde murieron estudiantes y hasta hoy a nadie se le ha castigado (en Corea del Sur se encarcelaron a los dos últimos dictadores así como en el caso argentino), pero también hubo exceso de corrupción con López Portillo, donde una camarilla se cree la dueña del país. Qué decir de los cientos de asesinatos de opositores de izquierda en el sexenio de Salinas o la matanza de Acteal, en el gobierno de Zedillo, sin tomar en cuenta los miles de despojos en comunidades indígenas y rurales del país.

Más allá de las negociaciones entre las elites políticas y las maniobras en el Congreso de la Unión para permitir gobernabilidad y demás vericuetos de negociación, es un hecho que a nadie le interesó sepultar al México viejo, al México que caducaba. Sencillamente porque ese tipo de país da dividendos, da plusvalía política, otorga privilegios y poder casi omnipotentes, favoreciendo el típico eslogan de Lampedusa, "todo cambia para que todo siga igual".

A casi cuatro meses de inicio de un nuevo gobierno, que asumirá el poder con un mal sabor de boca electoral y con una población cansada y en cierta forma polarizada, el México que debió de morir creo se levantará de nuevo casi como Lázaro, con sus vicios, su pobreza, su corrupción (donde Wal-Mart encuentra un excelente nicho), con el peligro de un nuevo caciquismo político el mismo que ha coaccionado a campesino, sindicatos, ¿una vieja o nueva clase política? Que renacerá entre la ambición de tener nuevamente el botín en sus manos, pero que nada o poco se le cree para construir verdaderas transformaciones estructurales.

Y la historia y la literatura nos han contado, que un muerto viviente realmente es peligroso y apesta.

Y ESTALLÓ
Samuel Schmidt

En una de las muchas conversaciones pre electorales que tuve una persona me dijo furiosa:

P: ¿Cómo se atreve López Obrador a anunciar un fraude cuando no ha sucedido?

S: Lo que dijo es que había un operativo para comprar votos.

P: Todos los partidos compran votos.

S: La compra de votos es ilegal y es fraude.

P: En efecto es fraude.

S: Entonces estás de acuerdo con López Obrador. ¿Por qué es correcto que tú critiques el fraude y es incorrecto que él lo denuncie?

Me vio con cara de pocos amigos porque el silogismo demostró que la queja era la misma pero había que satanizar al candidato del Movimiento Progresista (todavía me cuesta trabajo decir que es de izquierda). La cosa es que ahora se ha demostrado que en efecto ha habido manejos ilegales en la elección, aunque no falta quién se rehúsa a disculpar al PRI directamente, y para eso utilizan el argumento de que como todos compran votos entonces el mejor comprador se lleva la presa. Aceptación tácita de la tolerancia a las trampas en el sistema electoral.

En el pasado nos habían dado a conocer los mecanismos del fraude electoral, alguien listó los recursos para hacer trampa electoral, desde ratones locos hasta carruseles y para esta elección hasta publicaron extensamente lo que es un carrusel. El reto es descubrirlo el mismo día de la elección y rezar porque se aparezca un policía para dar fe policiaca. Alguien logró filmar una operación

del PRI donde se están afinando los detalles de la compra de votos, ¿lo irá a tomar como prueba el Tribunal electoral? Claro que si cuentan los votos que están en las casillas no se podrá probar la compra, pero esa es una salida falsa, hay que seguir el rastro del dinero.

El hecho que nos den a conocer que un banco (Monex) y una cadena comercial (Soriana) están involucradas en la operación de "estímulo" de voto es gravísimo, porque muestra que los escrúpulos se hacen de lado a cambio de ganancias -presentes y futuras- pero más lo será si no se desarrolla una investigación detallada y profunda. ¿Tendrán que entregarnos culpables para que aceptemos la veracidad de la investigación? Y si nos los entregan, ¿qué castigo nos dejará satisfechos? La compra de votos es delito y se castiga con cárcel: ¿irán a encarcelar a alguien? Y ¿si los encarcelan los derrotados aceptarán el resultado?

El manejo de decenas de millones de pesos debe tener una consecuencia fiscal, ¿acaso el Sistema de Administración Tributaria (SAT) actuará para buscar el origen del dinero? Recordemos que a Al Capone lo arruinó, no su historia de crimen sino su evasión de impuestos.

Si Felipe Calderón se dice molesto por la compra de votos y exige una investigación de la misma, que se acuerde que tanto la procuraduría como Hacienda dependen de él y por lo tanto, que se pare frente al espejo y se repita la frase sobre la necesidad -y obligación- de investigar sobre actos criminales.

Llevamos dos elecciones en la época de transición que se cuestionan por su falta de transparencia. Las comprobaciones del fraude de Calderón están publicadas por lo menos en dos libros, me pregunto entonces si un hombre que llegó gracias a un fraude se atreverá a investigar el fraude de su sucesor, a riesgo de que tarde o temprano alguien le restriegue en la cara que él hizo lo mis

mo. O si su motivación para arruinarle la fiesta a su enemigo histórico será poderosa como para motivarlo a actuar.

La democracia mexicana camina erráticamente. No terminamos de instalar un proceso limpio, honesto, transparente, que genere un resultado libre de culpa y que facilite la unificación de la nación generando un gobierno legítimo sin mancha. Seguimos instalados en la trampa y la mentira, que parecen maldiciones per secula seculorum.

En el proceso pos electoral encontramos marchas contra el fraude, gente protestando en tiendas de Soriana por su papel en el fraude, legisladores llamando a la insurrección, más lo que se acumule estos días. Agregue usted el deterioro a la imagen de la autoridad electoral, que no era muy limpia para empezar.

Es indudable que llegamos a una encrucijada. Si el tribunal le da la victoria al PRI tendremos protestas prolongadas y la posibilidad de un conflicto de gran magnitud, que este gobierno es incapaz de manejar razonablemente. En otro artículo manejamos la hipótesis de que eso lleve a un golpe de estado.

Si se cancela la elección, lo que es histórico, aunque esta posibilidad sería interesante podremos esperar una campaña sucia de una magnitud inesperada; el lado positivo es que en la práctica sería una suerte de segunda vuelta, aunque a la candidata del PAN posiblemente no la dejarían competir.

Moneda en el aire y manos ocultas para hacer trampa.

¿SE EQUIVOCÓ EL #YOSOY132?
Samuel Schmidt

Me llama Miguel para conversar sobre #YoSoy132, me cuenta que tuvo un intercambio fuerte con una estudiante porque él le demostraba que eran inocentes. Me detengo en dos de los argumentos:

1. Como se les ocurre pedir juicio político contra Peña Nieto, ¿que no se dan cuenta que no es funcionario? A un estudiante de derecho le debería dar vergüenza sostener una propuesta de ese tipo.

2. Pedir la democratización de los medios de comunicación. Deben darse cuenta que los medios son empresas privadas y como tales no se les aplican las exigencias que se le hacen al gobierno o a los partidos políticos.

La estudiante, según Miguel, se puso furiosa, su apreciación es que no estaba dispuesta a escuchar una crítica aunque él se la hizo en privado. Yo me abstengo de juzgar actitudes personales porque solamente conozco un lado de la historia, sin embargo, comento sobre los dos puntos en cuestión.

1. Las quejas y demandas de #YoSoy132 hay que verlas en su contexto cultural. Tendrán que matizar sus quejas y explicar los valores políticos y jurídicos de sus demandas; la compra de votos es un delito, los que deben responder ante esta acusación son el candidato presidencial, principal beneficiado y posiblemente el presidente del Partido, porque es responsable de la conducción de las campañas.

Una demanda de juicio político tal vez no proceda jurídicamente pero tiene un fuerte impacto político, y este movimiento estudiantil tiene que ver con lo político. Al mismo tiempo deben iniciarse demandas penales contra los responsables del delito.

2. La cuestión de los medios es mucho más sencilla. En efecto como sostiene Miguel son empresas privadas, tratándose de radio y televisión, estas son concesiones lo que las convierte en medios de interés público, cuya responsabilidad está con la sociedad más que con el gobierno. Esta obligación se desvirtúa porque prácticamente ningún medio en México tiene viabilidad sin contar con recursos públicos los que se originan en los impuestos, luego entonces al recibirlos tienen una obligación societaria y deben responder a las exigencias de democratización.

Por democratización entendemos que los medios deben obligarse a ser equitativos, transparentes, y como en toda democracia deben abrir su juego, esto implica decir quién les paga, cuanto y por qué concepto.

En una ocasión viendo con un subsecretario el noticiero estelar nocturno de Televisa, metieron una información del área del funcionario y su reacción fue: cien mil dólares, o sea que ese fue el precio para que una nota se disfrazara de noticia. Hace poco un periodista publicó en internet una factura del gobierno del Estado de México -con Peña Nieto como gobernador- donde le pagaban a López Dóriga y a Beteta más de un millón de pesos para que hagan menciones positivas del gobernador; ante mi asombro alguien me dijo: el gobierno de Chiapas paga un millón al mes por el mismo concepto. Como los funcionarios están comprando menciones positivas con fondos públicos, están obligados a hacer público ese gasto. Pero también los que cobraron deben hacer público ese ingreso.

Hay otro elemento. El gobierno está obligado a licitar las compras, si está comprando menciones positivas debe transparentarlo y explicarle a la sociedad porque razón le compra a unos lectores de noticias y no a otros.

Por democratización entendemos que los medios deben obligarse a ser equitativos, transparentes, y como en toda democracia deben abrir su juego, esto implica decir quién les paga, cuanto y por qué concepto.

Hay una situación peculiar. Con el dinero público crecen más los medios favorecidos que los que no lo son y luego los empleados de esos medios se benefician con pagos adicionales del gobierno, siempre y cuando hablen bien del gobierno. Algo está torcido.

Tenemos una cuestión adicional. Muchos consideran que los medios deben funcionar como una especie de "conciencia crítica" (Amartya Sen, premio Nobel de economía), como el factor que alerta contra malas decisiones del gobierno, los políticos y la sociedad, pero si los dos primeros compran el producto de los medios, entonces se altera su función de equilibrio, ¿es acaso eso lo que les permite ser empresas privadas?, ¿O su responsabilidad social va más allá de su propiedad? ¿No es eso lo que esgrimió todo mundo contra TV Azteca por negarse a transmitir un debate presidencial?

En una democracia el Estado y los medios deben ser independientes uno del otro. Si los medios quieren funcionar como empresa privada que se abstengan de recibir fondos públicos. El gobierno debe informar lo más amplio posible pero debe abstenerse de meter dinero a los medios.

Los medios independientes deberán vivir de la venta de publicidad y otros productos, entonces el mercado se encargara de darles viabilidad, eso será más democrático que las prácticas casi extorsionadoras, donde hay periodistas que golpean a los políticos para forzarlos a entregar dinero.

En resumen, posiblemente #YoSoy132 no se dan cuenta de lo profundo de exigir la democratización, pero le dieron al clavo.

FIN DE FIESTA
Samuel Schmidt

Felipe Calderón ha iniciado su despedida haciendo declaraciones que reciben con asombro y se responden con burla. Nadie, dijo, tratará como él al estado de Durango, ¿a qué se refiere? A que es posible que llegue alguien que aumente la inseguridad y violencia en ese estado, el que por cierto lleva mucho tiempo arrasado por el crimen organizado.

Reconozcamos que su actuar presidencial no fue del todo acertado y que con frecuencia hizo declaraciones poco afortunadas, pero ¿Qué presidente no las hace?; si lo comparamos con su antecesor, hasta parece un dechado de prudencia, pero ¿qué necesidad tiene de hablar de más?

Ya es un lugar común sostener que los presidentes mexicanos tienen que aprender a dejar la posición. Debe ser complicado soltar un puesto que endiosa, que está rodeado de adulación, de impunidad, de excesos y de sometimiento. Debe ser duro pasar del encumbramiento a la necesidad de buscar vivir lejos, casi donde no lo reconozcan en la calle, y tal vez por eso vemos en todo su esplendor el síndrome del fin de gestión, donde la incontinencia verbal se desata, y de tanto hablar se pierde el sentido de lo dicho.

En su despedida Calderón muestra un cierto optimismo, que por desgracia parece contradecirse con la realidad, especialmente la cantidad de conflictos que le salen al paso. Algunos de estos conflictos se deben a una torpeza de gobierno manifiesta y falta de previsión sobre las tensiones nacionales, otros parecen responder a la búsqueda de un momento propicio, que es el final de su administración, el caso es que estallando justo cuando su poder mengua, tiene un muy escaso margen de maniobra para atenderlos, con el potencial agravamiento de no ser atendidos. Aunque algunos tal vez se crearon para no resolverse. Listemos solo algunos.

Movimiento de rechazados de universidades. Hace muchos años que había casi desaparecido el conflicto de los estudiantes que no se acomodaban en las escuelas preparatorias o universidades por medio del examen de selección, este año, el conflicto ha resurgido y se ha mezclado con otras protestas. Era previsible la presión demográfica por la pirámide de edades y la deficiente construcción de espacios escolares, pero el gobierno le prestó mayor atención al manejo electoral del magisterio, sin darse cuenta que mientras proponía ampliar la educación obligatoria al bachillerato (12 años), no construía la infraestructura para atenderlo.

La pugna por los restos del PAN. Calderón empezó culpando a Josefina Vázquez de la derrota lo que es correcto, pero debe las elecciones son un referéndum sobre el gobierno en funciones y ahí estaba reprobado. Ahora intenta mantener el control sobre el partido y las huestes se rebelan. Al gobernar con sus amigos le cerró la puerta a los nuevos liderazgos y algunos de éstos asociados a viejas mafias, pugnan por hacerlo a un lado. Natural en un partido derrotado.

La pugna por las nominaciones a candidaturas. Dentro de la lucha por el futuro, los que fueron desplazados aprovechan la coyuntura para señalar los desaciertos y manejos anti democráticos que tuvo Calderón, impuso a su hermana como candidata en Michoacán y a la candidata a jefa de gobierno en el DF. En ambos casos perdieron, tal vez porque se introdujo una tensión innecesaria a cambio de un capricho.

La violencia. Hay una escalada violenta que muestra que el problema está lejos de arreglarse. Aunque el gobierno oculta cifras, sospechamos que el número de muertos con que se va Calderón será para horrorizar a muchos y a él lo llevara a esconderse.

Ya es un lugar común sostener que los presidentes mexicanos tienen que aprender a dejar la posición. Debe ser complicado soltar un puesto que endiosa, que está rodeado de adulación, de impunidad, de excesos y de sometimiento.

MVS. Un enfrentamiento con un empresario de los medios de comunicación pone en el banquillo de los acusados a Calderón mostrándolo como intolerante y represivo. Aunque, reconozcamos, que está logrando una carambola de tres bandas. Golpea la libertad de expresión al mostrar que su enfrentamiento con el grupo de telecomunicaciones se debe al intento de obligar a una periodista a que presentara una disculpa por haber informado que un diputado lo acusó de alcohólico; beneficia a Televisa porque le quita de encima a un competidor potencial, y le crea una bomba de tiempo al próximo presidente. En el caso que sea Peña Nieto esto será más fuerte, porque si prosigue con el caso beneficia a Televisa lo que le dará munición a sus contrincantes que mostrarán la dependencia del consorcio, y si no prosigue en esa dirección, la televisora posiblemente se moleste y cuando lo hace, ataca con todo lo que tienen, como hicieron contra el empresario que intentó crear la tercera cadena de televisión.

Si en lugar de usar su capacidad imaginativa para efectos perversos, Calderón la usara para mejorar al país, no lo dejaría bañado en sangre, ni estaría creando tensiones cuyo comportamiento puede agravarse. Pobre legado de un presidente que llegó sin legitimación y se va sin ser apreciado.

CONCLUSIONES

Los estudios presentados eliminan toda duda sobre la manipulación ilegal de datos tanto del PREP (por el IFE) como de los datos en las actas electorales y en los conteos distritales. La compra y robo de votos fue ampliamente documentada por la prensa nacional y ratificada por varios estudios.

Asimismo, estimaciones hechas por varios investigadores demuestran que el ganador real de la elección presidencial del 2012 fue la coalición de izquierda encabezada por Andrés Manuel López Obrador quien, según las casillas especiales, obtuvo 41% de la votación con un margen, según el estudio del Dr. Ángel Zambrano García, de 7.1 millones de votos.

La mancuerna Fraude-Reforma característica de los fraudes del PRI no se dejó esperar. Al igual que en 1969 cuándo Echeverría trató de acallar las protestas populares alentando la creación de micro partidos de izquierda, o en 1988 cuándo -después del robo de la elección- Salinas permitió la creación del IFE para calmar al PAN y al Frente Democrático Nacional precursor del PRD, en el 2012 el gobierno impuesto de inmediato formó el Pacto por México para acercar a los ex-contrincantes políticos y lograr apoyo para una serie de reformas que benefician más a la industria privada nacional y extranjera que al pueblo de México.

Como se puede ver en este compendio de estudios, la gente preparada de México tiene mucho que aportar a la democracia nacional. Colloqui (www.colloqui.org) extiende una invitación a todos los científicos, académicos, politólogos, etc. a que participen en la defensa del país. La democracia es muy valiosa como para dejarla en manos de los políticos.

Los Editores

Jorge Alberto López Gallardo es profesor de física en la Universidad de Texas en El Paso, obtuvo el doctorado en física en la Texas A&M University, trabajó como investigador postdoctoral en el Instituto Niels Bohr Institute de Copenhague, el Laboratorio Lawrence Berkeley en Berkeley California. Ha recibido varios reconocimientos entre los que destacan el haber sido electo como *Fellow* de la Sociedad Americana de Física y *Miembro Correspondiente* de la Academia Mexicana de Ciencias. Además de haber escrito más de un centenar de artículos de investigación y otros tantos de divulgación, es autor de "2006 ¿Fraude Electoral?" (2009, Doble Hélice, Chihuahua, México, ISBN 9786070011566) y "2012 ¿Fraude Electoral?" (2012, Universidad de Guadalajara, Guadalajara, México, ISBN 9786074505122).

Hannemann Ortiz obtuvo la licenciatura en ingeniería en computación en la Universidad de Texas en El Paso y la maestría en ingeniería en software en la Universidad de Minnesota, donde actualmente estudia el doctorado en computación. Con más de 20 años de experiencia diseñando software para compañías Fortune 500, actualmente trabaja como analista. Sus áreas de investigación son la ingeniería en software y los fundamentos teóricos de lenguajes de programación y algoritmos. En sus ratos libres dedica tiempo a editar la revista electrónica Colloqui (www.colloqui. org).